创新型国家建设理论与路径研究

张晓凤 谢 辉 魏 勃 著

图书在版编目（CIP）数据

创新型国家建设理论与路径研究/张晓凤，谢辉，魏勃著．—北京：知识产权出版社，2015.12
ISBN 978-7-5130-3649-8

Ⅰ.①创… Ⅱ.①张… ②谢… ③魏… Ⅲ.①国家创新系统—研究—中国 Ⅳ.①F204 ②G322.0

中国版本图书馆 CIP 数据核字（2015）第 146814 号

内容提要

本书在介绍创新型国家的概念及分析建设创新型国家重要性的前提下，深入研究创新型国家建设的相关理论，对我国当前所处的创新型国家建设的阶段进行正确评价，并与发达国家的创新型国家建设情况进行比较研究，分析其存在的问题，探索出适合我国国情的创新型国家建设的路径。

责任编辑：刘晓庆　于晓菲　　　　　　　　责任出版：孙婷婷

创新型国家建设理论与路径研究
CHUANGXINXING GUOJIA JIANSHE LILUN YU LUJING YANJIU
张晓凤　谢　辉　魏　勃　著

出版发行：知识产权出版社 有限责任公司	网　　址：http://www.ipph.cn
电　　话：010-82004826	http://www.laichushu.com
社　　址：北京市海淀区马甸南村 1 号	邮　　编：100088
责编电话：010-82000860 转 8363	责编邮箱：yuxiaofei@cnipr.com
发行电话：010-82000860 转 8101/8029	发行传真：010-82000893/82003279
印　　刷：北京中献拓方科技发展有限公司	经　　销：各大网上书店、新华书店及相关专业书店
开　　本：720mm×960mm　1/16	印　　张：16.5
版　　次：2015 年 12 月第 1 版	印　　次：2015 年 12 月第 1 次印刷
字　　数：235 千字	定　　价：58.00 元

ISBN 978-7-5130-3649-8

出版权专有　侵权必究

如有印装质量问题，本社负责调换。

前　言

创新是民族进步的灵魂，是国家可持续发展的动力源泉。建设创新型国家已是我国政府的既定国策。建设创新型国家这一目标，是胡锦涛同志在2006年的全国科技大会上提出的。在此次会议上，胡锦涛同志提出中国未来15年科技发展的目标就是到2020年建成创新型国家，使科技发展成为经济社会发展的有力支撑。

习近平主席在十八届三中全会报告中进一步指出，深化经济体制改革，坚持和完善基本经济制度，加快完善现代市场体系、宏观调控体系、开放型经济体系，加快转变经济发展方式，加快建设创新型国家，推动经济更有效率、更加公平、更可持续发展。习近平总书记强调，实施创新驱动发展，当前最为紧迫的是要进一步解放思想，加快科技体制改革步伐，破除一切束缚创新驱动发展的观念和体制机制障碍。我们要紧紧围绕深入实施创新驱动发展战略、破解科技创新"四不"问题，从科技创新活动的各个链条、各个环节入手，冲破传统思想观念的束缚、突破利益固化的藩篱、消除体制机制的障碍，真正让企业在技术创新中发挥主体作用，让市场在创新资源的配置中起决定性作用和更好地发挥政府的作用，从而让劳动、知识、技术、管理、资本的活力竞相迸发，让各项创新更好更快地惠及人民。我国政府把建设成为创新型国家作为我国的一项重要战略目标，顺应了时代发展的潮流，是我国赶超世界发达国家的重要手段。

半个多世纪以来，世界各国因其所处的起点不同，均以各自不同的方式在实现工业化和现代化的道路上前进。对其进行归纳总结，我们发现主要有三种类型的发展方式：一是依赖自身拥有的丰富自然资源增加国民财富的国家，如中东产油国家；二是依附于发达国家的资本、市场和技术进行发展的国家，如一些拉美国家；三是把科技创新作为其发展的基本战略，其科技创新能力得以大幅度提高，形成了日益强大的竞争优势，这类国家通常被国际学术界称为创新型国家。

改革开放以来，中国经济得到了前所未有的发展，中国GDP世界排名不断提升。1978年中国GDP世界排名第15位。到2014年，我国GDP已位居全球第二，GDP总量为90 386.6亿美元，仅次于头号经济强国美国。然而在经济总量高速增长的背后却隐藏着一系列的隐患，一是经济增长仍然依赖生产要素的高投入和资源的高消耗，粗放型特点明显，随着高成本时代的到来，低价工业化模式已经难以为继；二是对外技术依存度较高，大量关键设备依赖进口，一些产业产品的核心技术受制于人，利润分配受控于人。正是在这种背景下，我国政府提出了建设创新型国家的战略。通过建设创新型国家，实现中国的跨越式发展。

党的十八大以来，中共中央总书记习近平多次实地调研和考察创新驱动发展战略的实施情况，在一系列重要讲话中都不断强调创新。2014年1月6日，习近平在会见探月工程人员代表时再次强调，坚持走中国特色自主创新道路，敢于走别人没有走过的路，加快向创新驱动发展转变；5月10日，习近平在郑州考察时指出，一个国家综合实力的核心还是技术创新；6月9日，习近平在中国科学院第十七次院士大会、中国工程院第十二次院士大会的讲话中强调要坚定不移创新、创新、再创新，加快创新型国家建设步伐；8月18日，习近平在主持召开中央财经领导小组第七次会议时强调，要加快实施创新驱动发展战略，加快推动经济发展方式转变。

目 录

第一章 创新型国家建设及相关理论述评 ……………………… 1

第一节 创新型国家及创新型国家建设综述 ………………… 1
第二节 创新及创新理论 ……………………………………… 5
第三节 创新系统理论 ………………………………………… 10
第四节 创新集群理论 ………………………………………… 19

第二章 创新型国家建设的国际比较 …………………………… 22

第一节 美国创新型国家建设 ………………………………… 22
第二节 日本创新型国家建设 ………………………………… 35
第三节 芬兰创新型国家建设 ………………………………… 43

第三章 创新型国家建设的评价研究 …………………………… 52

第一节 世界竞争力年鉴 ……………………………………… 52
第二节 全球竞争力报告 ……………………………………… 56
第三节 欧洲创新记分牌、创新联盟记分牌和全球创新记分牌 …… 62
第四节 全球创新指数报告 …………………………………… 64
第五节 国家创新指数报告 …………………………………… 66
第六节 中国在各主要评价报告中的结果分析 ……………… 68

第四章 创新型政府为创新型国家建设提供良好环境 …… 72

第一节 典型创新型国家的特征分析 …… 72
第二节 充分发挥政府职能，准确确定并动态调整战略产业 …… 81
第三节 政府在创新型国家建设中的角色类型分析 …… 84

第五章 创新型城市是创新型国家建设战略的重要基石 …… 88

第一节 创新型城市建设概述 …… 88
第二节 河北省创新型城市建设评价与对策研究 …… 93
第三节 唐山市绿色港口与创新型城市互动发展研究 …… 97
第四节 石家庄市创新型城市建设评价与对策研究 …… 114

第六章 创新型企业是创新型国家建设的核心主体和关键突破点 …… 121

第一节 创新型企业的内涵和特征 …… 122
第二节 影响企业创新能力的因素分析 …… 127
第三节 国内外典型的创新型企业分析 …… 130
第四节 提升企业创新能力的路径选择 …… 155
第五节 提升企业创新能力的对策与建议 …… 165

第七章 创新型社会主义新农村是创新型国家建设的有机组成部分 …… 171

第一节 完善农村教育体系，培养创新型农民 …… 171
第二节 创新农业经营模式 …… 174
第三节 对农户供给行为进行合理引导与管理，促进农户安全农产品的供给 …… 176
第四节 发展绿色农业，提供绿色农产品，规避柠檬效应 …… 180

第八章 培育创新文化是建设创新型国家的根本 …… 186

第一节　创新文化及与建设创新型国家之间的关系…… 186
第二节　企业创新文化建设…… 193
第三节　区域创新文化建设…… 198
第四节　城市创新文化建设…… 207
第五节　大学创新文化建设…… 209
第六节　发展创新文化助推创新型国家建设…… 214

第九章 创新型大学和科研机构为创新型国家建设提供不竭动力 …… 220

第一节　建立创新型大学…… 220
第二节　建立创新型科研机构…… 244

参考文献 …… 249
索　引 …… 254

第一章 创新型国家建设及相关理论述评

第一节 创新型国家及创新型国家建设综述

一、创新型国家及自主创新的内涵

(一) 创新型国家的概念

关于何为创新型国家,学术界的认识不尽一致,但都关注科技创新的重要地位。有学者认为创新型国家是指将科技创新作为基本战略,以大幅提高科技创新能力,形成强大竞争优势的国家。吴汉东教授认为,所谓创新型国家,是指以知识创新(包括科技创新与文化创新)为基本政策,提高自主创新能力和形成国际核心竞争力的先进国家。马维野认为,创新型国家具有四大特征,当前美国、英国等20多个国家属于创新型国家,我国离创新型国家的标准还有相当大的距离。知识产权制度是科学技术与商品经济发展到一定阶段的产物,与科技创新和创新型国家建设有密切联系。冯晓青教授认为,知识产权制度是一种以建立和完善知识产权法律为基础与核心,激励知识创造,鼓励与促进知识创造成果广泛传播与利用的法律制度。它是促进科技创新,推进科技进步的法律制度。谢富纪认为,创新型国家是指以追求原始性科技创新为国家发展基本战略取向,以原始性创新作为经济发展的主要驱动力，以企业作为科技创新主体，通过制度、组织和文化创新，积极发挥国家创新体系的作用，不断把国民经济推向从事高新技术经济活动，从而处在世界科学技术与经济社会发展高端的一种国家类型。

我们认为，创新型国家是指以技术创新为社会经济发展核心驱动力的国家。主要表现为：整个社会对创新活动的投入较高，重要产业的国际技术竞争力较强，投入产出的绩效较高，科技进步和技术创新在产业发展和国家的财富增长中起重要作用。作为创新型国家，应具备以下三个特征：创新投入高，国家的研发投入即 R&D（研究与开发）支出占 GDP 的比例一般在 2% 以上；科技进步贡献率达 70% 以上；自主创新能力强，国家的对外技术依存度指标通常在 30% 以下；创新产出高。

（二）创新型国家的内涵和特征[1]

创新型国家，比较一致的看法是指把科技创新作为发展的基本战略，以科技创新能力构成其竞争优势的国家。其具体内涵包括三个方面：

第一，在发展动力上，创新型国家的经济增长主要依靠科技进步和自主创新来推动。科技进步对经济增长的贡献率要比传统的以从事生产链最低端工作为主的国家要高得多。主要以自主创新和科技进步为竞争优势，以此来发展自己的综合竞争力。因此，在科研、教育、人才培养上有更大的投入。

第二，在发展资源选择和对外依赖程度上，创新型国家与资源消耗型国家不同。资源消耗型国家主要依靠自身丰富的自然资源增加国民财富；外资依赖型国家的经济发展主要依附于发达国家的资本、市场和技术，凭借自己廉价的土地和劳动力，以及广大人口构成的消费市场，通过招商引资，搞"三来一补"来发展经济。创新型国家主要依靠知识和技术来增加

---

[1] 谭智勇.我国建设创新型国家面临的机遇挑战及对策[D].西南大学,2007.

国民财富，对外技术的依存度均在30%以下。

第三，在战略设计和发展的特色上，创新型国家是一个动态的概念，是一个不断实现、不断向目标逼近的过程。随着时间的推移，各国都开始重视科技进步，创新型国家的标准也会越来越高。一些国家迈入创新型国家的行列，而一些创新型国家也可能由于科技发展竞争力的下降达不到创新型国家的标准，退出创新型国家的行列。创新型国家的发展之路不是简单的模仿。中国建立的创新型国家必然是一个有中国特色的创新型国家，而不是盲目模仿和照搬他国模式。尽管目前已经有一些国家进入创新型国家的行列，但每一个国家的发展道路都不同，其创新型国家建设的模式，以及创新型国家建立后的未来发展模式也是完全不同的，因为各个国家的人口、资源、环境，以及发展的基础是不同的，面对的国家环境和国际地位也不同。因此，模式可以借鉴但绝不可以照搬。

从定量角度看，创新型国家大体具有这些基本特征：

其一，科技创新成为促进国家发展的主导战略，创新综合指数明显高于其他国家，科技进步贡献率一般在70%以上。在国际技术贸易收支方面，高收入国家获得全球技术转让和许可收入的98%。

其二，创新资金投入达到了一定的标准。目前的创新型国家，R&D资金投入占GDP总值的比重都在2%以上。以2002年为例，日本和美国的R&D投入分别占其GDP的3.35%和2.79%，瑞典和芬兰也都超过了3%。根据世界银行统计，在全球R&D投入中，美国、欧盟、日本等发达国家占86%。

其三，具有很强的自我创新能力。目前的创新型国家，对引进技术的依存度均在30%以下，创新能力指数超过25。

其四，专利数量大、质量高。这些国家所获得的三方专利数（美国、欧洲和日本授权的专利）占世界专利数量的绝大多数。世界公认的20个创新型国家拥有的发明专利总数占全世界的99%，而仅占全球15%人口的富国却拥有世界上几乎所有的技术创新成果，科学成果在世界级科技出版物中占的比例高达87%左右。

（三）自主创新的内涵

关于自主创新内涵的界定，学术界的研究比较丰富。前几年研究自主创新的内涵，大多从技术角度或者企业角度入手。万君康（2000），认为自主创新是指"通过本国自身的学习与R&D活动，探索技术前沿，突破技术难关，研究开发具有自主知识产权的技术，形成自主开发的能力"，张景安（2003），认为"自主创新是技术创新的高级阶段"。随着研究的深入和经济社会形势的发展变化，现在人们逐渐从广义的角度使用自主创新这一概念，如宋河发等（2006），认为"自主创新是因创新主体创造性活动而获得的主导性新产权，并获得主要收益"。张于掂、张义梁在《国家自主创新能力内涵的研究》中从自主创新的主体、如何自主、自主程度的角度出发来理解自主创新。这些研究成果为我们深入认识创新型国家与自主创新提供了借鉴意义。

二、创新型国家建设

创新型国家建设主要指技术创新建设、制度创新建设和观念创新建设，公平、公正的社会制度体系、自由开放的技术创新原则、思想鲜明的观念和创新精神是建设创新型国家重要保障，是提升国家经济发展和综合国力的重要战略，创新型国家的体制模式与完善是我国建设创新型国家的关键环节，科学合理的体制机制将积极促进我国全方位的发展。从建设创新型国家的体制层面看，先进的体制能带动企业技术创新和观念思想的更新，什么样的制度就有什么样的创新环境和创新技术，优秀的创新成果是完善的体制机制下的产物。

Riehard Suttmeier（2009）从哲学层面上探讨了创新型国家建设的制度选择，指出制度层面可以区分为基本制度、操作制度和战略制度，制度创新是促进社会快速发展的保障，和谐竞争的制度是创新型国家建设的关键途径。Rajneesh Narula（2010）将创新型国家建设与高校科技发展相结合，提出高校创新的发展战略与主要任务，认为高校是创新人才培养的主要基地，是技术创新的源泉，要重视高校的巨大作用。MathesonD（2010）思索政府在建设创新型国家的角色，认为政府根据国情，积极推动自主创新，转变思想，从机制体制上充分发挥政府的职能作用，注重创新型教育，政府积极塑造良好的创新环境，让政府成为科技自主创新的支持者。谢富纪（2009）探讨了创新型国家的基本概念和特征，并说明了创新建设的演化模式，从历史、认知、创新力等方面分析比较我国与其他先进国家的差异，结合我国的具体情况，对我国的创新发展给出建议。李昕（2011）总结新加坡成功的创新发展经验，提出新加坡目前由"引进模仿型"的发展阶段进入"自我创新型"的发展阶段，认为产业结构、制度创新、人才培养是建设创新型国家的关键因素。曹勇（2009）研究日本建设创新型国家的系列政策措施，分析日本推行这些措施的背景和意义，分析日本推进创新政策所取得的成就，以及不完善的地方，根据日本的创新发展机制结合我国的现状提出对策。辜胜阻（2010）将制度创新与企业技术创新结合，强调企业与政府是创新型建设的关键参与者，建立法律制度，健全人才培养制度，建立合理的竞争机制，发挥协同作用。

第二节　创新及创新理论

一、创新概念的提出与演进

我们可以通过历史的途径、经验的途径和分析的途径这三条途径来把握创新概念的本质。

创新是由"创"和"新"两字组成的，是一个非常古老的汉语词汇。

《汉语·叙传下》中有"礼仪是创"的表述,颜师古注为"创,始造之也"。《词源》中"创"字有疮、伤、损、惩的意思,其含义主要是"破坏";而"新"字有"初次出现"的含义。"创""新"两字结合起来就是"破旧立新",即以"新的事物代替旧的事物"。古代先哲们虽未直接使用创新一词,但在相关文章中仍蕴含着对创新的朴素表达。如《论语·宪问》中说:"周虽旧邦,其命维新";《大学》写道:"大学之道,在明明德,在亲民,在止于至善",所谓亲民,就是新民。中华传统文化中的这些精辟论述,均蕴含着先哲们对创新思想的重视,反映了中华民族创新意识的源远流长。到了近代,当时的先进人士无不提倡创新。梁启超在《新民说》中提出"欲新一国之民,不可不先一国之小说"。此外,陈独秀创办《新青年》、毛泽东办新民学社等,均体现和诠释了创新思想。

同样,在西方古代文明中,创新一词也并未直接出现,而是出现了与其近似且密切相关的"智慧"观。在古代西方文化中,人们非常崇尚智慧,认为它是"人创造自己美好的生活,实现自我价值的内在动力源"。智慧能将信念转化为行为,使人做到知行合一。广义的智慧是完整的、统合的,其中就蕴含着"创新"的思想。伽答默尔认为"我们的日常生活就是由过去和将来的同时性而造成的一个持续不断的进步,能够这样携带着向将来开放的视野和不可重复的过去而前进,这正是我们称为'精神'的东西的本质"。这里所指的精神的东西的本质,实质就是对创新的朴素理解。

至西方近代,经济学家亚当·斯密在1776年出版的《国民财富的性质和原因的研究》中指出:国家的富裕在于分工,而分工之所以有助于经济增长,一个重要的原因是它有助于某些机械的发明,"分工的结果,各个人的全部注意力自然会倾注在一个简单物上,所以只要工作性质还有改良的余地,各个劳动部门所雇的劳动者中,不久自会有人发现一些比较容易而便利的方法来完成各自的工作。唯其如此,用在今日分工最细密的各种制造业上的机械,有很大部分,原是不同个人的发明"。此时,斯密已意识到促进经济增长的因素除了资本和劳动力之外,还有一个重要因素就是技术进步。

马克思可以被认为是最早认识到技术创新是经济发展与竞争的重要推动力的经济学家。马克思指出："资产阶级除非对生产工具不断进行革命，否则就不能生存下去。"马克思的远见卓识不仅为其政治经济学奠定了坚实基础，而且对创新概念的正式提出也奠定了重要基础，深刻影响了一大批经济学家。

二、创新理论的形成

创新概念最早是由美籍奥地利经济学家约瑟夫·熊彼特（Schumprter J. A.）在其经典著作《经济发展理论》（Theory of Economic Development）一书中正式提出的。由于不满意传统经济学将经济发展主要取决于劳动、资本这些实物生产要素，并受马克思关于技术进步对经济发展和制度变革的作用的理性分析的影响，熊彼特在1912年出版的《经济发展理论》一书中正式提出创新这一概念。熊彼特认为，所谓创新就是要"建立一种新的生产函数"，即"生产要素的重新组合"，就是要把一种从来没有的关于生产要素和生产条件的"新组合"引入生产体系中去，以实现对生产要素或生产条件的"新组合"；作为资本主义"灵魂"的"企业家"的职能就是实现"创新"，引进"新组合"；所谓"经济发展"就是指整个资本主义社会不断地实现这种"新组合"，或者说资本主义的经济发展就是这种不断创新的结果；而这种"新组合"的目的是获得潜在的利润，即最大限度地获取超额利润。周期性的经济波动正是起因于创新过程的非连续性和非均衡性，不同的创新对经济发展产生不同的影响，由此形成时间各异的经济周期；资本主义只是经济变动的一种形式或方法，它不可能是静止的，也不可能永远存在下去。当经济进步使创新活动本身降为"例行事物"时，企业家将随着创新职能减弱，投资机会减少而消亡，资本主义不再能存在下去，社会将自动地、和平地进入社会主义。当然，他所理解的社会主义与马克思和恩格斯所理解的社会主义具有本质性的区别。因此，他提出"创新"

是资本主义经济增长和发展的动力，没有"创新"就没有资本主义的发展。熊彼特以创新理论为核心，从微观视角出发，研究了经济发展的本质、经济周期的形成以及社会发展的基本规律，提出了独特的经济发展理论体系。

熊彼特的创新理论主要包括四个方面的内容。

一是创新概念。熊彼特认为，创新是要"建立一种新的生产函数"，即"生产要素的重新组合"，就是把生产要素和生产条件的新组合引入生产体系中去，目的是为了获得潜在的利润，即最大限度地获取超额利润。

熊彼特认为，创新并不是一个技术概念，也不是单纯的技术上的新发明。创新不能等同于技术发明，除技术创新之外，还包括市场创新和制度创新，同时也只有当新的技术发明被应用于经济活动时才能成为"创新"。创新是一个经济概念，是指经济生活中出现的新事物。熊彼特指出，这种"创新"或生产要素的新组合，具有五种情况：一是生产新的产品，即产品创新；二是采用一种新的生产方法，即工艺创新或生产技术创新；三是开辟一个新的市场，即市场创新；四是获得一种原料或半成品的新的供给来源，即材料创新；五是实行一种新的企业组织形式，即组织管理创新。这五种创新可划分为三类：生产新的产品和采用新的生产方法可归纳为技术创新，开辟一个新的市场和获得原料、半成品新的供给来源为市场创新，实行一种新的企业组织形式为制度创新。

二是创新与企业家的关系。熊彼特认为企业家是资本主义的灵魂，他指出："我们把新组合的实现称为'企业'，把职能是实现新组合的人们称为'企业家'"。对垄断利润或超额利润的追逐是企业家活动的动力源泉，企业家活动的目的或结果是实现"新组合"或创新。可以说，创新的承担者（主体）只能是企业家，经济兴起和发展的动力主要源于企业家的创新活动。熊彼特认为，企业家应具备三个条件：一是有眼光，能看到市场潜在的商业利润；二是有能力、有胆略，敢冒经营风险，从而取得可能的市场利润；三是有经营能力，善于动员和组织社会资源，进行并实现生产要素的新组合，最终获得利润。

三是创新与经济增长的关系。熊彼特认为，经济会由于创新而增长，但这种增长是具有周期性的。经济增长的周期性源于创新者不仅由于创新赢得了利润，而且为其他企业起到了示范作用。因此，一旦出现创新，其他企业则纷纷模仿，其结果必然会引发更大的创新浪潮，推动经济走向繁荣。当众多的企业共同模仿同一创新后，创新浪潮便消逝，经济就会出现停滞。要想使经济再度出现增长，必须有新一轮的创新。由此可见，创新是决定资本主义经济所处周期阶段、推动资本主义经济增长的重要因素。

四是，创新与经济发展的关系。熊彼特认为，创新是一种创造性的破坏。创新的过程，是不断破坏旧的结构，不断创造新的结构的创造性的破坏过程。在持续创新的过程中，具有创新活力和能力的企业蓬勃发展。一批批老企业被淘汰的同时，一批批新企业在悄然而生，这一过程优化了生产要素组合，推动经济不断发展。持续创新、持续破坏、持续优化和持续发展，这就是创新的经济发展逻辑。

当然，熊彼特的创新理论并非完美无瑕。首先，熊彼特的创新理论忽视了生产关系及其变革在经济发展中的关键作用，从而导致这一理论对经济与社会发展的阐释缺乏全面性。其次，创新理论过分夸大了企业家对经济发展的作用。第三，创新理论认为创新的根本原因是为了追逐经济利益，创新的出发点和核心就是谋取利润的最大化，这一理论否定了经济基础与上层建筑的辩证关系。最后，熊彼特仅仅将生产过程中的新变化视为创新，也仅将已应用于商业的新技术视为创新，因此导致了该理论对科学技术对经济与社会发展的推动作用阐释不够深刻全面。即便如此，熊彼特的创新理论仍为后来的相关创新理论的研究奠定了基础。该理论在经济学发展史上具有重要作用，对西方经济学的发展产生了重要影响。

三、创新理论的发展

二战后，欧美经济快速发展，已无法用传统的生产要素投入进行解释。学者们开始试图用技术创新对其进行分析。以索洛（Solow，1957）和阿罗

(Arrow，1962)为代表的一批经济学家,将新古典生产函数原理和数学方法运用于证明劳动和资本的增长率、劳动和资本的产出弹性以及随时间变化的技术创新共同影响了经济增长率,被称为技术创新古典学派。

20世纪60至70年代,以曼斯菲尔德(E. Mansfield)、弗里曼(Freeman)、卡米恩和施瓦茨(M. Kanmien and N. Schwartz)等为代表的一批经济学家,以熊彼特的创新理论为基础,将该理论和新古典学派的经济理论相结合,对创新理论进行了完善。他们采用实证研究的方法,对企业、产业层次的创新测度、动力机制、市场机制的问题加以分析,进一步研究和发展了创新理论,被称为"新熊彼特学派"(New—Schumprterian)。

20世纪70年中期,随着拉丁美洲和亚洲出现了一些新兴工业国家和地区,经济学家们意识到了制度对经济发展的巨大影响。以道格拉斯·诺思(Douglass North)、兰斯·戴维斯(Lance Davis)等人为代表的新制度经济学家把熊彼特的"创新"理论与制度学派的"制度"理论相结合,深入研究了制度变革与企业效益、国家经济增长的影响,进一步发展了熊彼特的制度创新思想,制度创新的研究与技术创新的研究开始并驾齐驱。

第三节 创新系统理论

一、创新系统与国家创新系统

为了把研发系统和生产系统联系起来,20世纪80年代伦德瓦尔(Lundvall,1985)首先提出了创新系统(Innovation System,IS)的概念。伦德瓦尔(Lundvall,1992)认为创新系统以交互学习的方式而产生创新的过程与组织形态,知识是现代经济中最基本的生产要素,而学习是最重要的过程。因此,创新的动机不只是为了获取生产的最大利润,还包括对于基础知识的追求和研究,创新系统也会因为这两类角色的参与,以及其背后的

第一章 创新型国家建设及相关理论述评

制度、规范、价值而日趋复杂，进一步推动创新的进程。❶

创新系统理论的形成与发展与"知识经济"的兴起密切相关。不同创新主体（政府、企业、高校、中介机构等）因知识的生产和扩散愈加紧密地联系在一起，创新主体间相互联系、相互作用形成复杂的系统，呈现一种非线性的特征。由于创新主体之间的这种相互依赖性，要求学者们必然要在更广阔的空间视野下（国别间、区域间、产业间）从系统论的角度来重新探讨创新理论。学者们分别从国家创新系统、区域创新系统和城市创新系统角度对创新系统理论进行了研究。

一般认为，国家创新系统（national innovation system，NIS）概念是弗里曼（Freeman）在1987年首先提出的。弗里曼通过对日本经济发展的考察，从制度和产业结构角度分析了创新的系统性和国家干预创新活动的重要性，进而首先提出了国家创新系统的概念。他认为国家创新系统是"在公共和私人部门中，通过其行动和相互使用，前造、引进、修改和扩散新技术的制度网络"。国家创新系统的创新参与者包括企业、大学、研究机构、政府部门及国家层次上的制度要素。纳尔逊（1993）比较分析了美国和日本等国家和地区的自主技术创新国家制度体系，指出现代国家的创新系统在制度上相当复杂，他们包括各种制度因素及技术行为因素，也包括致力于公共技术知识到大学和研究机构，以及政府的基金和规划之类的机构。弗里曼和纳尔逊均侧重于从国家宏观制度来比较各国在创新系统中的差别，并通过这种差别来分析不同国家的创新特点，被称为国家创新系统理论的宏观学派。

国家创新系统理论的微观学派的代表人物是伦德瓦尔。以伦德瓦尔为代表的国家创新系统理论的研究者们，侧重于分析国家创新体系的微观基础，即从系统的组成要素即各创新主体层面来探讨企业、大学及科研机够等的相互关系及这种相互关系如何影响到一国经济发展水平。因此，被称

---

❶ Lundvall.National Innovation Systems:Towards a Theory of Innovation and Interactive Learning[M].London:Pinter Publishers,1992.

为国家创新系统理论的微观学派。

可以说，弗里曼、纳尔逊和伦德瓦尔的研究成果共同构成了我们今天的国家创新系统的理论框架。当然，也有其他学者对这一理论从不同的研究视角对其进行了许多深入细致的研究，不断充实和深化国家创新系统理论。如迈克尔·波特教授（Porter）、帕特尔和帕维特（Patel and Pavitt）、尼奥斯和贝隆（Niosi and Bellon）等学者均对国家创新系统理论从不同视角进行了深入研究，其研究成果丰富和充实了国家创新系统理论。

虽然目前学者们对国家创新系统并未形成统一的看法，但对创新系统的基本构成要素问题上已达成共识，普遍认为国家创新系统由以下三个要素构成的：机构与制度；有利于新技术产生、扩散和应用的各种活动及其相互关系；技术交易、社会、法律和金融等一系列创新支持系统。学者们对国家创新系统理论认识的共性与差异性恰恰反映了这一问题的复杂性与多面性。随着对国家创新系统理论研究的日益深入，目前学者们更注重从微观视角——即从创新系统内部各构成要素的相互作用机理和内在机制角度来研究创新问题，由此演化出区域创新系统理论、城市创新系统理论和企业创新系统理论。

二、区域创新系统

区域创新系统（Regional Innovation System，简称 RIS）概念最早是由英国卡迪夫大学社会科学高级研究中心创始人菲利普·库克（Philip Cooke）在1992年正式提出的，并于1996年在《区域创新系统：在全球化世界的治理作用》一书中对区域创新系统概念进行了详细的阐述和全面的实证研究，认为区域创新系统主要是由在一定地理区域内密切联系和合作的生产制造企业、科研机构和高等学府等构成的合作组织体系，且这种合作组织体系对创新起支持和引导作用❶。以此为基础，库克分别从治理结构、商业创新两个层面，对区域创新系统进行了结构上的分类。从治理结构层面，他将区域创新系统分为基本型（grassroots）、网络型（network）和治理型（dirigiste）；从商业创新层面，将区域创新系统分为本地型（localist）、互动型（interactive）和全球化（globalized）❷。随后，库克又在2002年（Cook，2002）从产业集聚、政府治理、制度学习、资本和互动创新五个角度对欧盟十一个地区区域创新系统进行了调查，在此基础上提出了区域创新系统的整体框架❸。

在此前后，其他国外学者以库克的区域创新系统概念为基础，对这一问题也进行了深入研究。如Autio（1998）认为，"区域创新系统是由相互作用的子系统组成，组织和子系统内部之间的联系产生了推动区域创新系统演化的知识流，是一个基本的社会系统"。❹

Asheim（2002）提出并认为区域创新系统是由区域主导产业集群中的企业和制度基础结构二类主体作为支撑机构围绕区域集群进行的革新，且这两类主体间相互联系、相互促进❺。

David、Doloreux等（2003）研究认为，理解区域创新系统理论，应该从区域创新活力和区域政体两方面解释。创新活力指企业与大学、科研机构等的密切关系而形成的一个支撑性"知识基础设施"；区域政体主要是通过一些治理措施来促进和支持这些关系，形成地方互动性网络，共同促进区域创新。Lambooy（2004）研究认为区域创新系统是由生产中的合作者之

---

❶ Cooke P, Hans-joachim B, Heidenreich.Regional Innovation System: the Role of Governances in the Globalized World[M].London: UCL Press,1996.

❷ Cook P.Regional Innovation Systems[M].London: UCL Press,1998.

❸ Cook P.Regional Innovation System: General Finding and some new Evidence from Biotechnology clusters [J].Journal of Technology Transfer.2002,27:133-145.

❹ Autio E.Evaluation of RTD in regional systems of innovation [J]. European Planning Studies,1998,6 (2):131-140.

❺ Asheim,Isaksen.Localisation, Agglomeration and Innovation: Towards Regional Innovation Systems inNorway? [J].European Planning Studies.1997,5(3):299-330.

间共同形成的一个互动的结构体系。❶

由于研究者学科背景和研究视角的不同,对区域创新系统的定义和内涵很难达成共识。不过,国外学者认为区域创新系统的基本内涵应包括以下几方面:(1)地域空间的明显性和开放型;(2)生产企业、地方政府机构、高等院校、研发机构和服务机构是主要的创新主体;(3)通过互动,不同创新主体之间构成区域创新系统组织和空间结构,从而形成一个社会系统;(4)强调制度因素以及治理安排的作用。

我国于20世纪90年代引进区域创新系统概念,在借鉴国外研究成果的基础上学者们对其展开了研究。胡志坚等(1999)认为,区域创新系统主要由参与技术开发和扩散的企业、大学和研究机构组成,并有市场中介服务组织广泛介入和政府适当参与的一个为创造、储备和转让知识、技能和新产品的相互作用的创新网络系统,它是国家创新系统的子系统,体现了国家创新系统的层次性特征❷。

黄鲁成(2000)认为,区域创新系统是指在特定的经济区域内,各种与创新相联系的主体要素(创新的机构和组织)、非主体要素(创新所需要的物质条件)以及协调各要素之间关系的制度和政策网络❸。

王缉慈(2001)认为,区域创新系统是指区域创新网络各个结点(企业、大学、研究机构、政府等)在协同作用中结网而创新,并融入区域的创新环境中而组成的系统,即区域创新系统是区域创新网络与区域创新环境有效叠加而成的系统❹。

盖文启(2002)认为,区域创新系统是由区域创新网络、区域创新环境和一些不确定因素组成的系统,是区域内网络中各个结点在相互协同作

---

❶ Lambooyj g. The Transmission of Knowledge, Emerging Networks, and the Role of Universities: An Evolutionary Approach[J]. European Planning Studies, 2004, 12(5): 643-657.
❷ 胡志坚,苏靖.区域创新系统理论的提出与发展[J].中国科技论坛,1999,15(6):21-23.
❸ 黄鲁成.关于区域创新系统研究内容的探讨[J].科研管理,2000,21(2):43-48.
❹ 王缉慈等.创新的空间,企业集群与区域发展[M].北京:北京大学出版社,2001.

用下创新与结网,并融入区域的创新环境中而组成的创新系统❶。

沈庆义等(2006)认为,区域创新系统是指能协调安排创新网络关系,把企业、大学、科研院所、中介机构以及政府等各种经济组织有机联系起来,配置创新资源,提高资源利用效率的一个组织网络❷。

毛艳华(2007)认为区域创新系统具有五大基本内涵,即具有一定的地域空间和开放的边界;以生产企业、研究与开发机构、高等院校、地方政府机构和服务机构为主要的创新主体;不同创新主体之间的社会交互作用,构成了创新系统的组织和空间结构,从而形成一个社会系统;把制度因素摆在突出的位置上加以考虑,强调制度因素和治理安排对于知识的形成、利用和扩散的重要作用;以促进区域内创新活动为目的,鼓励区域内的企业充分利用地域范围内的社会关系、规范、价值和交互作用等来形成特殊形式的资本(社会资本)以增强区域创新能力和竞争力❸。

三、城市创新系统

城市是一个地区的政治、经济、文化和科技的中心,国家创新系统和区域创新系统的很多创新主体如企业、高校、科研机构、政府部门等均坐落在某座具体城市,从这个角度来说,城市又是区域创新活动的中心,城市是区域创新系统的重要依托和支撑。城市创新系统与国家创新系统之间也存在密切联系。隋映辉认为,从某种意义上讲,城市创新系统可以表示为城市创新的扩散效应和科技产业聚集效应的矢量集合,以及一个独特科技、经济、社会结构的自组织创新体系和相互依赖的创新生态系统。创新聚集和扩散能力是体现城市创新规模与竞争实力的两个侧面,同时,也是城市创新域和产业系统链范围的决定性因素。因此,以创新城市系统为核心节点、以科技产业和创新企业关联为组织节点的创新生态系统和网络群,

---

❶ 盖文启.论区域经济发展与区域创新环境[J].学术研究,2002,45(1):60-63.
❷ 沈庆义,李东.增长理论对区域发展的适用性分析[J].统计与决策,2006,22(4):49-52.
❸ 毛艳华.区域创新系统的内涵及其政策含义[J].经济学家.2007(2):84-90.

将在协同创新中进一步联结城市各个创新结点（产、学、研、府等），构成创新系统网络，并融入区域创新、国家创新系统组成的系统结构。这一系统具有开放性、本土化、动态性和系统性等特点，其网络群具备创新规模结构、运作职能结构和产业布局结构的多重结构均衡特征。整个国家创新体系是以若干城市创新网络的关联为组织节点，以科技产业之间的关联链的交互作用为产业节点，进而形成功能一体化的科技产业群或科技创新域。作为不同层次的行为主体，城市创新系统与科技产业形成的互动作用构成了提升国家创新能力的关键因素，国家必须依靠各具特色的城市创新与产业互动系统，才能实现区域创新和产业创新系统的有机构成，形成国家层面上的创新系统的有效组合❶。基于对国家创新系统理论的研究，我国学者赵黎明首次提出城市创新系统理论。他认为，城市创新系统是指在以城市为中心的区域内，各种与创新相联系的主体要素（创新的机构和组织——企业、政府、大学、科研机构和中介组织）、非主体要素（创新所需的物质、资源条件）以及协调各要素之间关系的制度和政策在创新过程中相互依存、相互作用而形成的社会经济系统❷。

从国家创新系统到区域创新系统再到城市创新系统，可以说构成创新系统的要素较为相似，包括创新执行主体、创新基础设施、创新资源、制度支撑和服务支撑等创新环境，各创新系统的目的均是研究要素之间的作用方式和运作机理。但城市创新系统与国家创新系统和区域创新系统相比，对创新系统的研究已由宏观延伸到中观。城市创新系统更强调从中观层次上来研究创新环境的构建、创新主体的成长、产业创新的形成和从微观层面强化对企业创新的直接协调和催化作用。

---

❶ 隋映辉.城市创新系统与"城市创新圈"[J].学术界,2004(3)105-113.
❷ 赵黎明,李振华.城市创新系统的动力学机制研究[J].科学学研究,2003(2):97-100.

四、企业创新系统

1. 关于企业创新系统的概念

企业创新系统是国家创新系统、区域创新系统和城市创新系统的微观系统。李庆东（2006）认为，企业创新系统是企业借助于技术发明、管理上的发现、制度上的变迁、市场中的机遇等，通过对生产要素和生产条件以及有关的资源配置方式进行新的变革，并使变革成果取得商业上的成功的一切活动所附带的条件、规则、结构、过程、方法等的总和❶。

张琳玲等（2013），认为企业创新系统是指由企业、政府、大学与科研机构等各类主体要素构成，通过一定的内部机制和行为规则等交互方式，为了科研开发和转让新技术、新产品而相互联系、相互作用的网络系统。

杨云霞（2013）认为，企业创新系统是一个复杂的系统，其内部各个环节之间及与外部环境之间都在不断地进行着物质、价值和信息的交换，在时间和空间上形成物质流、能量流和信息流。为保证企业技术创新系统的稳定，就要保持物质流、价值流、信息流的顺畅。只有物质流、价值流和信息流的合理流动，企业创新才能达到最优的效果。

2. 企业创新系统内各创新子系统的相互关系

朱雅帅、李朝明（2011）在探讨知识创新与企业创新系统发展关系时认为，企业创新系统包括各种创新活动，按照创新内容的相近性，将这些创新活动划分成四个创新子系统，即知识创新子系统、组织创新子系统、技术创新子系统和管理创新子系统。并且认为知识创新子系统是企业创新系统的核心部分或核心子系统，其他三个创新子系统都直接或间接地受到知识创新活动的影响和带动，甚至是企业的一切创新活动都可以归结为知识创新成果在相应实践中的应用。

---

❶ 李庆东.企业创新系统各要素的相关性分析[J].工业技术经济,2006(9):81-83.

李柏洲，郭韬（2008）认为，企业创新系统可分为知识创新、技术创新、组织创新和管理创新四个子系统。企业的组织创新是企业创新系统的重要组成部分，与其他企业创新子系统的相互作用机理是：企业的知识创新、技术创新和管理创新会引发组织创新活动，成为组织创新的动因；组织创新通过创造良好的组织结构、行为规则和文化氛围，成为企业创新成功的关键。

3. 针对企业创新系统内各创新子系统的研究

（1）企业技术创新系统

魏江（2000）提出了提高企业技术创新能力的支持系统框架，从国家技术基础设施、科技环境两个方面论述了外部支持系统，从企业创新系统的角度论述了内部支持系统。方志军（2001）较早提出了转换企业技术进步机制并构建企业技术创新系统的设想。李建民（2003）等以河北德胜农林有限公司为例，对中小农林企业技术创新系统整合与管理模式进行了研究，强调技术创新与企业战略管理、知识管理、项目管理在整合企业资源方面的有机协调。

卢中华，李岳云（2010）在前人研究的基础上，对我国企业技术创新系统构成、演化及其运行机制作深入探索。认为一个企业的技术创新系统是由企业技术创新的人力资源、物质资源、创新制度和创新环境这四种基本因素组成的，由此形成了企业技术创新的四棱锥结构模型。企业技术创新系统演化的动力包括系统的外在压力、外在推动力和内在驱动力。将企业技术创新系统的动力机制归纳为竞争—合作机制和因果累积循环机制。

熊小龙（2013）认为，企业技术创新系统是指一个企业中技术创新活动及其各种影响因素相互作用而共同构成的促进企业技术创新的有机整体。企业技术创新系统是由企业技术创新活动层、企业内部环境层和企业外部环境层这三个层次构成的。在此基础上，熊小龙对企业技术创新系统的运行过程进行了研究，认为企业技术创新系统是由技术经济构想、创新决策、技术开发、经济开发和实现商业化这五个过程所组成的，并且这五个阶段不是完全简单的单向发展，各过程也存在跨越与交叠。

(2) 企业知识创新系统

刘希宋等（2009）对企业知识创新系统的自组织特性及演进机理进行了研究。他们认为，企业的知识创新系统是一个有组织和个体参与的、以实现创新知识、获得持续发展动力为目的的系统。将企业的知识创新过程、知识创新模式和知识创新环境联系起来进行考察，不难发现，企业知识创新系统实质是企业资源（尤其是知识资源）在系统内传递和转化并相互耦合的复杂开放系统。正是由于企业知识创新系统具有对外开放性、超循环的特性、协同性、企业知识创新系统的基本要素、子系统间的作用是非线性的，存在正负反馈机制等特性决定了企业知识创新系统的自组织性。知识创新系统由无序走向有序，由低级有序走向高级有序是一个自组织演进过程，这个自组织演进过程可分为耗散结构形成、驱动机制形成、触发机制形成和有序结构形成四个阶段。

马鹤丹等（2012）从系统运行的视角，构建了基于区域创新集聚的企业知识创新系统，提出了系统的构成要素，揭示了要素之间的因果反馈关系，并在此基础上提出了系统优化的对策建议。

第四节 创新集群理论

创新集群概念是由经济合作与发展组织（Organization for Economic Cooperation and Development，OECD）于1999年提出的。在提出"国家创新系统"之后，经合组织对"集群"的概念作了进一步发展，在《集群——促进创新之动力》研究报告中正式提出"创新集群"的思想。2001年，经合组织在另一份研究报告中对发达国家的"创新集群"进行了实证研究。在经合组织的带动下，"创新集群"理论成为国际学术界研究的热点问题。

经合组织对创新集群的概念并没有直接界定，但从其研究报告的表述中可以看出，经合组织对创新集群的概念有了更为深刻的认识。经合组织彻底背离了早期创新的直线式概念,即那种认为"创新是基础科学研究进步过程的结果",强调应从产业集群理论中培育创新理念,创新直接来源于科研商业、教育和公共管理机构不断的相互作用;创新集群可被视为一种简化的国家创新体系,其最关键和最实用的系统要素有助于促进一个国民经济各领域的创新❶。

钟书华(2008),认为创新集群是由企业、研究机构、大学、风险投资机构、中介服务组织等构成,通过产业链、价值链和知识链形成战略联盟或各种合作,具有集聚经济和大量知识溢出特征的技术—经济网络。该学者认为,创新集群的概念包含四层含义:第一,创新集群的构成要素是多元的,从事创新活动的参与者也是多元的;第二,创新集群的内部结构主要是创新活动参与者之间的战略联盟和合作关系;第三,创新集群的外部功能是一种通过自主创新,形成具有竞争优势的产业集群;第四,创新集群是一种创新系统或创新体系。❷

郑小勇(2010),在梳理国内外相关文献的基础上,提出创新集群应包括三方面的内涵:一是创新集群不是传统的产业集群。创新集群与传统产业集群既有共性也有差异,在一些情况下创新集群中的集群概念属于产业集群范畴,在另外一些情况下则可以超越产业集群范畴;二是创新集群是组织间的技术商业化网络。创新集群所代表的组织间关系网络不是企业家个体之间的社会关系网络,也不是实验室或科研机构之间的技术网络,而是有着相似追求(即实现技术商业化)的组织与组织之间形成的关系网络;三是创新集群具有知识传播、动态循环和跨行业的特征❸。

关于创新集群的分类,骆静(2003)认为,创新集群可分为内聚性集群、新工业区、创新环境集群和邻近集群。内聚性集群是创新集群中最古老的一种类型。组成内聚性集群的企业希望通过众多企业的聚集,降低成

---

❶ 经济合作组织.创新集群:国家创新系统的推动力[M].北京:科学技术文献出版社,2004:1-2.
❷ 钟书华.创新集群:概念、特征及理论意义[J].科学学研究,2008(2).
❸ 郑小勇.创新集群的形成模式及其政策意义探讨[J].外国经济与管理,2010(2).

本。企业充分考虑运输、劳动力等因素将企业定位在能够达到最低成本的区域，从规模经济中获得收益；新工业区是另一种类型的创新集群，区内高科技企业占了相当大的比例，集中着计算处理、信息技术和微电子等高科技部门的企业，这些企业往往依靠R&D的高投入，研制新产品、新技术。在地理位置上，新工业区一般位于城区的边缘，甚至远离城区。典型的新工业区有美国加利福尼亚"硅谷"、英国M4汽车高速公路走廊等；意大利北部的埃米利亚——罗曼尼亚（Emilia—Romagna）、米兰（Mlian）东北部的部分地区是创新环境集群的典型。在这种集群内，社会资本在促进创新中起十分重要的作用（Aydalot，1986；Camagni，1991；Maillat，1995）；对邻近集群的描述，用"混合体"更为贴切。在邻近集群内，单个进行创新的企业虽然相互邻近，在地理位置上，它们是邻居，但是它们之间通常没有持续的、系统的关联。在集群的生产组织安排方面，邻近集群内部很大程度上表现出来的是一种多相性，而不是普通创新集群所具有的内聚性、黏结性（Hart，Simmie，1997；Rabelloti，1999）❶。

关于创新集群的形成机制，郑小勇（2010）认为主要有"自上而下"和"自下而上"这两种模式。这两种模式对应两种不同的形成机制，"自上而下"过程模式对应的是政府力量驱动型的培育机制，而"自下而上"过程模式对应的则是市场力量驱动型自然演化机制❷。

---

❶ 骆静,聂鸣.创新集群及其分类研究[J].科学学与科学技术管理,2003(3).
❷ 郑小勇.创新集群的形成模式及其政策意义探讨[J].外国经济与管理,2010(2).

第二章 创新型国家建设的国际比较

第二次世大战结束后,世界各国在不同的起点上采取了不同的发展模式。其中有些国家将科技创新作为基本战略,大力提高科技创新能力,大幅度增强了其国家竞争优势,发展成为创新型国家。当前世界上公认的创新型国家有 20 个左右,包括瑞士、瑞典、日本、美国、韩国、英国、芬兰和德国等。这些国家在各自不同的起点上走出了各具特色的创新型国家建设的道路。提高自主创新能力、建设创新型国家也是我国中长期科学技术发展规划战略研究中的一个关键议题,是我国面向未来的重大战略问题。本章通过梳理部分发达国家的国家创新战略或思路,为我国建设创新型国家提供具有国际视角的经验。

创新型国家具有下列四个重要特征:第一,科技创新成为促进国家发展的主导战略,创新综合指数明显高于其他国家,科技进步贡献率一般在 70% 以上。第二,创新资金投入达到了一定的标准,R&D 投入占 GDP 的比重都在 2% 以上。第三,有很强的自我创新能力,对引进技术的依存度均在 30% 以下。第四,创新产出高,20 个创新型国家拥有的发明专利总数占全世界的 99%。

第一节 美国创新型国家建设

美国是一个典型的具有创新精神的国家。从建国到现在,无数美国人都在为实现所谓的美国梦想而奋斗,那就是不断创新,为创造更美好的生活而奋斗。据世界银行统计，2013年，美国GDP总量16.768万亿美元，排名世界第一，基本上是排名其后的中国和日本的两个国家的GDP总量之和。美国作为世界头号经济强国，其具有创新性的研发和以技术创新为先导的产业发展对经济的带动起到了至关重要的作用。美国创新发展一直以来保持着全球性、多学科性、增值性、开放性和转变性的特点，形成了其独特的创新型国家建设之路。

一、美国创新型国家建设的历程

美国的创新型国家建设历程见表2-1。

表2-1　美国创新型国家的演进历程

年代	20世纪60年代	20世纪70年代	20世纪80年代	20世纪90年代	21世纪
演进历程	市场万能机制	创新政策重大转折	制度创新	国家创新体系建设	创新美国战略

1. 20世纪60年代以前的市场万能机制

20世纪60年代的美国，是一个信奉市场万能的资本主义国家。市场作为经济有效竞争和资源优化配置的主要手段长期占据着美国社会意识形态的主流地位，但到肯尼迪政府时期这种政策观念有所变化。肯尼迪政府认为政府应在创新中起直接的作用，并提出了一系列促进创新的计划，如1962年的工业技术计划和1965年实施的国家技术服务计划，但这一时期政府部门对创新的认识还未形成优势。国会和白宫拨款委员会对创新政策和计划常常持怀疑甚至否定的态度，因此这些计划并未进入尼克松执政时期。

2. 20世纪70年是美国政府创新政策重大转折时期

20世纪70年代，由于美国面临石油危机、失业率上升、贸易赤字、生产率下降等一系列经济问题，迫使美国政府重新考虑支持科技研发活动，并于1971年提出了"新技术机会计划"。这一计划虽然未能最终实施，但也表明这一时期的美国政府对科技创新政策的认识有了重大的转变。卡特上台之后，政府促进国会通过了"国家1979技术创新法"，使得联邦政府资助、推动科技发展的行为合法化。这一时期联邦政府对科技研发活动的资助额迅速增加，但在政策制定方面，美国政府的认识依然有限。但这一时期新古典经济学派技术创新政策主张仍然深刻影响着政府政策的制定，认为政府之所以要干预技术创新就在于技术创新过程中存在着"市场失灵"。为纠正"市场失灵"，政府应出面对市场失灵的领域进行干预。这种理论主张仍局限于将技术创新过程看做一个"黑箱"，认为良好的市场机制会自动使这个黑箱的内部运行达到最优。因此，这一阶段的政策导向是：政府不必在产业部门的技术开发、扩散及商业化过程中进行任何政策干预，而只需资助公共部门和大学的基础科学研究。

这一时期美国创新政策的主要特征为：第一，科技政策是创新政策的主要内容，强调主要依靠大学和国家实验室发展基础研究、通过国防研发发展高技术，相信科学研究会自动走向创新、实现创新；第二，这一时期政府的主要政策工具就是直接资助，创新政策工具比较单一。

3. 20世纪80年代开始重视制度创新

20世纪80年代里根执政时期，美国的科技创新政策从产业政策中逐渐独立出来，成为政策大系统内一个重要的领域。

这一时期，政府强调技术创新在经济增长中的核心作用，认为技术创新是由科学、技术和市场三者相互作用构成的复杂过程。在这一时期，美国政府强调技术创新的各个过程均需要政策的支持，强调制度创新的重要性。在20世纪80至90年代前期，美国政府为了提高联邦政府资助R&D项目成果的商业化，制定了一系列促进商用技术发展的制度创新。

1980—1993年美国制定、提议了9项美国联邦技术转移法。其中较为重要的三项是：（1）贝荷—道尔法，放松了对联邦资助和与政府签订合同所产生发明的专利的政策限制；（2）史蒂文森—怀德勒技术创新法，为引导联邦实验室 R&D 活动，侧重于商业目的提供了法律基础；（3）国家合作研究法，放松了对研究合作企业的反垄断法律效力。这些制度创新对美国技术商业化产生了积极的影响。至此，美国政府全面介入科技创新活动之中，成为推动美国科技发展的重要力量。

4. 20 世纪 90 年代国家创新体系建设时期

20 世纪 90 年代初，冷战结束，全球政治、经济格局发生了重大变化。美国科技领先的地位日益受到日本和西欧等国强有力的挑战。这一时期，美国政府通过正式文件，对创新政策做了系统的说明。理论界以国家创新体系政策观为代表性主张，认为创新绩效的障碍因素，除"市场失灵"之外，还存在"系统失灵"，即由于国家创新体系的系统结构存在缺陷，导致知识扩散及技术创新资源配置的效率低下；强调创新政策应以提高企业的创新能力为核心目标，从"系统范式"来看，要建设功能完善的组织网络，提高知识、信息和资源扩散及配置效率，增强企业创新及适应环境变化的能力。如 1993 年白宫发表的《技术促进经济增长：构筑美国经济实力的新方向》的国家科学技术政策的报告，对科技创新和创新体系建设进行行政指导。报告明确提出"联邦政府在技术开发方面的传统角色，仅仅是支持基础研究和国防部、国家航空航天局和其他机构从事的使命性研究。这一战略对于上一代人来说是适当的，但是对于今天我们所面临的深渊挑战来说就不合适了。我们不能依赖于国防技术在私营部门的偶然应用。我们必须直面这些新挑战，并将我们的精力集中于我们所面临的这些新机会之上，承认政府可以发挥关键作用，以帮助私营企业利用创新并从中获利。2001年1月，美国著名智囊机构兰德公司发表了题为《增长的新基础：美国创新体系的今天和明天》，分析了美国国家创新体系的发展现状并提出了一系列的建议，对美国国家创新体系的进一步完善和发展起到了举足轻重的作用。

这一时期创新政策的特征表现为：注重国家创新体系及创新网络的构建，加强政府对科技活动统一指导和参与；加强政府与企业的合作，鼓励产业界增加 R&D 投资；积极推动实用的基础研究计划，加速军转民项目的实施；重视教育，加大对大学 R&D 的投资；注重培养创新的文化。

5. 21 世纪勾画"创新美国"新蓝图

进入 21 世纪，世界各国之间在竞争日益激烈的同时联系也愈加紧密，创新本身也在发生变化。2004 年，美国竞争力委员会发表了题为《创新美国》的报告，报告指出："创新是美国的灵魂，是确保其在 21 世纪领导地位的非常重要的手段"。竞争力委员会是美国一个著名的民间智囊团，会员由 IBM、通用汽车等大公司的总裁和斯坦福、哥伦比亚及麻省理工等大学的校长担任。该机构创建于 1986 年，其主要功能是研究增强美国经济竞争力的政策，并向政府和其它有关部门提供建议。

该报告详细分析了美国创新生态系统正在和即将发生的变化、美国创新所面临的诸多机遇和挑战，提出了全面提升美国创新能力的行动议程。该报告建议，全面构建一种新型的合作、管理和监测机制，以确保美国在未来的全球经济中获得成功。为此，报告提出了 80 余项强化创新的政策建议。这些政策建议主要集中在三个方面，主要集中在人才（Talent）、投资（Investment）以及创新组织及机制（Infrastructure）等三个方面。报告总结了美国创新主要面临五个方面的挑战："双赤字"影响风险资本的获得；全球化趋势使得投资呈现多元化；美国创新投入相对增长较缓；美国创新产出呈现徘徊局面和制造业还未建立与新兴科技的有效联系。创新的新机遇主要有：环境友好并可大量提供能源；生物技术的创新和医疗系统的改进；公共安全技术及其向民用的拓展；推动制造业革命的纳米技术和新技术应用带来的大量工作机会。

在人才方面，美国竞争力委员会将知识创造、教育、培训以及为劳动力提供必需的支持作为创新人才队伍建设的主要任务，并将"夯实科学家和工程师队伍的根基""催化和激活下一代的创新者""确保就业者成功应对经济全球化的挑战"作为核心环节。

在资金投入方面，美国竞争力委员会建议在"重振前沿及跨学科研究"

"激活创业经济""强化长期投资与提高风险承受能力"三个方面加以改进。

在创新组织及机制方面,美国竞争力委员会围绕"凝聚创新增长战略的共识""构筑21世纪知识产权制度""提升美国的制造能力""建立21世纪的创新基础组织(以医疗系统为实验)"四个环节,提出了未来进一步优化美国创新组织及机制的相关政策建议。

面对创新领先地位受到越来越激烈竞争的挑战,美国已勾画出21世纪的创新蓝图。

第一,立足本国与面向世界。美国正在考虑制定国家创新议程,以便能够在知识经济时代保持国家的创新地位。强调政策促进创造力的发挥,以便应对激烈的国际竞争,力保公共服务、卫生保健、通信和物质环境与基础设施处于世界一流地位。

第二,加速新学科的发展。美国充分认识到创新从本质上来讲具有多学科性,创新往往发生在多学科之间的界面。纳米技术、生物社会学、网络科学等新学科有望成为成熟学科之间的桥梁。在科学、政治、文化、商业、保健和教育等领域日益相互交织的今天,美国积极鼓励研究人员、学者和学生突破学科界限或创造全新的领域。

第三,优化创新的"乐土"。美国将进一步强调21世纪在全球经济中的作用不是在低成本、低工资、大宗产品和服务方面领先,而是要在高价值、以创新为动力的增长方面出类拔萃。因此,美国在公共政策、商业管理体系和大学发展计划等方面加大资助使其成为最丰富的创新源泉,其中包括美国已经具有优势的领域,如风险资本体系、先进的技术部门和区域创新"集群"等。

第四,支持开放与重视创新回报。保持合理而且能够正确实施的国家和国际知识产权保护框架。优化创新不仅要保障知识创新的回报,而且要促进开放标准的扩散,这样才能推动经济增长。

第五,保持和加强美国的创新生态系统。强调经济发展、生活方式、市场和基础设施都要成为培育创新的典范,并且能够吸引来自世界各地的创新者。优先培养创造就业机会的能力，以便创造出高收入、对知识要求高的工作。

二、美国创新型国家建设特色

通过对美国创新型国家建设的演进过程进行分析，可见美国国家创新体系的网络性、高投入性以及大学体系的多样性是世界上其他国家难以模仿的。美国创新型国家建设主要有以下几方面的特色。

1. 不断完善其创新生态系统

以创新为动力的经济增长，在本质上不同于工业经济甚至信息经济的发展，因此需要通过新的形式、新的方法和新的行动加以推动。为此，"国家创新倡议"（National Innovation Initiative，NII）提出"美国必须为个人与企业的创新提供条件，并且在下一代的知识、创新、技术、商业模式和动态管理系统方面取得领导地位。公司、政府、教育机构与工业企业之间需要形成新型关系，以确保21世纪的创新生态系统能够成功适应全球经济的竞争"。

美国总统科学和技术顾问委员会是美国总统的一个极为重要的决策咨询机构，对美国政府的科学技术政策的制定和出台产生重要影响。该委员会提出了三份报告：《美国研究和开发投入之评估：研究的发现和建议的行动》《维护国家的创新生态系统：信息技术制造和竞争力的报告》《维护国家的创新生态系统：保持我国科学和工程能力之实力的报告》。这三份报告从研究和开发的投入、从信息技术、科学和工程等若干方面分析和阐述了与创新和竞争力相关的话题，探讨了对国家创新生态系统的维护。2003年，国家竞争力委员会召集了400多名管理者和学者，通过深入探讨，提出了"国家创新倡议"。之后，国家竞争力委员会又组织相关人员专门对创新生态系统展开研究。经过一年多时间的潜心研究，NII提出了创新生态系统的架构。

NII 为我们描绘了一个创新生态系统的框架,透过这个框架,我们可以看到,创新并不是一个从研究到发明、从发明再到商业化的线性过程,更不是知识投入的简单加总,而是一个通盘考虑的结果。这其中不仅包括对创新的供给和投入,也包括外部的市场需求,还包含政策环境和基础设施等在内的诸多外在因素。借助这一模型,我们能够理解创新战略和创新生态系统是如何驱动价值创造并决定国家竞争力的整体表现。

NII 的创新生态系统(如图 2-1)表明需求和供给共同影响着创新的进展。美国政府过去的创新政策主要聚焦在"供给"之上(如在研究、技能、管理策略、知识和风险基金等方面的投入),而较少地着眼于"需求"(即对创新产品在质量、安全、客户、便利和效率等)的刺激。从创新生态系统的模型我们可以清楚地看到,个性化、安全性、便利性的需求和技能、知识、管理等的供给会共同催生出创新,创新是供给和需求相互"碰撞"的产物。

图 2-1 NII 创新生态系统

供给和需求对于促进创新的"推""拉"作用并不是发生在真空之中,社会所提供的公共政策和基础设施对此具有重要的影响。在公共政策方面,教育培训、研究基金、管理规范、财政货币工具、知识产权、市场准入等相关制度和政策，会影响我们对于创新的投入强度和对创新需求的响应速度，运输、能源、医疗保健、信息网络或通信等基础设施也是如此。公共政策和基础设施加在一起形成了一个大的平台，这个平台可能正向加速也可能反向阻碍创新的步伐，并决定创新的质量。需要特别指出的是，公共政策与基础设施中的各要素之间会产生动态的相互作用。例如，管理规范会对基础设施中的能源、贸易、通信等产生重要影响。同样，网络设施对于教育、医疗、知识产权等关键政策目标的实现也是至关重要的。从长远来看，对产品和服务的客户化（甚至个性化）需求的不断增长（不仅来自商业，同样也来自大学和政府部门），将对知识和技能的供给产生影响，与此同时，这种需求反过来又会受到知识和技能供给的影响。

美国之所以能够在科技创新方面继续引领世界，最重要的原因就是在创新型国家建设中非常重视创新生态系统的建设与完善，从系统协同和共生的角度，重新界定了创新生态系统中创新要素、主体之间的作用和联系，对创新政策的制定提出了新的要求。

2. 制定创新型国家建设的政策路线图

能够体现美国在 21 世纪创新型国家建设的战略和政策的报告主要有：2004 年 12 月《创新美国：在挑战和变革的世界中达至繁荣》（简称《创新美国》）；2005 年 10 月美国国家科学院（National Academies）提交国会的《迎击风暴——为了更辉煌的经济未来而激活并调动美国》（简称《迎击风暴》）；2005 年 12 月的《2005 年国家创新法》；2006 年 2 月的《美国竞争力计划》；2006 年 6 月 8 日提出《国家创新教育法》议案；2007 年 2 月 25 日"全国州长协会冬季会议"的《创新美国计划》；2007 年 3 月 13 日的《美国创新宣言》。这些报告在相当程度上反映了美国社会各界，尤其是美国主流社会对美国当前在国际竞争中的地位和实力的担忧，以及他们为此而提出的变革构想及发展"路径"。

诸多报告中《创新美国》是全面反映美国创新型国家建设政策路线图的典型报告。该报告确立的各种创新政策旨在全面构建一种新型的合作、管理和监测机制，以确保美国在未来的全球经济中获得成功。报告提出了80余项强化创新的政策建议，这些政策建议主要集中在三个方面：首先是人才方面，要支持和营造一种合作创新的文化，形成一种在研究与商业化之间赖以共存的关系，强化新一代创新者的终生技能。其次，是投资方面，需要给予创新者成功所需要的投资及激励。最后，是组织及机制方面，需要建立21世纪创新组织及机制、具有弹性的知识产权制度、促进美国制造业发展的战略及建立全国创新的领导网络。

创新是一个动态的、复杂的生态系统，其本质是生态系统中各要素共同承担责任的过程。显然，创新政策的实施不单单是政府的事情，而是由企业、政府、教育和科研机构共同推动的。NII指出，创新政策的制定与实施是优化美国创新环境的根本保障，企业、政府、教育和科研机构需要依据政策中的分工进行互动。为此，NII提出了"创新实施路线图"（an innovation roadmap for action），如表2-2所示。借助创新实施路线图，NII对美国的企业、大学以及政府在创新政策推进中的角色和分工进行了研究，以期为相关政策的制订提供参考。

表2-2 创新美国的创新实施路线图

人才	投资	组织与机制
培养多样化、创新型劳动力的创新教育（具体包括四项政策） 催化和激活下一代的创新者（具体包括三项政策） 确保就业者成功应对经济全球化挑战（具体包括四项政策）	重振前沿及跨学科研究（具体包括四项政策） 激活创业经济（具体包括三项政策） 强化长期投资与提高风险承受能力（具体包括四项政策）	凝聚创新增长战略的共识（具体包括四项政策） 构筑21世纪知识产权制度（具体包括三项政策） 提升美国的制造能力（具体包括四项政策） 建立21世纪的创新基础组织（以医疗系统为实验）（具体包括四项政策）

3. 人才是创新型国家建设的重要资本

美国作为创新科技强国，同时也是科技创新人力资源大国。美国在第二次世界大战之后逐步形成了以企业、大学、国立科研机构为主体的完备的研发体系，引领世界基础科学的前沿和技术创新的潮流，成为世界超级强国。美国特别重视本国国民教育和对别国优秀人才的引进，拥有世界上最具创新能力的丰富的人才资源。自1901年首届诺贝尔奖至今，诺贝尔奖得主有317名是美国人，人数居世界第一，占总数的37%。

美国在人才培养、人才引进和人才使用方面，都具有独到之处。目前美国就业人员平均受教育年限已超过13年，其中受过高等教育的就业人员占到55%。美国拥有世界上最发达的高等教育，在世界大学前100强排名中，美国的大学占到一半以上。这是在世界范围内美国科技遥遥领先的重要原因。

把人才问题作为创新政策中的首要问题来研究，表明美国对创新人才，尤其是肩负起塑造未来竞争力的下一代人才的关注。正如NII所指出，"美国的就业者及其家庭，无论在当前还是未来，都将是实施国家创新倡议的主导力量"。具体而言，NII将知识创造、教育、培训以及为劳动力提供必需的支持作为创新人才队伍建设的主要任务，并将"夯实科学家和工程师队伍的根基""催化和激活下一代的创新者""确保就业者成功应对经济全球化的挑战"作为核心环节。

4. 优化创新组织与机制

21世纪，决定国家经济实力的关键因素在于其促进创新的政策框架、组织机制以及基础设施。着眼于创新自身特性的新变化以及创新全球化发展的新态势，NII围绕"凝聚创新增长战略的共识""构筑21世纪知识产权制度""提升美国的制造能力""建立21世纪的创新基础组织（以医疗系统为实验）"四个环节，提出了未来进一步优化美国创新组织及机制的相关政策建议。

在凝聚创新增长战略的共识方面，美国的做法主要有：第一，制定一个由总统领导的国家创新战略及行动议程。具体举措包括：（1）在总统办公室设立一个专门机构，以设计、评估、协调国家创新战略的相关政策。

(2) 建立一个清晰的创新议程，引导总统的经济顾问机构开展"当前经济政策对创新能力影响的分析"，并研究适时调整和改进政策的机遇。(3) 引导内阁部门在政策、计划及预算等的实施，研究并提出跨部门支持创新的举措。第二，促进公共与私营部门之间的协作，形成广泛支持国家创新行动的公众氛围。第三，研究用于跟踪和测评国家创新绩效的评价体系。这一评价体系应比以往的评价体系更加关注无形资产、网络、需求、区域集群、管理技术、风险回报以及系统的动态性，充分体现全球化背景下知识经济发展的新范式。第四，设立国家"创新记分牌"以衡量创新绩效。"创新记分牌"由联邦统计局、各类贸易协会、专业协会、民间调查机构以及相关国际组织共同完成，将提高国家创新绩效测评的质量与时效性。利用创新记分牌在区域间和全球范围内进行创新绩效的评价，将扩大公众对创新的认识和理解，强化公共和私营部门间的长期互动，弥合创新生态系统中的"缝隙"，并最终实现创新政策整合的目标。第五，设立国家创新奖以表彰优异的创新行为。设立以民营部门为主导的国家创新奖，以表彰企业、科研和教育机构、相关组织在产品、服务及工艺的创新及扩散上所做出的突出贡献。同时，创新奖也要表彰那些为新产品、新服务的产生提供支撑的创新工艺和组织环境。

构筑21世纪知识产权制度也是一个重要环节。知识产权的保护是创新经济的基石，它既是确保创新者创造性劳动获得回报的基本保障，同时也是鼓励对未来创新投资的激励因素。美国的主要做法是：（1）提高专利流程各个环节的质量。（2）发挥专利数据库作为创新工具的功能。（3）为全球协作性标准的建立提供最佳典范。

三、美国创新型国家建设主要经验

1. 创新显著

据世界经济与合作组织（OECD）专家统计，1929—1941年，美国科技进步对经济增长的贡献率仅为33.8%；而20世纪80年代以来，其科技进步贡献率高达80%。美国在第二次世界大战之后逐步形成了以企业、大学、科研机构为主体的完备的研发体系，R&D投入大幅度增加。

2. 独特的国家创新体系

美国完全以市场为主导的国家创新体系，使创新资源配置合理，创新功能完善。企业、研究机构根据市场需求推进创新产品的产业化和市场化。研究开发、中介服务、风险投资和企业以市场为纽带处于良性的互动状态。

美国国家创新体系的创新主体角色明确，依据市场导向进行明确分工，在创新链的不同环节进行自主创新。国家创新体系的执行机构主要由私营企业、大学、联邦科研机构、非营利性科研机构及科技中介服务机构等组成。美国政府在创新体系中发挥辅助、协调和监管作用。

3. 具有创新能力的人才资源

美国从业人员受教育程度普遍较高，世界大学前100强的多半以上坐落于美国。此外，无论是基础教育还是高等教育，美国都注重培养学生的独立思考能力和研究能力，这对于学生创新能力的培养起到了重要作用。

美国宽松的人才政策，为其优秀科技人才在市场上自由流动和科学配置奠定了基础。同时，这些人才的自由流动也为创新思想的产生提供了条件。

4. 健全的科技立法体系

美国建立了健全的立法体系，包括完善的知识产权保护体系和企业技术创新退税政策等，为企业和个人营造了良好的创新环境，推动了美国产业的技术创新和科研成果的产业化。

5. 完善的资本市场

资本市场是美国企业科技创新得以产生和发挥作用的重要条件。完善的资本市场体系是风险投资的形成与发展的催化剂,促进了美国高新技术产业的发展;发达和完善的资本市场体系为创新企业提供了直接的融资场所,促进了社会化的科技创新体系的形成和完善;股票市场的直接融资环境和其特有的财产加大的倍数效应在催生了一批创业企业的同时,也催生了大批的企业家。这种约束与激励相结合的有效机制,正是美国科技创新捷报频传的重要机制。

第二节　日本创新型国家建设

一、日本创新型国家建设历程

日本是后进赶超先进的典型国家。150年前,日本还在西方殖民主义坚船利炮的威胁下徘徊于生死的边缘。150年后的今天,仅有37万平方千米的日本却成为仅次于美国的世界第二经济强国。1965年刚刚走出第二次世界大战废墟的日本,其人均国民生产总值仅为英国的一半、美国的1/4;而到2012年,日本的人均国内生产总值为47 870美元/人,已经达到英国的1.24倍,美国的91.5%。日本作为后发国家成功追赶的典范,走出了一条有别于欧美等国家的独特的创新型发展之路。日本的创新型国家建设并非一蹴而就的,而是经过了漫长的发展和演化过程。

自二战之后,日本走过了从"贸易立国"到"技术立国"再到"科技创新立国"的发展道路。相应地,日本的创新型国家建设也经历了从战后初期的"吸收型""模仿型"技术发展路径,逐步发展为"追赶型",最终建设成为"领先型"的创新型国家,一跃成为世界第二经济强国。在每一个关键的转型时期,日本政府都制定了有步骤、分阶段的政策制度及实施对策,并选择了适合本国国情的发展路径。日本的创新型国家建设演进历程如表2-3所示。

表 2-3　日本创新型国家建设的演进历程

年代	1960 年以前	20 世纪 60 年代	20 世纪 70 年代	20 世纪 80 年代	20 世纪 90 年代
演进历程	模仿追赶	模仿创新	技术追赶	集成创新与二次创新	科技创新立国

1. 二战后至 1960 年以前的模仿追赶

二战后至 20 世纪 50 年代的日本，由于战争的破坏，在当时的环境下没有能力和条件来解决国内技术资源奇缺、技术基础薄弱的问题，使得这一时期及以后的一段时间里，日本的经济发展不得不依赖国外技术，日本的技术创新也是从大量引进国外先进技术和设备开始的。政府根据经济建设不同时期的需要设立重点领域，引进世界最先进的机械设备和科学技术，如原子能发电设备、大容量发电机、冷、热轧带钢机等。最初扶持和发展资本密集型的重化工业，进入 20 世纪 50 年代后则主要集中于钢铁、电力、造船、石油化工、家用电器和合成纤维等重工业和化工部门。

这一时期，日本企业对引进的技术不是简单的模仿、吸收，而是在引进和消化吸收的基础上结合本国的实际实行再创新。通过对引进技术和产品的分解、研制，以求个别改良、综合改造创新，创造出具有日本特点的新技术和新产品，并使新产品物美价廉、耐用，从而在国际市场上取得竞争优势。

2. 20 世纪 60 年代的模仿创新

二战后，通过大规模引进国外的先进技术和设备，日本迅速提高了自身的技术水平和装备水平，极大地促进了对外贸易的发展，实现了贸易立国的发展战略。但在这一过程中，日本企业也深刻体会到引进的技术必须与本国的技术能力和技术水平相适应，才能发挥更大的作用。所以，在形成一定的生产能力和技术水平后，日本开始了大范围的消化、改良和创新。20 世纪 60 年代初期，加强对引进技术的消化吸收模仿是日本创新活动的重点；60年代中期后转向知识密集型产业，如航天、汽车制造、通信设备、电子机械等；60年代后期则重点引进技术专利、技术情报及基础性科研成果，然后对其进行分析研究，扬长避短，进行再创新与开发。日本企业的技术引进不是单纯的引进，而是在引进的基础上，投入大量精力，对引进的技术进行有目的的改良和创新。据估计，日本引进技术的费用与为此投入的研发费用比例为1：5~1：7。❶ 从1955—1970年的15年间，日本几乎掌握了半个世纪世界发明的全部技术，只用了不到60亿美元的代价，争取了20年左右的时间。

这种以"逆向工程"为基础的模仿创新，使日本追赶先进国家具备了"后发优势"。日本基于消化吸收的模仿创新模式是与当时日本政府在第二次世界大战后长期推行的"赶超先进国家"战略相吻合的。此后，突出的模仿创新能力在日本企业中开始显现并充分发挥出来。

3. 20世纪70年代的技术追赶

到20世纪70年代，日本的产业与技术结构都发生了质的变化。日本在钢铁、家电和汽车等工业部门的生产技术已处于世界领先地位，这样的效益在世界上是罕见的。

在工业结构上，从劳动密集、资源密集型产业过渡到资本密集和技术密集型产业；在技术水平上，43个主要技术领域接近或达到世界先进水平，基本完成了技术上的追赶过程；在技术贸易方面，技术出口合同的金额超过技术进口合同的金额。

4. 20世纪80年代的集成创新与引进消化基础上的二次创新

20世纪80年代，日本企业已经初步具备了自行研究开发的能力，逐渐从过去大量引进、消化、改进、模仿，到强调发展企业的自主创新能力，开始了从创造性模仿创新转向自主创新，体现为集成创新和在引进消化基

---

❶ 陈海华，谢富纪.日本技术创新模式的演进及其发展战略[J].科技进步与对策，2008，(1)：15.

础上的二次创新。这一时期，日本企业的集成创新和引进消化基础上的二次创新的创新动力主要来自于市场需求，来自于企业之间激烈的竞争。

集成创新模式是创新主体将创新要素（技术、战略、知识和组织等）优化整合，形成具有功能倍增性和适应进化性的有机整体。集成创新根据产业链和产品链可以分为横向集成、纵向集成和交叉集成。集成创新具有持续性、集成性、系统性和结构化的特征，能够为创新主体提供长期的竞争优势。[1]

集成创新通常有两种主要的表现形式。一种表现形式是从基础研究、应用研究和开发研究的技术链条出发，表现为产学研合作研究，在政府主导下，有大学、科研机构和企业共同组成技术合作联盟。典型案例是1976—1980年间，日本通产省组织6家电子企业和大学、研究所联合攻关当时最先进的1微米微电子成套生产技术，取得了显著的成就。这6家彼此竞争的电子公司在政府的协调和补助下，围绕共性技术攻关，通过技术成果共享、费用共筹、风险共担的形式形成利益共同体。技术创新任务完成后，合作联盟解散，企业各自围绕共享成果，开发自己的产品，参与市场竞争。这种集成创新的形式需要充分发挥政府的导向作用，将大学和科研机构的雄厚的科研能力和科技资源与企业的技术开发和市场开拓能力相结合，使新技术和新成果能够迅速市场化。集成创新的另一种形式是在不同的技术领域之间的合作，通过跨行业的技术合作将多种技术融合在一起形成新的产业技术，这也是日本企业在技术创新活动中普遍采用的一种形式。随着科学技术不断向纵深发展，学科分化与交叉融合加快，集成各领域的最新技术已经成为一种新的更具竞争优势的技术创新模式。

日本在20世纪80年代以后进入以"科技立国"方针为指导、以自主创造性研发为主的阶段。这一时期，日本以较快的速度和较低的代价赶上了欧美先进国家。到90年代初，日本在钢铁、汽车、家用电器等工业部门的生产技术已处于世界领先地位。

---

[1] 李颖.湖南省自主创新能力评价及政策支持体系研究[D].湖南农业大学,2008.

5. 20世纪90年代中期确立"科技创新立国"的基本国策

1995年11月,日本政府颁布了《科学技术基本法》,成为日本科学技术发展历史上的一个重要转折点。《科学技术基本法》明确提出要将"科技创新立国"作为日本的基本国策。此后,日本确立了21世纪初将推进科技发展的三大方向:把日本建设成为具有世界一流科技水平,能够创造知识并灵活运用知识,对世界发展能够做出重大贡献的国家;具有强有力的国际竞争力并能够持续发展的国家;能够让人民过上幸福、安心和高质量生活的国家。明确了在研发的不同阶段研究基金制度的建立,以及产学官合作和知识产权保护的问题。强调创建世界一流的高水平的研究生院,积极促进本国科研人员参与国际R&D活动和国际研究项目。提出了"科技创新立国"的五大发展战略:人才战略、基础研究战略、技术创新战略、支柱技术战略和国际合作战略。

6. 2006年的《创新25战略》

2006年10月,日本内阁的特别顾问黑川清在前首相安倍晋三的指导下,领导科学界和产业界的6位资深人士开始起草日本创新立国的政策路线图——《创新25战略》它是安倍有关科学和技术在2025年对日本经济发展做出贡献的愿景,展望了日本人在20年后利用大规模的先进技术所能达到的生活状态。

该战略指出,日本政府希望通过创新,到2025年把日本建设成为终身健康的社会、安全放心的社会、人生丰富多彩的社会、为解决世界性难题做出贡献的社会和向世界开放的社会。2007年6月1日,为了根据《创新25战略》这一战略方针长期推进各项创新政策,日本政府在内阁建立以总理大臣为首的"创新推进本部",负责制定推进创新的基本计划和具体政策措施。日本内阁的特别顾问黑川清在接受美国《科学》(Science)杂志记者采访时曾指出,《创新25战略》是日本政府的一个战略声明,政府的所有部门都必须遵循这一创新政策路线图。黑川清认为,《创新25战略》中建议的举措，如将能源和环境技术发展作为经济发展的动力、大幅增加教育经费、改革日本的大学等是提升日本创新能力的关键。

二、日本创新型国家建设的主要特色

1. 注重创新型国家制度保障系统的建设

日本在过去100多年的时间里，从一个落后的小国发展成为世界第二的经济科技强国，与日本政府适时地根据基本国情正确地确定本国的科技发展战略和政策导向是密不可分的。二战后，日本政府先后确立了贸易立国和技术立国的战略。继此之后，随着本国科技实力的增强和国际竞争形势的变化，日本政府在20世纪90年代又提出了"科学技术创造立国"的战略。1995年日本政府颁布了《科学技术基本法》，《科学技术基本法》规定，为了综合地、有计划地推动振兴科学技术的相关政策措施，政府应当制定有关科学技术振兴的基本计划。日本政府共制定了三期科学技术基本计划，第1期科学技术基本计划（1996—2000年）：科技创新立国的起步；第2期科学技术基本计划（2001—2005年）：科技创新立国的强化；第3期科学技术基本计划（2006—2010年）：科技创新立国的巩固。"科学技术创造立国"战略始于第一期的科学技术基本计划。

2. 创新型国家建设的组织体系

日本政府为全面地有计划地实施科学技术等方面的措施，于2001年1月成立了综合科学技术会议，是专门负责日本科技政策推进的机构。内阁总理大臣担任议长，由科学技术政策推进担当大臣及具有相关经验的成员等14人组成。根据2001年3月底内阁批准的第二个"科学技术基本计划"中对综合科技会议使命的论述，该会议将在内阁总理的直接领导下，作为推进科技政策的司令部，打破政府各省厅（即各部委）纵向的官厅体制，以先见性和灵活性开展工作，使国家的综合战略以及"科技基本计划"中的重要政策，能够在全国确实得到贯彻实施。

3. 以企业为主体的研发体系

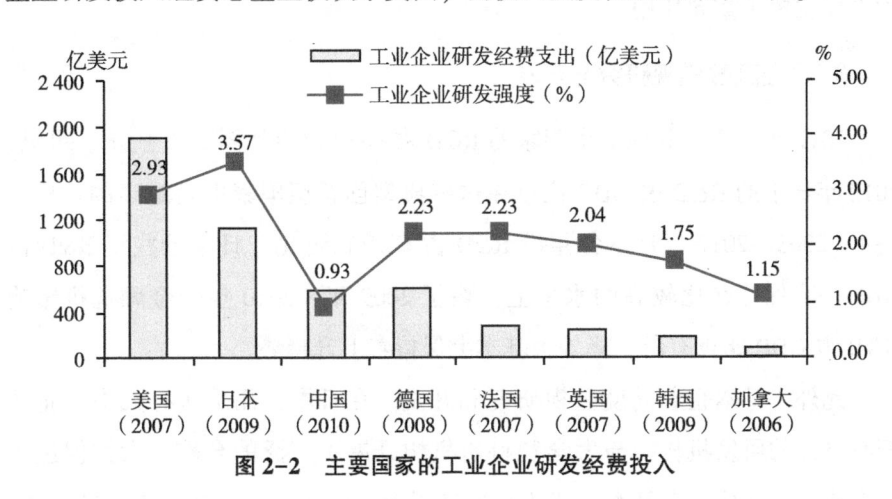

日本长期以来形成了以企业为主体的研发体系。日本与其他主要国家的工业企业研发经费投入情况见图2-2。[1] 从图2-2大致可以看出日本工业企业研发投入经费总量上仅次于美国，而投入强度位居全球第一位。

图2-2 主要国家的工业企业研发经费投入

三、日本创新型国家建设主要经验

1. 将创新作为国家发展的核心战略

日本长期以来将创新作为国家发展的核心战略。二战之后，日本一直坚持引进和吸收欧美技术为主的模仿型"技术立国"之路。进入20世纪90年代以后，日本开始转向注重基础研究和独创性自主技术开发的"科技创新立国之路"，在2006年又制定和实施了《创新25战略》。可见，日本一直将创新作为国家发展的核心战略。

2. 政府在不断调整创新战略和塑造创新能力方面发挥重要作用

根据不同时期的发展基础和发展环境，日本政府不断调整国家创新战

---

[1] 玄兆辉,吕永波.中国企业研发投入现状与问题研究[J].中国科技论坛,2013(6).

略，以提升国家和企业的创新能力。日本政府通过制定积极的经济和教育政策，制订长期发展规划，协调产业界内部及其学术界等的关系等，在完善国家创新体系，改进科研基础设施，组织产官学合作、促进国内外企业之间的合作与协同等方面发挥了主导的作用，进而在推动企业增强创新能力方面发挥了重要作用。

3. 企业高度重视研究与开发

2012 年日本及其他七个国家的 R&D 占 GDP 比重如图 2-3 所示。可见，2012 年日本的 R&D 占 GDP 比重在这些典型创新型国家中是最高的。从图 2-4（2005—2012 年日本各年份 R&D 占 GDP）可见，日本近些年 R&D 占 GDP 一直保持在比较高的水平上，除了 2009 年、2010 年受金融危机影响 R&D 占 GDP 比重有所下降外，基本上保持着上升趋势。

此外，日本企业高度重视研究和开发。在日本，几乎所有大中型企业都有自己的研发机构，与大学和科研机构开展了广泛的合作，大大促进了研发成果的转化。在日本长期的赶超过程中，企业一直是技术创新的主体，市场机制是配置创新资源的主要方式。如有资料表明，日本企业所提供的 R&D 经费一直占全国 R&D 总量的 60％以上。日本的企业是技术创新的主体，这正是日本企业能够不断提升技术竞争优势，并迅速将研究成果转化为在国际市场中具有竞争力的产品的重要原因。

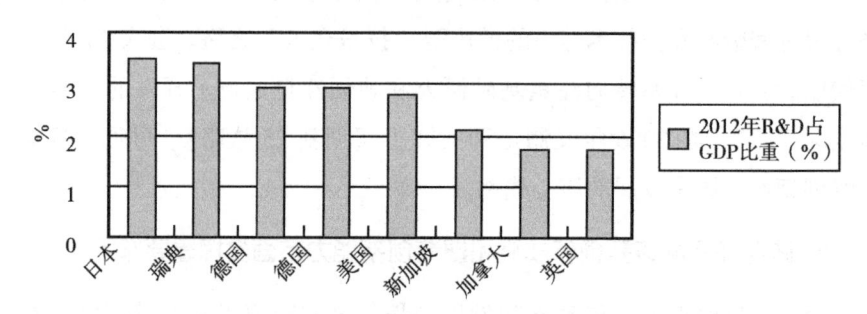

图 2-3　2012 年日本等八个国家 R&D 占 GDP 比重

图 2-4　2005—2012 年日本各年度 R&D 占 GDP 比重

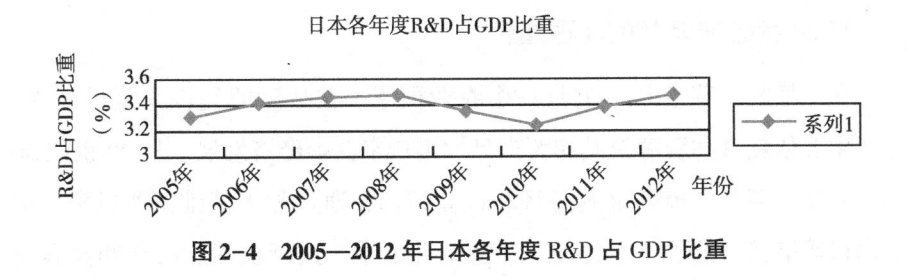

第三节　芬兰创新型国家建设

芬兰是北欧小国，人口只有 540 万，除森林外，自然资源匮乏，在欧洲处于相对落后的地位。从 20 世纪 70 年代芬兰开始选择发展通信产业，经过跨越式发展，一举实现了国家的战略转型和经济腾飞。人均 GDP 由 1997 年的 25 810 美元增长到 2012 年的 46 590 美元，芬兰现已成为世界上最富裕、最具竞争力的国家之一，在《全球竞争力报告》排名中一直名列前茅。

一、芬兰创新型国家的建设历程

在第二次世界大战前，芬兰还是一个农业国家。在战后经济重建中，芬兰强调科技和教育的核心地位，坚定不移地实施"依靠科技和教育推动经济从资源依赖型向创新依赖型转变"的发展战略，形成了具有特色和富有成效的国家创新体系，成功地实现了经济和社会向创新型国家的全面转型，见表 2-4。

表 2-4　芬兰建设创新型国家的演变历程

年代	20 世纪 50 年代	20 世纪 70 年代	20 世纪 80 年代	20 世纪 90 年代	21 世纪
演进历程	战后经济重建	集约型经济战略	基础性制度变革与创新	建设国家创新体系	创新型国家全面转型

1. 20世纪50年代的战后重建

在二战前,芬兰基本上是一个农业国家。在战后的经济恢复重建中,芬兰主要依赖森林资源及其相关产品的出口来获得经济发展。从20世纪50年代开始,芬兰积极调整其经济和社会结构,通过加大基础工业投资、扩大出口等措施,推动了木材加工、造纸和纸浆、选纸机械、冶金和金属制造等工业的快速发展,从而形成了依赖森林资源、以森林相关产品的生产和出口为主要支撑的国民经济结构,并由此实现了经济的快速增长。从1950年至1970年,芬兰的国民生产总值基本上保持每10年翻一番的高速增长,城镇化水平从1950年的33%上升到1970年的50%。

2. 20世纪70年代集约经济的发展

芬兰能源消耗的80%源于进口,属于能源短缺型经济。20世纪70年代,芬兰国内受到了严重的通货膨胀和工资上涨过快的压力,加上1973年和1979年的两次世界性石油危机,芬兰依靠劳动力、资本和原材料投入的粗放型经济增长模式达到了极限,在出口方面的优势也面临极大挑战。这时,芬兰开始放弃资源密集型经济增长方式,发展集约型经济已经成为社会的共识。

3. 20世纪80年代的基础性制度变革和组织创新

20世纪80年代,生产成本和产品质量是芬兰在保持在国际市场上的竞争力面临的最重要挑战。为此芬兰采取了一系列推动基础性制度变革和组织创新的措施。其中比较重要的政策措施有:

第一,加大对教育和R&D的投入。从20世纪60年代开始,芬兰对教育的投入一直比较重视,但对R&D的投入不算太高。从80年代开始,芬兰开始重视对R&D的投入,其R&D经费占GDP的比重从1981年的1.17%,增加到1985年的1.55%,到1991年突破了2%。

第二,建立扶持新产业的制度框架。作为小国,芬兰没有能力涉足所有高科技领域，而是极有远见地选择了在当时属于新兴产业的电信产业，集中优势力量来重点发展这一产业，以此带动整个国民经济的发展。在20世纪80年代，芬兰先后制定和修订了电信法、数据法、商务电子通信法、电子签名法和信息社会保护法等一系列法律法规，完全开放电信市场。

第三，对国家的科技和教育管理体系进行组织创新。1983年，芬兰成立了国家技术局（TEKES），芬兰国家技术局相当于我国的科技部；1987年，成立了由总理任主席的科学技术政策理事会，科学技术政策理事会的前身是国家科学政策理事会，旨在加强对科技工作的统一领导。1982年，芬兰人率先在斯堪的纳维亚地区建立了第一个以大学为中心的科学园，即奥鲁科学园。在以后的10年中，科学园发展到9个。现在芬兰共有10个科学园，分布在全国10个城市。芬兰90%的研究工作基本上是由这10个科学园完成的。园中进驻了1 000个公司和研究机构，主要是有关高新技术产业领域的研究。可以说，这些组织方面的重要创新为芬兰在20世纪80年代及以后的跨越式发展打下了坚实的基础。

第四，芬兰对国外技术引进采取了立足本国技术发展需要同时积极推动出口及企业的国际化的原则。芬兰经济规模和资源条件的限制决定了发展外向型经济是其芬兰的一项基本策略。为此，芬兰一直以提高本国工业技术水平、帮助企业向国外市场谋发展为目的来引进国外技术。

相关研究显示，芬兰主要通过八种方式来引进技术，并且在不同时期技术引进的主要方式有所不同，但直接引进外资、与国外企业建立合资企业，以及通过"交钥匙"工程来引进国外设备这些方式一直不是其主要技术引进方式。这一现象表明，在技术引进方面，芬兰自始至终都以发展本国技术力量为根本目的，严格避免那种盲目引进、不考虑消化吸收的技术引进做法。此外，芬兰采取了多种扶持措施来扶持企业的出口，比如建立相关机构来为出口企业提供担保和配套服务，对出口企业提供贷款、信用担保、风险担保，补贴和中介服务等几乎涵盖所有相关方面的支持。

4. 20世纪90年代引入国家创新体系概念

20世纪90年代是芬兰向创新型经济加速转型的重要时期。1990年，芬兰在其政策报告中率先引入了国家创新体系的概念，成为世界上第一个接受国家创新体系概念的国家。此后，芬兰创新政策的基本框架基本上是依据国家创新体系的概念来制定的。在这一框架下，知识的生产、扩散和应用之间的联结及各个社会子系统之间的互动成为影响国家创新能力的重要因素，被赋予了重要意义。在这一基本思想指导下，为促使整个国家创新体系协调、高效地发展，从20世纪90年代开始，芬兰还采取了除继续保持对R&D投入的持续增长之外的一些重大举措，主要包括以下几方面。

第一，发展高等技术教育。1991年，芬兰开始发展以中等职业教育为基础的高等职业技术教育体系——技术学院（polytechnics）。技术学院和以学术研究为导向的大学不同，技术学院主要是以职业为导向的，其培养目标是培养具有高级技能的人才。到2004年，芬兰的技术学院有29所。目前，技术学院已成为芬兰高等教育的重要组成部分，为芬兰企业培养了大量高质量的技术人才。

第二，加强国家知识基础、技术平台和创新支持体系的建设，为创新奠定优越的环境。在芬兰，政府和学术界普遍认为创新型国家应以发达的教育和培训体系及高水平的科研为基本前提。为了建设强大的国家知识基础，1995年，芬兰启动了建设世界水平的"卓越研究中心"计划，先后设立或完善了一系列分工协作、互相衔接的公共资助机构，从而形成了一条完整的创新支持链。目前，芬兰已形成了资金来源渠道丰富、资助方式多样、公共风险资本和私人风险资本互补的全方位、立体化的创新支持系统，这是一个涵盖了从基础研究到技术开发、成果转化以及国际化的全过程的创新支持系统。

第三，以地区为基础，推进产业集群和区域创新系统的形成。国家政府为了促进和帮助各地的经济发展，加强各地区之间的协同效应，自1994年开始，芬兰实施了地区发展行动计划。在这一计划框架下，为了促进和帮助各地发展，以及加强彼此之间的协同，芬兰从1994年开始实施地区发展行动计划。作为该计划的重要组成部分，芬兰建立了15个地区经济发展与就业中心（T&E Centres），这一中心是专门为地方的中小企业提供资金支持和专家咨询的服务机构。此外，芬兰还先后制定和实施了产业集群计划和专业化中心计划（Centres of Expertise，COE 计划）等。这些计划及广泛分布于各地的科学园和孵化器为各个富有地方特色和优势的区域创新体系的发展创造了良好的条件，使地区性产业集群和区域创新系统迅速发展起来，并成为整个国家创新体系的有机组成部分。

第四，以技术计划、科学园等为媒介，促进产学研结合。20世纪70年代，在芬兰大学与私营企业的合作还是被受到限制的，主要原因是这一行为被认为是会伤害大学的教学目标的。但80年代之后，大学与企业的合作不但被允许，而且受到鼓励。特别是20世纪90年代以来，芬兰的产学研合作研究得到加强，其发展态势被认为是世界各国中最好的。这一转变的主要原因在于对公共政策对研究和科学目的的认识发生了变化，在国家创新体系的概念下，研究的应用价值和经济效益被重视。所以，芬兰的一项重要政策就是尽可能地鼓励并帮助产学研合作。例如，在TEKES所资助的技术计划中，产学研合作受到特别鼓励；在多数大学附近，科学园、孵化器帮助了一些中小企业和处于起步阶段的企业的成长。其结果是，大学和公共研究机构来自外部的经费在90年代后半期有了显著增加。到2002年年底，大学的外来R&D经费占总经费的比例达到57%。芬兰的产学研合作被认为对其创新型经济的发展起到了重要作用。

通过一系列措施，芬兰在20世纪90年代逐渐建立起了富有特色和效率的国家创新体系。在这一体系中，各个组成部分之间的网络化合作、协同被赋予了重要意义，政府—产业—学术部门之间逐渐形成了互相促进、互相支持的三螺旋关系，而这种关系的形成无疑为芬兰未来的进一步发展提供了保证。芬兰国家创新体系是一个充满活力的网络系统，是芬兰经济成功的源泉和动力。

5. 21世纪实现向创新型国家的全面转型

世纪之交，芬兰提出了更高的发展目标和相应战略。2000年科技政策理事会提出芬兰要"迎接知识和技能的挑战"；2003年提出要加强芬兰的"知识、创新和国际化"。2005年，芬兰在政策计划中提出要全面推进信息社会的建设。俨然，完善国家创新体系、建设一个创新型的知识经济社会将是芬兰的长远战略。为此，发展世界水平的高质量教育和科研机构，建立强大的国家知识基础，深化政府职能和科研机构的改革，提高国家创新体系的动力、效能和灵活性，积极推进企业创新和国际化，以及吸引国外投资和国外专家，成为芬兰的发展策略。

形成以电子信息、森林、金属机械三大产业为芬兰的支柱产业的国民经济体系是其转型为创新型国家的主要标志。整个国家的R&D投入不断增加（如图2-5），2008年后，R&D占GDP的比重保持在3.5%以上。整个经济的运行逐渐转移到依靠技术创新和高技术产品出口的轨道上来。

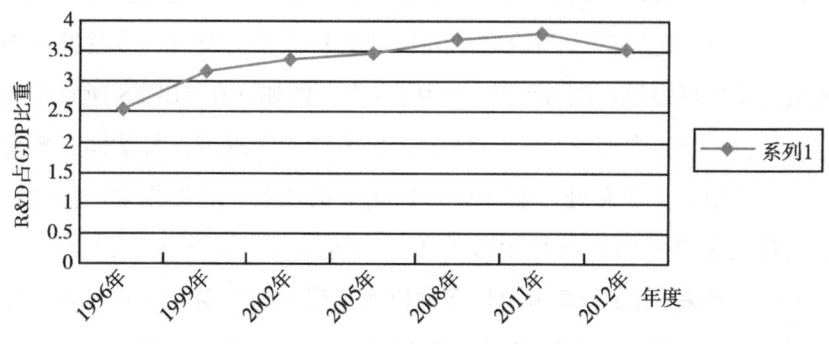

图2-5 芬兰1996—2012年部分年度R&D占GDP比重

随着芬兰的经济向创新型国家的全面转型，芬兰的科学能力、技术能力、社会信息化水平及国际综合竞争力均在迅速提高。在芬兰的技术创新体系中，企业是创新的主体。在每年的研发投入中，政府投入大概占三分之一，企业占三分之二左右。

二、芬兰创新型国家建设的主要特色

1. 独特的国家创新体系

芬兰是第一个接受国家创新体系概念、并将其纳入国家科技政策基本范畴的国家。芬兰国家创新体系以企业、政府、国家技术局、教育科研机构、科学与技术政策理事会和国家研究发展基金会为行为主体，拥有一个充满活力的国家创新体系是其经济崛起和国际竞争力提高的深层次原因。

2. 鼓励创新的开放的市场环境和广泛的国际联系

20世纪90年代以来，芬兰进行了自由化、放松管制等一系列市场化改革以建立一个良好的有利于创新的市场环境。1990年，芬兰开放移动通信服务条款，使其成为世界上第一个拥有商业GSM运营商的国家；1997年，芬兰统一了与欧盟的规章制度。在20世纪90年代中期，芬兰对国有企业实行快速私有化，增强了市场竞争活力。2004年2月，芬兰政府又向芬兰议会提出关于竞争限制法案及其相关法案的修正案，此举旨在与欧盟的竞争规则保持一致，从而对竞争的监督更加有效。这一系列措施为确立芬兰创新能力在世界上的领先地位创造了一个开放的市场环境。

3. 政府是绝对的创新引导者

芬兰政府一向重视本国教育事业的发展，并不断加大对教育领域的投入，为企业的技术创新奠定了坚实的基础。2012年，芬兰政府的教育公共开支总额占GDP的比重为6.8%，名列世界前茅。此外，芬兰教育界也十分注重对学生创新意识与能力的培养，为国家和企业培养出大批高素质的专业人才，成为芬兰创新体系的坚强基石。此外，芬兰政府还不断加大对研发的投入。

芬兰政府在创新型国家建设中所发挥的绝对引导作用主要有以下几方面的特点：一是创办议会未来委员会，这是为了应对知识和信息社会的挑战并达成一致意见的一种制度创新；二是首相直接担任科技政策委员会主席；三是实现以研发高投资为基础的"创新政策转向"；四是通过国家技术代理机构 TEKES 推动大学和产业界之间的合作。

4. 创新与环境的可持续发展

虽然芬兰的高新技术产业发展较快，但传统产业特别是森林产业一直对国民经济增长做出重要贡献，而这一产业，尤其是造纸业，通常会对环境造成严重污染。但与此同时，芬兰的环境保护却走在世界前列，森林覆盖率也不减反增。这与芬兰坚持不懈的技术创新和环境治理是密切相关的。芬兰在创新型国家建设进程中总结出了一条宝贵经验，那就是成功不仅在于其经济的发展，更重要的是对环境的保护和改善，以实现可持续发展。

三、芬兰创新型国家建设的经验

（1）构建产学研三位一体的创新体系。芬兰创新体系的一个独特之处在于充分实现了产学研（企业、高等院校和研究机构）三位一体，芬兰国家技术局专门为企业、高等院校和研究机构，特别是新建企业和中小企业提供科研帮助、贷款和专家服务。企业、大学和研究机构联手开展创新活动，将科研活动与市场需求密切结合起来，大大提高科研成果产业化率，使研究成果几乎在产生的同时就转化为生产力。

（2）采取重点突破的方式来建设创新型国家。20 世纪 80 年代初芬兰进入了战略调整的关键时期，必须在是继续发展资源驱动型经济还是发展知识经济的战略发展方向上作出抉择。芬兰政府和社会各界人士普遍认为如果仅靠其仅有的自然资源来发展传统产业，如木材加工和造纸业，最终必将导致资源枯竭、环境破坏，芬兰人的最终选择是必须发展知识型经济。为此，芬兰政府在 20 世纪 80 年代成立了科技政策委员会和芬兰技术发展中心。在全国先后建立了 10 个促进产学研结合的科技园。在政策引导之下，几家大公司率先发展高新技术产业。正是 20 世纪 80 年代初芬兰政府的正确决策和 80 年代打下的坚实基础，迎来了 90 年代后期芬兰的经济腾飞，使得芬兰步入了历史上最辉煌的时期。1999 年芬兰高新技术产品出口占全国商品出口的 20%，仅次于美国、日本和英国，在 OECD 国家中位居第四。此外，芬兰清楚地认识到自己是个小国，不可能在各个领域开展研究开发，也不可能发展各类产业。因此，芬兰借助其经济地理条件，在不同历史时期有选择地对通信产业、软件产业、新能源与风能、现代生物产业和节能产业进行培育和发展。芬兰采取重点突破的方式来发展新兴产业，使其成为全球最具经济竞争力的创新型国家之一。

（3）创新是国家发展的核心战略。在芬兰，国家与企业对研发的投入都表现出极高的热情，他们认为创新是国家发展的核心战略。2012 年，芬兰在研发方面的投入占 GDP 的 3.55%，在世界名列前茅。

第三章　创新型国家建设的评价研究

1990年代以来，世界上诸多国际组织、科研机构，相继开发了大量的有关国家竞争力和创新力的评价系统，并对世界各国的竞争力和创新能力进行了卓有成效的评价。其中影响力大、测度范围广的指标体系主要有：瑞士洛桑国际管理发展学院的《世界竞争力年鉴》，世界经济论坛的《全球竞争力报告》，欧盟的《欧洲创新记分牌》《全球创新记分牌》，欧洲工商管理学院和印度工业联合会制定的《全球创新指数报告》。国内学者也相继提出了一些类似的评价指标体系。

第一节　世界竞争力年鉴

一、世界竞争力年鉴概述

《世界竞争力年鉴》（World Competitiveness Yearbook，WCY）是瑞士洛桑国际管理发展学院（International Institute for Management Development，IMD）发布的。它是关于世界上主要国家和地区竞争力的年度报告。《世界竞争力年鉴》自1989年开始，每年出版一次，我国常称之为《洛桑报告》。它是世界上最复杂、最深入，也是最有影响力和权威的关于国家竞争力的评价报告。我国于1994年被IMD纳入评价范围，并随着国家竞争力和创新能力的不断提高，IMD对我国的关注程度也日益提高。

《世界竞争力年鉴》是在一定的时代背景下产生的。20世纪80年代以来，随着冷战结束和苏联解体，国际形势发生了巨大变化。而冷战结束后迅速发展起来的经济全球化，使得不同国家进行国际竞争的基础主要是经济实力，战略、制度、科技、教育、文化等因素成为提高国家竞争力水平的基本要素。以经济学为主要理论基础的IMD国家竞争力评价理论，正是在这种经济全球化的背景下建立起来的。IMD主要是基于经济学理论，应用问卷调查结果和统计指标构建系统的评价指标体系，对全球经济发展有重要影响的主要国家和区域的国际综合竞争能力进行的测度。

《世界竞争力年鉴》对国家提供一种支撑企业竞争力的环境的能力进行分析并排序。据瑞士洛桑管理学院网站显示，对世界主要经济体的排名主要是基于经济表现、政府效率、商业效率和基础设施这四大要素。IMD世界竞争力年鉴排名反映了300多项标准，这基于统计指标和IMD针对4 300名国际高管进行的调查。

二、IMD国家竞争力评价指标体系

IMD评价指标体系具有三个层次级别：一级评价指标、二级评价指标和三级评价指标。鉴于衡量二级指标的三级指标涉及的方面和内容较多，对三级评价指标首先进行了分类。除了类别作为中间的过渡层次外，其他从一级指标直至三级指标的各个层次，都可以进行本层次的得分计算，单独进行国际比较，详见表3-1。除此之外，还可通过特定的计算方法计算出下级指标所分别对应的上级指标得分，直至得出每个被评价经济体的总得分和排序情况。

在近20余年的时间里，IMD的评价指标体系主要经历了三次较大的变化。

1. 1989—1991年的十大要素评价体系。这十大要素分别是：经济推动力、工业效率、市场导向、金融推动力、劳动力资源、政府影响、自然资源的利用、国际化以及社会及政治稳定性。

2. 1992—2000年的八大要素评价体系。这八大要素分别是：国内经济实力、国际化、政府管理、金融体系、基础设施、企业管理、科学技术和国民素质。

3. 2001年至今的四大要素评价体系。这四大要素分别是：经济运行、政府效率、企业效率和基础设施。其中，每个要素又细分为5个子要素，每个子要素又分别用一些指标加以衡量，这20个子要素共包含300多个指标。指标可分为硬指标和软指标。硬指标，即分析竞争力时可以衡量的值（比如GDP）；软指标，即分析竞争力时取所感觉的值（比如称职管理人员的可获得性）。

表3-1 IMD四大要素评价体系的构成

要素名称	所包含的子要素	评价内容
经济运行	国内经济 国际贸易 国际投资 就业 物价	对国民经济的宏观表现进行评估。该部分主要是评价国家宏观经济运行状况对保持和提高企业竞争力提供的支撑条件状况。
政府效率	公共金融 财政政策 组织机构 企业法规 教育	评价政府政策对提高国家竞争力的引导作用，政府是否为企业活动的正常运行提供了良好的制度保证。
企业效率	生产率 劳动力市场 金融 管理实践 全球化压力	从生产率、劳动力市场、金融、管理实践和全球化压力方面评价企业的竞争力。

续表

要素名称	所包含的子要素	评价内容
基础设施	基本基础设施	评价国家基本的、技术的和科学的基础设施及人力资源对企业生产运营需要的满足程度。
	技术基础设施	
	科学基础设施	
	健康与环境	
	价值系统	

4. 中国在 IMD 世界竞争力年鉴的排名分析

中国近五年在 IMD 全球竞争力排名情况见表 3-2。

表 3-2　中国在 IMD 世界竞争力年鉴排名情况

2014 年	2013 年	2012 年	2011 年	2010 年
23	21	23	19	18

中国在 2010—2014 年五年时间里，排名上升了 5 位。根据 2010 年 IMD 排行榜，中国大陆排名第 18，印度、巴西与俄罗斯名次依序为 31、38、51。报道说，这一排名反映了中国大陆在应对全球经济衰退打击上的表现较其他三国优秀。2011 年，中国大陆排名第 19，下滑一位，在"金砖国家"中继续领跑。2012 年主要新兴经济体排名均不佳，中国大陆排在 23 位，比 2011 年下滑 4 位，印度排 35 位，巴西则排在 46 位，而排名 48 位的俄罗斯仅比 2011 年上升一位。2013 年中国大陆位居第 21 位，排名有所上升。瑞士洛桑管理学院指出，亚洲国家中，中国经济的成功有力地拉动了区域的整体竞争力，促使许多亚洲经济体将出口由美欧等地区转移至中国。2014 年中国大陆排名第 23 为，排名下滑 2 位，部分是由于对其商业环境的担忧。IMD 针对在各国工作的高管的调查显示，2014 年整体排名前 10 名国家中有 7 个国家也跻身于拥有鼓励商业开发的海外形象的前 10 排名中。总体说来，一个国家的整体竞争力排名与该国作为经营场所的国际形象有密切关系。

按照瑞士洛桑管理学院的划分方法，根据几十年来各个经济体的竞争力表现，瑞士洛桑学院列出了全球竞争力排行榜上的"赢家"和"输家"。凡是自1997年以来排名上升了5个位次的被划为"赢家"，排名"下跌"5个位次的被划为"输家"。中国可谓是排在"赢家"的首位。

第二节 全球竞争力报告

一、概述

从1979年开始，世界经济论坛就对每个国家的竞争力进行评判，它是目前国际上在竞争力评价方面最著名的机构之一。它通过对一个国家进行综合因素考评，推出一年一度的《全球竞争力报告》。世界经济论坛发布的《全球竞争力报告》研究的国家范围较瑞士洛桑管理学院发布的《洛桑报告》更为广泛。二者虽然都对世界各国的经济竞争力进行评价，但却采用了不同的指标体系。全球竞争力指数（GCI）是全球竞争力报告的基础。全球竞争力指数包括制度、基础设施和宏观经济稳定性、健康与初等教育、高等教育与培训、商品市场效率、劳动市场效率、金融市场成熟性、技术设备、市场规模、商务成熟性、创新这12个竞争力因素。全球竞争力报告以全球竞争力指数为基础，通过采用大量权威机构数据和调研数据，运用科学的研究方法计算得出，具有较强的科学性和严谨性。自1979年以来，总部设在瑞士日内瓦的世界经济论坛每年发布一份全球竞争力报告。GCI的排名是基于各种指标，不仅包括经济指标，也包括互联网用户数量和卫生统计等有关数据。全球竞争力报告一向被各国首脑政要视为反映其国家发展状况的一面"镜子"。

全球竞争力报告的较高科学性和严谨性主要体现在三个方面：一是考虑到因不同国家所处的发展阶段的不同，衡量其竞争力的指标权重应有所不同，所以世界经济论坛基于人均收入水平将所评价的142个国家划分成了三个发展阶段和两个过渡阶段（见表3-3）。二是世界经济论坛采用的哥伦比亚大学萨拉·伊·马丁教授提出的全球竞争力指数，该指数是以12个主要竞争力要素为基础，全面反映了处在不同发展阶段的世界各国竞争力状况。三是全球竞争力报告所使用的数据均是来自世界权威机构和世界经济论坛的调查数据等。这些权威机构包括联合国教科文组织（UNESCO）、国际货币基金组织（IMF）和世界卫生组织（WHO）。

表3-3 发展阶段的划分标准及权重

	发展阶段				
	阶段1：要素驱动	阶段1向阶段2过渡	阶段2：效率提升	阶段2向阶段3过渡	阶段3：创新驱动
人均收入（美元）	<2 000	2 000~2 999	3 000~8 999	9 000~17 000	>17 000
基本需求要素指标权重	60%	40%~60%	40%	20%~40%	20%
效率提升要素指标权重	35%	35%~50%	50%	50%	50%
创新驱动要素指标权重	5%	5%~10%	10%	10%~30%	30%

世界经济论坛把世界各国的竞争力由低到高分为三个层次：要素驱动发展阶段、效率驱动发展阶段和创新驱动发展阶段，详见图3-1。要素驱动是指主要依靠各种生产要素的投入，如土地、资源、劳动力等，来促进经济增长。经济发展的方式是从对生产要素的需求中获取发展动力的方式，这是一种原始的和初级的驱动方式。

效率驱动型经济，就是依靠提高生产效率来促进经济增长的模式。根据索洛模型，经济增长的源泉是人口的增长、资本的积累和技术的进步。而经济增长，不能光靠消耗资源，并且人口增长带来的经济总量变大也没有意义。所以经济必须依靠技术进步。提高资源利用率，提高生产效率，节约管理成本，这都是效率的问题。世界银行东亚与太平洋地区首席经济学家郝福满（Bert Hofman）认为目前"效率驱动"才是中国经济增长的新引擎。

创新驱动指那些从个人的创造力、技能和天分中获取发展动力的企业，以及那些通过对知识产权的开发可创造潜在财富和就业机会的活动。也就是说，经济增长主要依靠科学技术的创新带来的效益来实现集约的增长方式，用技术变革提高生产要素的产出率。

目前我国正处于从要素驱动向效率驱动和创新驱动转型的时期。清华大学国情研究中心主任胡鞍钢认为，"十二五"规划最根本的目标，就是让中国经济"着力从要素驱动转向创新驱动、内生增长驱动"。效率驱动乃至创新驱动经济发展的关键是提高劳动者素质，即激励企业、职工进行人力资本投资，提高利用一切机会改善个人处境的综合素质与能力，同时，促进企业转型升级。由此可见，我国在建设创新型国家的道路上还任重道远。

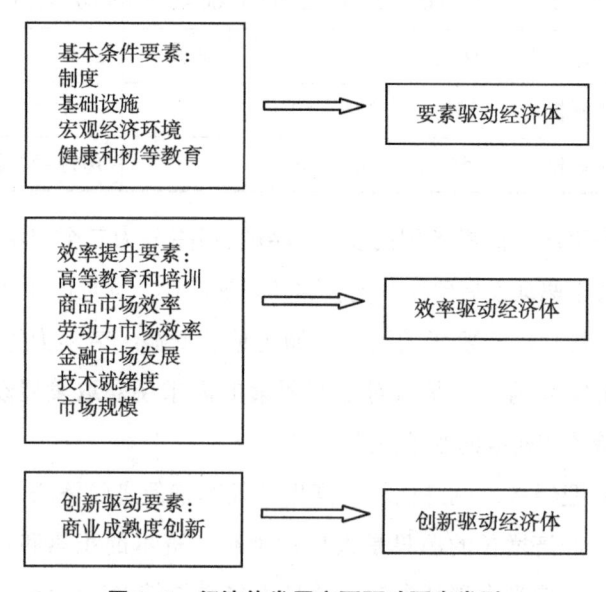

图 3-1　经济体发展主要驱动要素类型

2. 我国全球竞争力排名分析（表3-4中"——"表示缺失值）

表3-4　我国及其他四个主要创新经济体全球竞争力排名

年度	中国	美国	新加坡	日本	中国香港
2014—2015	28	3	3	6	4
2013—2014	29	5	5	9	3
2012—2013	29	——	2	9	10
2011—2012	26	5	2	9	11
2010—2011	27	4	3	8	11
2009—2010	29	——	——	9	——
2008—2009	20	1	3	17	2

从表3-4中可见，中国全球竞争力排名的总体发展趋势是稳步提升的。2014—2015年度的全球竞争力排名中，中国位于第28位，较2013—2014年度又提升一位。在被统计的144个经济体中，我国已进入前20%的位列。中国已连续6年稳列世界前30的位次。

世界经济论坛的《全球竞争力报告》的评价指标包括创新能力、市场规模、金融市场状况、基础设施、技术水平和教育水平等。不难看到，在进入新世纪以来，我国在市场规模、基础设施和教育水平方面有了显著进步，在创新能力和技术水平领域也有了快速成长，这种势头已经延伸到金融市场，这就是为什么作为新兴发展国家，我国在金砖四国中已经遥遥领先。

2011—2015年度我国全球竞争力排名情况及排名前十位的国家和地区见表3-5。

表3-5

年度	排名前十位的国家和地区	中国排名
2010—2011	1. 瑞士　2. 瑞典　3. 新加坡　4. 美国　5. 德国 6. 日本　7. 芬兰　8. 荷兰　9. 丹麦　10. 加拿大	27

续表

年度	排名前十位的国家和地区	中国排名
2011—2012	1. 瑞士　2. 新加坡　3. 瑞典　4. 芬兰　5. 美国 6. 德国　7. 荷兰　8. 丹麦　9. 日本　10. 英国	26
2012—2013	1. 瑞士　2. 新加坡　3. 芬兰　4. 瑞典　5. 荷兰 6. 德国　7. 美国　8. 英国　9. 中国香港　10. 日本	29
2013—2014	1. 瑞士　2. 新加坡　3. 芬兰　4. 德国　5. 美国 6. 瑞典　7. 中国香港　8. 荷兰　9. 日本　10. 英国	29
2014—2015	1. 瑞士　2. 新加坡　3. 美国　4. 芬兰　5. 德国 6. 日本　7. 中国香港　8. 荷兰　9. 英国　10. 瑞典	28

从表3-5可见，在近四年的全球竞争力排名中，瑞士和新加坡一直保持着冠亚军的地位。美国的竞争力在近几年有所提升，从第五名提升至前三名。在亚洲国家和地区中，新加坡、中国香港和日本具有较强的竞争力，在近三年中均跻身前十名。瑞士、新加坡、美国、芬兰、德国、日本、中国香港、荷兰、英国和瑞典这些发达国家和地区在近三年来一直处于全球竞争力前十的位置。这些国家和地区的一个共同特征就是开发、吸引并利用现有人才，在促进创新方面也进行了较大投资。

拿瑞士来说，瑞士自2009年以来已连续六年位居榜首。这主要归功于瑞士具有透明高效的制度、成熟的市场经济体制和强大的创新能力以及拥有世界顶尖水平的教育和科研机构。新加坡之所以能够连续四年位居第二，其主要原因是新加坡在劳动力市场效率、商品市场效率、金融市场发展及基础设施方面均有优异表现。再拿中国香港来说，其强有力的竞争优势来源于高效的市场，尤其是高效的人力资源市场和其作为国际金融中心的重要地位。

中国在2014—2015年度排名较上一年度上升一位，巩固了其作为最具竞争力的"金砖"国家的榜首地位。在"金砖"国家中，俄罗斯排名第53位、南非第56位、巴西第57位、印度第71位。世界经济论坛发布的全球竞争力指数（GCI）显示，在过去八年的时间里，中国的全球竞争力是一直呈现上升态势的。《全球竞争力报告》指出，中国的竞争力在一定程度上得益于其良好的创业与创新环境，中国正在成为更具创新性的经济体。

《2014—2015年度全球竞争力报告》明确显示了中国在全球竞争力排名中的优势和劣势。庞大的市场是我国的长期竞争优势，在该方面的竞争力排名高达第二位；而技术就绪度和高等教育是提升中国竞争力的短板，二者分别位列第83位和第65位。

在众多的影响商业环境的因素中，对中国商业环境影响最大的五个因素分别是：融资困难、腐败、税收规则、基础设施和烦琐复杂的审批手续，但最后一项所占影响份额比美国和欧盟都要小。"其他"项下的影响因素的影响力接近50%，是各国比例最高的。中国在全球竞争力中得分最低的几项包括科技准备（得分3.5，满分7）等，其中科技领域互联网带宽排名全球第120位。报告指出，虽然中国内地正成为具有创新性的经济体，但并不是一个具有创新的区域，且内地已不再是一个廉价及劳动密集型产品的生产地，中国内地必须创造高价值的就业机会，以维持正在提高的生活水平。报告指出，银行业的脆弱性、市场准入方面的种种限制措施和壁垒、投资规则等也极大限制了中国的竞争力。可见，提高我国全球竞争力的惟一途径是进行改革。党的十八届三中全会的改革重点便是"建设统一开放、竞争有序的市场体系，是市场在资源配置中起决定性作用的基础"。此外，从源头上遏制腐败也是改革的关键。

不过，中国经济也有其不可忽视的积极一面。报告指出，中国的宏观经济环境情况依然喜人（第10位）：通货膨胀率小于3%，预算赤字有所下降，公共债务占GDP的比例为22.4%，处于全球最低水平区间。不过，中国储蓄率仍高达50%，考虑到中国经济从投资转向消费的再平衡需要，储蓄率可能仍旧太高。

报告特别提出，中国目前总体趋势良好，创新实力持续改善，但仍非创新强国，不能骄傲自满。目前，中国已逐渐不再享有廉价劳动力，必须创造高附加值工作，以迎合不断改善的生活水平。

第三节　欧洲创新记分牌、创新联盟记分牌和全球创新记分牌

一、欧洲创新记分牌

为评估比较和提高其成员国的创新能力，欧盟委员会自2001年起每年发布一期《欧洲创新记分牌》（EIS，European Innovation Scoreboard），对其25个成员国和美国、瑞士、日本、挪威等国家的创新能力进行评价，按照一定的指标体系和评价方法计算各国的综合创新指数（Summary Innovation Index，简称SII）并进行排序，将参评的国家根据SII结果分成四种类型：领先型国家、平均水平国家、追赶型国家和落后型国家。各成员国可以根据《欧洲创新记分牌》报告找出自身在创新能力方面主要存在的问题并集中力量提高创新绩效。

二、创新联盟记分牌

在2010年，欧盟提出2020战略，即未来十年的欧盟经济发展计划。该计划旨在加强各成员国间经济政策的协调，在应对气候变化的同时促进经济增长，扩大就业。而"创新联盟"是"欧洲2020战略"的旗舰行动之一，成员国以此为指导将创新政策付诸实施。为确保创新政策有效执行，欧盟对原有的创新能力评价工具，即欧洲创新记分牌进行了改造，并更名为创新型联盟记分牌。

IUS（Innovation Union Scoreboard，IUS）采用三类指标八个维度（开放、优异的研究体系、金融支持、企业投资、联系与创业、智力资本、创新、经济影响和人力资源）的创新能力评价指标体系，25个与研究和创新相关的指标，评价范围涵盖所有欧盟成员国，外加塞尔维亚、土耳其、冰

岛、前南斯拉夫马其顿共和国、挪威和瑞士,此外还涉及澳大利亚、巴西、加拿大、中国、印度、日本、俄罗斯、南非和美国。

2014年,欧盟创新记分牌将欧盟成员国分为四组:

创新领导者:丹麦、芬兰、德国和瑞典,其创新水平高于欧盟平均水平。

创新追随者:奥地利、比利时、塞浦路斯、爱沙尼亚、法国、爱尔兰、卢森堡、荷兰、斯洛文尼亚和英国,其创新高于或接近欧盟平均水平。

中等创新国家:克罗地亚、捷克、希腊、匈牙利、意大利、立陶宛、马耳他、波兰、葡萄牙、斯洛伐克和西班牙,创新表现低于欧盟平均水平。

适度创新国家:保加利亚、拉脱维亚、罗马尼亚的创新表现远低于欧盟平均水平。

三、全球创新记分牌

在2006年欧洲创新记分牌报告中,欧盟理事会增加了全球创新记分牌(Global Innovation Scoreboard, GIS)部分。欧盟除了对其25个成员国的创新能力进行了评价研究之外,还选取了中国2.12、韩国1.98、加拿大1.97、巴西0.86、澳洲0.83、以色列0.80、印度0.53、俄罗斯联邦0.49、墨西哥0.32、新加坡0.27、中国香港0.14、阿根廷0.13、南非0.13、新西兰0.09和美国、日本这些国家和地区。受数据收集的限制,欧盟没有采用和EIS相同的指标体系,而是根据世界银行、OECD和联合国教科文组织的有关数据,建立了和EIS在主要创新维度上相同但具体指标不同的评价体系。尽管如此,对欧盟成员国来说,利用这两个不同的评价体系得出的评价结果却是高度相关的。GIS也包括对指标的选取、数据的获得、数据的处理和求取各国全球综合创新指数以及计算各个创新维度的次级综合指数。然后,根据评价结果,将所评价的国家分为四个群组:全球创新领袖国家、创新绩效较好国家和作为跟随者的国家和地区以及创新绩效落后的国家和地区。欧盟理事会开发全球创新记分牌对欧盟和非欧盟的部分国家进行创新能力的评价与比较充分显示了欧盟作为具有全球领先的创新能力的国家的强烈危机感。

第四节 全球创新指数报告

一、全球创新指数报概述

全球创新指数由欧洲工商管理学院于2007年创立，全球创新指数报告每年发布一次，至今已发布7份报告。到目前为止，共涵盖全球143个经济体。全球创新指数报告现已成为全球范围内的政策制定者、企业高管和学术研究人员等所使用的首要的基准工具。

全球创新力指数共设五个投入参数和两个产出参数。这五个创新投入参数和两个创新产出参数共细分为81项指标。其中五个创新投入参数包括：(1) 制度：政治环境、管理环境和商业环境；(2) 人力资本和研究：教育和研发等；(3) 基础设施：信息/通信技术、能源和一般性基础设备等；(4) 市场成熟度：信贷、投资和贸易竞争等；(5) 企业成熟度：知识型工人、创新链和知识吸收等。两个创新产出参数包括：(1) 知识和技术输出：知识创新、知识影响和知识扩散等；(2) 创新输出：无形资产创造力、创新产品和服务以及在线创新。通过上述五类创新投入参数计算出各经济体的创新投入次级指数，通过两类创新产出参数计算出各经济体的创新产出次级指数，这两个次级指数的平均值构成各经济体的全球创新指数。

二、全球创新指数报告中排名前十位的国家以及中国的排名情况

全球创新指数报告中排名前十位的国家以及中国的排名情况见表3-6。

表3-6 全球创新指数报告中排名前十位的国家以及中国的排名情况

年度	排名前十的国家	中国的排名情况
2011年	1. 瑞士　2. 瑞典　3. 新加坡　4. 中国香港　5. 芬兰　6. 丹麦　7. 美国　8. 加拿大　9. 荷兰　10. 英国	29
2012年	1. 瑞士　2. 瑞典　3. 新加坡　4. 芬兰　5. 英国　6. 荷兰　7. 丹麦　8. 中国香港　9. 爱尔兰　10. 美国	34
2013年	1. 瑞士　2. 瑞典　3. 英国　4. 荷兰　5. 美国　6. 芬兰　7. 中国香港　8. 新加坡　9. 丹麦　10. 爱尔兰	35
2014年	1. 瑞士　2. 英国　3. 瑞典　4. 芬兰　5. 荷兰　6. 美国　7. 新加坡　8. 丹麦　9. 卢森堡　10. 中国香港	29

《2014年全球创新指数》由欧洲工商管理学院、康奈尔大学和世界知识产权组织共同发布。2014年中国的创新投入次级指数排名第45位，与2013年相比上升1位，创新产出次级指数排名第16位，与2013年相比上升9位。中国在基础设施、人力资本与研究、创意产生、企业成熟度等四大类有不同程度的进步，分别进步了5位、4位、37位和1位；知识与技术产出排名与2013年相比保持不变；机构类排名下降1位，市场成熟度类排名下降19位。由此可见，要想提升我国的全球创新指数排名，将重点加强创新投入，在创新投入次级指数方面还有很大的提升空间。

报告显示，中国知识产权相关指标基本保持稳定，专利、商标指标得分有所提高。2014年，国内居民实用新型申请指标居第1位，中国国内居民专利申请指标居第1位，PCT居民专利申请指标居29位，国内居民商标注册指标居第8位，马德里商标注册指标居第55位。

报告称："中国在创新领域的综合表现明显超出高收入经济体的平均水平"，对中国的创新进步给予肯定。同时，报告指出，中等收入经济体要想加强其创新生态系统就必须继续投资，并应密切监控其创新指标的质量。

第五节 国家创新指数报告

国家创新指数报告是科技部所属的中国科学技术发展战略研究院从2006年开始开展的国家创新指数研究工作的成果。到目前为止,已发布2011年、2012年、2013年和2014年四部《国家创新指数报告》。

中国科学技术发展战略研究院以国家竞争力、国家创新理论为指导,参考世界经济论坛、瑞士洛桑国际惯例发展学院等国际权威机构的评价方法,建立了包括创新资源、知识创造、企业创新、创新绩效和创新环境5个一级指标和"R&D 经费与 GDP 的比值"等30个二级指标的指标评价体系,采用国际上通用的标杆分析法测算国家创新指数。国家创新指数的评价体系见表3-7。

表3-7 国家创新指数评价指标体系

创新资源	知识创造	企业创新	创新绩效	创新环境
1. 研究与发展经费投入强度 2. 研发人力投入强度 3. 科技人力资源培养水平 4. 信息化发展水平 5. 研究与发展经费占世界比重	6. 学术部门百万研究与发展经费的科学论文引证数 7. 万名科学研究人员的科技论文数 8. 知识服务业增加值占 GDP 的比重 9. 亿美元经济产出的发明专利申请数 10. 万名研究人员的发明专利授权数	11. 三方专利总量占世界比重 18. 企业研究与发展经费与工业增加值的比例 19. 万名企业研究人员拥有 PCT 专利数 20. 综合技术自主率 21. 企业 R&D 研究人员占全部 R&D 研究人员比重	22. 劳动生产率 23. 单位能源消耗的经济产出 24. 有效专利数量 25. 高技术产业出口占制造业出口的比重 26. 知识密集型产业增加值占世界比重	27. 知识产权保护力度 28. 政府规章对企业负担影响 29. 宏观经济环境 30. 当地研究与培训专业服务状况 31. 反垄断政策效果 32. 员工收入与效率挂钩程度

续表

创新资源	知识创造	企业创新	创新绩效	创新环境
				33. 企业创新项目获得风险资本支持的难易程度 34. 产业集群发展状况 35. 企业与大学研究与发展协作程度 36. 政府采购对技术创新的影响

中国科学技术发展战略研究院以世界银行、经济合作与发展组织、美国国家科学基金会、世界知识产权组织和国家统计局等的统计调查数据为基础，测算了40个国家的创新指数。这40个主要经济体占世界研发经费总量的98%，占全球GDP总量的88%。我国在2010—2012年各年度的排名和创新指数情况见表3-8。

表3-8 在国家创新指数中中国的创新指数及排名

年份	创新指数	排名前十位的国家	中国排名
2010年	70.5	1. 美国 2. 瑞士 3. 日本 4. 韩国 5. 瑞典 6. 丹麦 7. 新加坡 8. 芬兰 9. 以色列 10. 德国	20
2011年	73.4	1. 瑞士 2. 美国 3. 日本 4. 韩国 5. 瑞典 6. 丹麦 7. 新加坡 8. 芬兰 9. 荷兰 10. 德国	20
2012年	65.2	1. 美国 2. 日本 3. 瑞士 4. 韩国 5. 以色列 6. 瑞典 7. 芬兰 8. 荷兰 9. 丹麦 10. 德国	19

第六节　中国在各主要评价报告中的结果分析

一、世界各创新型国家评价报告的比较差异

1. 选取国家数量不同，但排名前十位的国家基本相同

《世界竞争力年鉴》在 2014 年度共评价了 60 个国家和地区，《全球竞争力报告》评价了 142 个经济体，《全球创新指数报告》也是对全球 142 个经济体的创新能力进行了评估。

表 3-9　2014 年各评价报告中创新能力排名前 10 位的国家及中国的排名

	2014 年排名前十位的国家	中国的排名
《世界竞争力年鉴》	1. 美国　2. 瑞士　3. 新加坡　4. 香港　5. 瑞典 6. 德国　7. 加拿大　8. 阿联酋　9. 丹麦　10. 挪威	23
《全球竞争力报告》	1. 瑞士　2. 新加坡　3. 美国　4. 芬兰　5. 德国 6. 日本　7. 中国香港　8. 荷兰　9. 英国　10. 瑞典	28
《全球创新指数报告》	1. 瑞士　2. 英国　3. 瑞典　4. 芬兰　5. 荷兰 6. 美国　7. 新加坡　8. 丹麦　9. 卢森堡 10. 中国香港	29

在上述三份评价结果（表 3-9）中，美国、瑞士、新加坡、中国香港和瑞典这五个国家和地区均位居前十位，并且中国在三份评价报告中的位置基本相同，并且在三个评价报告中中国都是领跑金砖国家的。

2. 指标设计侧重点不同

《世界竞争力年鉴》主要使用硬数据和软数据这两类数据来评估经济体在某个时期的竞争力。硬数据主要是来自国际组织、国家和地区的统计数据；软数据主要是通过调查职业经理人而获得。在 2001 年以前，主要是由

第三章 创新型国家建设的评价研究

国内经济、国际化、政府管理、金融环境、基础设施、企业管理、科学与技术及国民素质这八大要素构成指标体系；2001年以后，指标体系调整为经济表现、政府效率、商业效率和基础设施这四大要素。

欧盟在对其成员国进行创新绩效评价时，根据评估得分将被评价经济体分为创新引领者、创新追随者、中等创新者和适度创新者四类，其实质是对各经济体所处创新阶段的划分。不过，欧盟国家的整体创新能力都很强，即使被评价为适度创新者，在国际横向评价中也处于中等以上水平。因此，这种评价指标体系及创新发展阶段的划分更侧重于区分创新型国家内部的差别，而对创新型与非创新型国家的区分则显得牵强。

世界经济论坛（WEF）将参评经济体划分为五个发展阶段：要素驱动型、要素到效率过渡型、效率驱动型、效率到创新驱动过渡型和创新驱动型。WEF对经济体经济发展阶段的划分只是根据一主一辅两个指标即人均国内生产总值和资源密集度来划分的。其中，一个主要指标是人均GDP。WEF认为人均GDP达到1.7万美元是判断一个经济体是否进入创新驱动发展阶段的主要依据。一个辅助指标是经济体矿物产品出口占其总出口的比例应低于70%。这是为了剔除主要依靠自然资源进入高收入经济体行列的国家或地区。WEF这种判断一个经济体是否处于创新驱动发展阶段的方法虽然简明扼要且合乎逻辑，但是却无法区分创新型国家与非创新型国家的内在差别，也无法区分创新型国家内部的创新模式的差异。实际上，不同的国家跨入创新驱动发展阶段的模式各不相同，如美英采取了综合知识创新模式，日韩采用的是学习赶超模式，芬兰是国家创新体系支撑模式，而瑞典、丹麦、挪威等是集中优势突破重点模式❶。

全球创新指数由创新投入指数和创新产出指数两部分组成，最终以这两部分的简单算术平均数作为最终得分。全球创新指数构成体系如图3-2所示。全球创新指数设立了一个综合性的、可量化的指标体系，在一定程度上能够反应被评价经济体的相对于其他国家的创新活动和创新能力。对

---

❶ 谢富纪.创新型国家的演化模式与我国创新型国家建设[J].上海管理科学,2009,31(5):85-89.

政府和企业均具有一定的参考价值。但全球创新指数也具有一定的局限性，一是该指标体系没有纳入公众的创新能力、高科技企业的发展状况等指标；二是在计算上采用的均是上一级指标对下一级指标的简单平均，没有针对不同指标设置不同权重。另外，指标体系的设计是基于西方的意识形态和文化习惯，存在某些政治倾向。

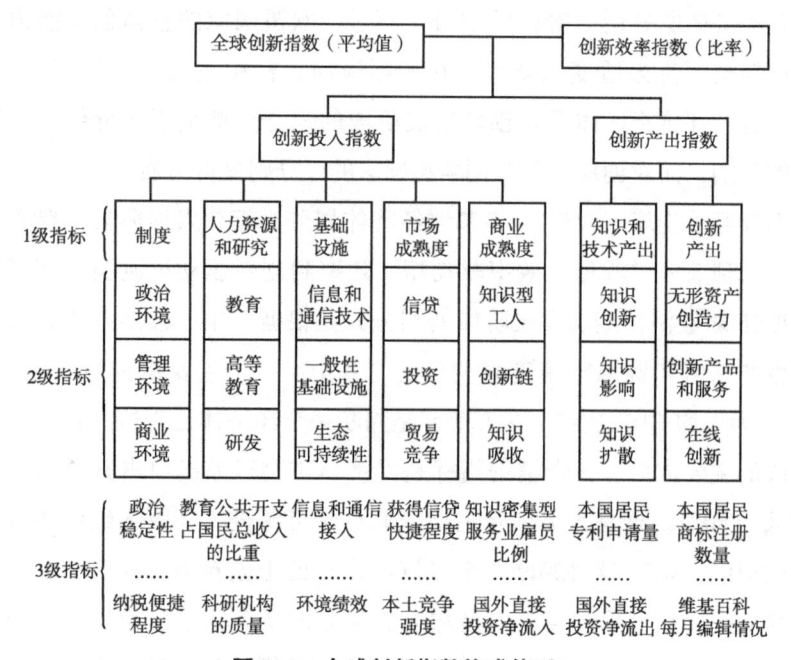

图 3-2 全球创新指数构成体系

二、中国创新型国家建设整体水平评价

1. 中国创新型国家建设在全球位于中等偏上水平

《全球竞争力报告》《欧洲创新记分牌》《全球创新记分牌》和《全球创新指数报告》等一系列的评价体系均表明我国的创新型国家建设处于全球中等偏上的水平。

2. 我国在创新型国家建设方面已取得显著成绩，排名有明显提升

从各项报告中均可看出中国在近些年的创新型国家建设工作中成绩显著，创新能力在逐渐增强，排名较前些年有明显提升。世界经济论坛《全球竞争力报告》显示，从 2000 年至 2014 年，中国的竞争力从 41 为上升到第 29 位，上升速度明显。

3. 与世界上典型创新型国家相比中国仍有很大差距

从得分和排名来看，中国与瑞士、瑞典、美国、芬兰、丹麦和新加坡等创新领先国家相比，仍存在很大差距。落后于大部分欧盟国家，与近邻日本、韩国相比也存在较大的差距。

4. 与其他金砖国家相比，中国的创新能力具有显著优势

无论是从世界竞争力年鉴的排名还是全球创新指数的报告排名中，我们均能看出，金砖国家包括巴、俄、印、南非、中国。与其他金砖国家相比，中国的创新能力具有显著优势。

第四章 创新型政府为创新型国家建设提供良好环境

第一节 典型创新型国家的特征分析

目前,世界上公认的创新型国家包括美国、瑞士、瑞典、新加坡、丹麦、日本等二十多个,这些国家的共同特征有:国家R&D投入占GDP的比例在2%以上(有的甚至超过3%,如韩国、芬兰和日本),科技进步贡献率达70%以上,对外技术依存度通常在30%以下。此外,这些国家所获得的三方专利(美国、欧洲和日本授权的专利)占全球总数的绝大多数。而我国上述各项指标均与创新型国家存在很大差距。分析世界主要创新型国家的特征,对我国更好地建设创新型国家将起到重要的参考作用。

世界上主要创新型国家都具有一些显著特征。综合起来,主要表现在以下几方面。

一、创新投入和产出水平高

衡量创新投入的一个重要指标就是R&D总量和R&D投入占GDP的比例。上述主要创新型国家的研发投入一直保持在较高水平,尤其是美国,近些年来研发投入总量均雄踞全球第一。主要创新型国家和我国的R&D投入总量和R&D投入占GDP的比例见表4-1和表4-2。

第四章 创新型政府为创新型国家建设提供良好环境

表 4-1 主要创新型国家和中国 R&D 投入总量 （单位：亿美元）

国家和地区	2000 年	2005 年	2009 年	2010 年	2011 年
美国	2 712	3 066	4 020	4 089	4 181
日本	1 438	1 518	1 692	1 789	1 989
德国	462	686	930	919	1 028
法国	285	449	592	574	624
韩国	127	252	297	380	450
芬兰	41	68	94	92	101
新加坡	18	28	39	45	53
中国	108	298	849	1 044	1 347

表 4-2 主要创新型国家和中国 R&D 经费占国内生产总值比重（单位:%）

国家和地区	韩国	芬兰	日本	丹麦	德国	美国	新加坡	中国
2001 年	2.59	3.30	3.12	2.39	2.46	2.76	2.11	0.95
2002 年	2.53	3.36	3.17	2.51	2.49	2.66	2.15	1.07
2003 年	2.63	3.43	3.20	2.58	2.52	2.66	2.11	1.13
2004 年	2.85	3.45	3.17	2.48	2.49	2.59	2.20	1.23
2005 年	2.98	3.48	3.32	2.45	2.48	2.62	2.30	1.32
2006 年	3.01	3.48	3.41	2.48	2.54	2.64	2.16	1.39
2007 年	3.21	3.47	3.46	2.58	2.53	2.70	2.37	1.40
2008 年	3.36	3.70	3.47	2.85	2.69	2.84	2.65	1.47
2009 年	3.56	3.93	3.36	3.06	2.82	2.90	2.24	1.70
2010 年	3.74	3.88	3.26	3.06	2.82	2.83	2.09	1.76
2011 年	4.03	3.78	3.39	3.09	2.88	2.77	2.23	1.84

由表 4-1 和表 4-2 可见，美国、日本、中国和德国的研发总量投入较大，尤其是美国，一直保持全球第一的位置。在 R&D 投入占 GDP 比例指标

上，2011年位居全球前三位的国家分别是韩国、芬兰和日本。主要创新型国家的R&D投入占GDP比例均介于2%到3%之间，而韩国、芬兰、日本和丹麦的R&D投入占GDP比例已超出3%，韩国2011年R&D投入占GDP比例达到了4.03%。

我们通常用科技论文的数量与专利申请（授权）数量来作为衡量创新产出的重要指标。科技论文数量可以反映一国或一地区在相关领域的基础研究与应用研究前沿探索情况。2005—2014年典型创新型国家及我国的居民专利申请量见表4-3。

表4-3 2005—2014年典型创新型国家及我国的居民专利申请量（单位：件）

	2005年	2007年	2009年	2011年	2013年
美国	207 867	241 347	224 912	247 750	287 831
瑞士	1 643	1 692	1 684	1 597	1 525
瑞典	2 522	2 527	2 186	2 004	2 332
芬兰	1 830	1 804	1 806	1 650	1 596
日本	367 960	333 498	295 315	287 580	271 731
韩国	122 188	128 701	127 316	138 034	159 978
中国	93 485	153 060	229 096	415 829	704 936

由表4-3可见，在2013年，美国和日本在典型创新型国家中专利申请总量是最高的，并且日本与美国的差距微乎其微。瑞典、芬兰和瑞士的专利申请量在我们选取的这几个典型创新型国家中是最低的，与美国和日本相差甚远，韩国的专利申请总量介于这两个梯队之间。而我国在2013年的专利申请总量远远超过美国，大约是美国的2.5倍。

因各国人口数量相差悬殊，要想使如上典型创新型国家的专利数量更具有可比性，我们用每百万居民拥有的专利数量指标进行分析。世界典型创新型国家每百万居民拥有的专利授权数量见表4-4和图4-1。

第四章 创新型政府为创新型国家建设提供良好环境

表 4-4 世界典型创新型国家和我国每百万居民拥有的专利数

(单位:件/百万)

	2005 年	2007 年	2009 年	2011 年	2013 年
美国	70.34	80.12	73.32	79.51	91.05
瑞士	22.09	22.41	21.75	20.18	18.86
瑞典	27.93	27.62	23.51	21.21	24.29
芬兰	34.88	34.11	33.83	30.62	29.34
日本	287.98	260.54	230.63	224.99	213.39
韩国	253.83	264.83	258.87	277.29	318.56
中国	7.17	11.61	17.21	31.17	51.93

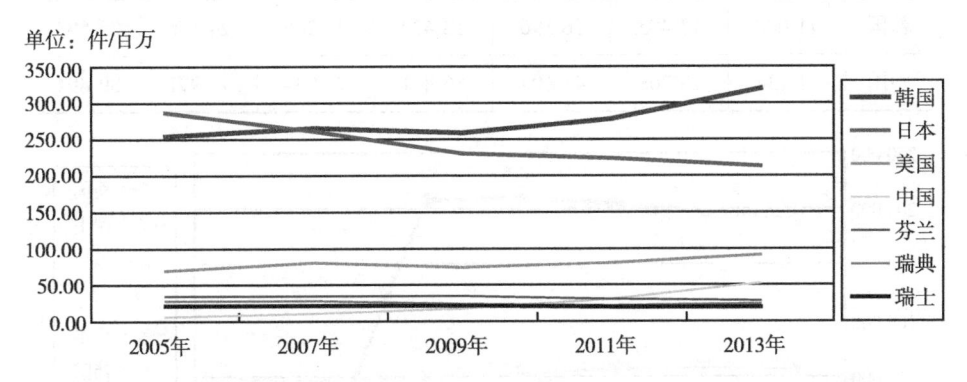

图 4-1 世界典型创新型国家和我国 2005—2013 年每百万居民拥有的专利数量

由图 4-1 可见,韩国和日本每百万人拥有的专利数量是较高的。其中韩国自 2007 年之后就超过了日本,在这些国家中乃至全球都是最高的水平。并且韩国在这一指标上有持续上升的趋势,而日本在不断下降。美国的每百万人口拥有的专利数量远低于韩国和日本,但高于芬兰、瑞典和瑞士。芬兰、瑞典和瑞士三国在这一指标上自 2005 年至今均是比较接近的,远低于韩国和日本,与美国也有一定差距。中国的每百万人口拥有的专利数量较低,在 2009 年以前,在这些国家中是最低的,但 2011 年就超过了瑞典、

75

瑞士和芬兰，并有持续上升的良好势头。

对科技论文数量这一创新产出指标的衡量我们也是从总量和均量两个方面来分析。总量情况见表4-5（注："—"表示缺失值）。

表4-5 2001—2011年典型创新型国家及我国的科技期刊文章（单位：篇）

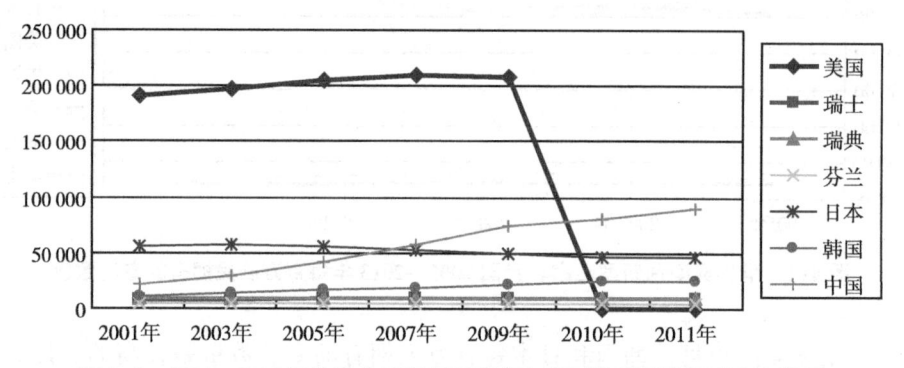

	2001年	2003年	2005年	2007年	2009年	2010年	2011年
美国	190 594	196 445	205 565	209 898	208 601	—	—
瑞士	7 950	8 134	8 767	9 196	9 472	9 627	10 019
瑞典	10 022	9 677	10 017	9 918	9 480	9 419	9 473
芬兰	4 930	4 899	4 813	4 990	4 952	4 869	4 878
日本	56 082	57 231	55 527	52 911	49 632	47 043	47 106
韩国	11 008	13 403	16 396	18 470	22 280	24 106	25 593
中国	21 134	28 768	41 604	56 811	74 034	79 991	89 894

图4-2 2001—2011年世界典型创新型国家和我国发表科技期刊文章数量

注：美国2010年和2011年的数据缺失。

从上图可见，在几个典型的创新型国家中，美国在科技期刊文章发表方面遥遥领先其他国家。其次是日本，从总量上来看，韩国、瑞典、瑞士和芬兰相差不大，这四个国家与日本还存在一定差距。我国在这十一年中科技期刊发表数量逐年上升，但与美国相比还存在很大差距。从均量上来看，我们采用每百万人口发表科技期刊论文数量这一指标来衡量，结果见图 4-3。

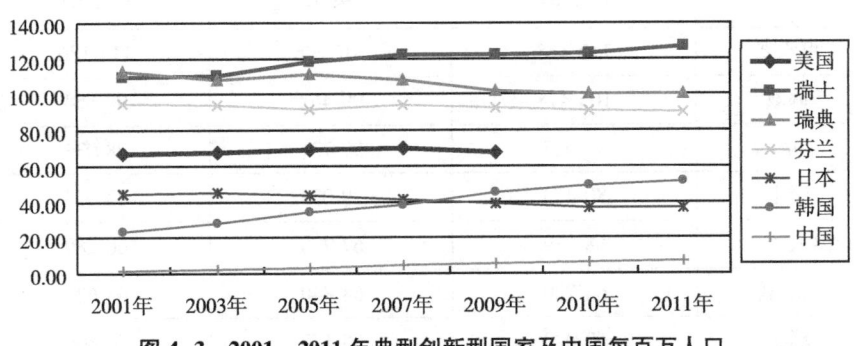

图 4-3　2001—2011 年典型创新型国家及中国每百万人口发表科技期刊论文数量（单位：百篇/百万）

由图 4-3 可见，瑞士占据绝对领先地位，瑞典和芬兰紧随其后，美国的人均发表科技论文数量在这六个典型创新型国家中居中，韩国增长速度很快，超过了日本。而我国的每百万人口发表科技论文数量很低，但已显示了逐年上升的态势。

综上所述，世界主要创新型国家在科技投入与产出方面的共同特征就是高研发投入以及大量的创新产出。在总量方面，美国均名列前茅，但在人均指标方面，韩国、日本也不容忽视，甚至超过了美国，体现了极强的创新能力和创新潜力。

二、较高的经济发展水平

国家创新力的提升是以经济实力作为物质基础的，同时创新能力的提升也有利于国家的经济发展水平的提高，二者相辅相成、相互促进，以此形成国家发展的良性循环。我们可用人均 GDP 指标来衡量经济发展水平。表 4-6 列举了部分国家和地区的人均 GDP。

表 4-6　部分国家和地区人均 GDP 排名

国家和地区	2013 年人均 GDP（美元）	2012 年人均 GDP（美元）	2011 年人均 GDP（美元）
卢森堡	112 135	107 206	114 186
挪威	105 478	99 462	98 664
卡塔尔	98 737	99 731	98 031
瑞士	80 473	79 033	83 073
澳大利亚	68 939	67 723	66 289
阿联酋	64 780	64 840	63 626
瑞典	60 020	55 158	56 800
丹麦	58 668	56 202	60 011
加拿大	52 364	52 232	51 716
新加坡	52 179	51 162	50 000
美国	51 248	49 922	48 328
芬兰	48 707	46 098	48 814
日本	40 442	46 736	46 108
中国香港	38 797	36 667	34 970
韩国	25 051	23 113	22 424
中国	6 629	6 076	5 434

由此可见，世界主要创新型国家均是发达国家，人均 GDP 均在 20 000 美元以上。瑞士、美国、瑞典、加拿大、芬兰、日本和韩国这些主要创新型国家中，瑞士、瑞典、美国和芬兰的人均 GDP 水平均很高，韩国的人均 GDP 较低。创新型国家建设必须有高额的创新投入，而经济的快速发展为其提供了必要的前提和基础。

不过，在创新型国家建设初期，各主要创新型国家在当时的经济发展水平存在较大差距。比如美国，20 世纪 40 年代可以说是其创新型国家建设的分水岭。按当年的价格计算，美国在 20 世纪 40 年代的人均 GDP 介于

1 000至2 000美元之间，处在经济发展较低的水平上。对于日本来说，在20世纪80年代以前，其所走的发展道路主要是引进和消化欧美技术的模仿型"技术立国"之路。进入80年代以后，才转向注重基础研究和独创性自主技术开发的"科学技术创新立国"的发展战略。而在20世纪80年代，日本的经济发展水平已经相对较高，人均GDP已经达到并超过了10 000美元。自20世纪60年代以来，韩国通过制定一系列促进科技创新的宏观政策，开始向科技发展战略转型，科技创新的投入力度不断加大，本国的自主创新能力不断提升，成功实现了由经济落后的农业国向位居世界前列的创新型国家的转型。从20世纪60年代到20世纪末，在这40年中，韩国的GDP增长率每年均保持在8%以上，1962年人均国民收入仅87美元，到2003年增长到了12 000多美元，创造了创新型国家建设的奇迹。目前，走在创新型国家建设前列的芬兰，是在20世纪70年代开始从资源密集型经济发展战略转向知识经济发展道路的，经济发展水平在当时已相对较高。仅在70年代的短短10年中，该国人均GDP就从3 344美元增加到7 955美元，年均增长率超过10%。由此可见，当前几个典型创新型国家在创新型国家建设的起步阶段的经济发展水平存在较大差距。

三、产业结构特征

产业结构会随着经济的发展而不断地发生变化。关于产业结构的演进也存在一般规律。从图4-4可见，我们所选取的六个典型创新型国家第一产业增加值占GDP比重均低于2.5%，第二产业增加值占GDP比重除韩国较高占38%之外，其余五个国家均介于20%~30%之间。占GDP比重最高的就是第三产业增加值，美国最高，大概占78%，韩国在这六个典型创新型国家中占的比重最低，为59%。由此可见，这六个典型的创新型国家在产业结构方面的共同特征就是第一产业增加值占GDP比重很少，其次是第二产业增加值，第三产业增加值在GDP中所占比重最高。

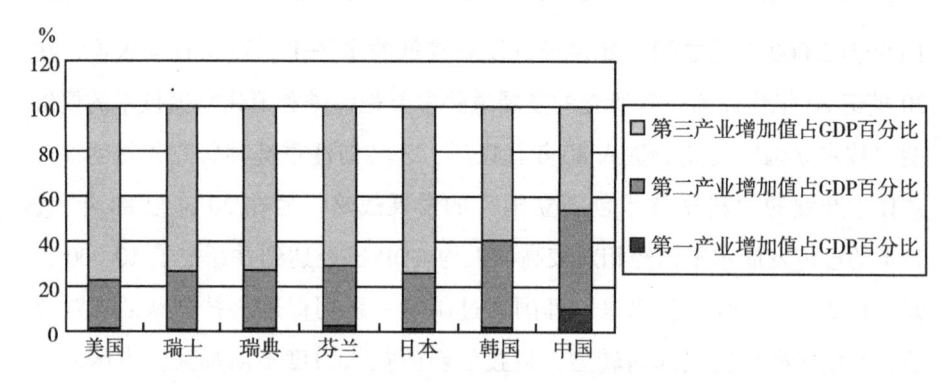

图 4-4 2013 年世界典型创新型国家及中国三次产业构成

表 4-7 世界典型创新型国家及中国 1980 年与 2013 年三次产业构成情况

	第一产业增加值占 GDP 百分比（%）		第二产业增加值占 GDP 百分比（%）		第三产业增加值占 GDP 百分比（%）	
	2013 年	1980 年	2013 年	1980 年	2013 年	1980 年
瑞典	1.4	4.3	25.9	33.3	72.7	62.4
芬兰	2.7	9.6	26.9	38.1	70.4	52.3
日本	1.2	3.1	24.7	39.1	74.1	57.8
韩国	2.3	15.1	38.6	34.2	59.1	50.7
中国	10	30.2	43.9	48.2	46.1	21.6

表 4-7 描述了产业结构随时间推移而发生演变的情况，鉴于数据的可获得性，在该表中没有显示美国和瑞士的产业结构调整情况。从表可以看出，四个典型的创新型国家及我国在过去的 33 年（1980—2013 年）中，产业结构演变的规律基本上都是第一产业比重持续降低，而第三产业比重持续增加，第二产业比重保持相对稳定或有小幅降低。

此外，各典型创新型国家在创新型国家建设的初期，产业结构状况也存在较大的差距。如芬兰和韩国，在创新型国家建设的初期第一产业的比重明显偏高，以后随着经济的发展，比重快速降低；美国和日本则在创新型国家建设的初期就已经具备了后工业化时代的产业结构特征。

第二节　充分发挥政府职能，准确确定并动态调整战略产业

通过分析，我们不难看出上述六个典型创新型国家在建设创新型国家的初期具有不同的经济发展水平和产业结构特征，但最终均实现了创新型国家建设的目标。究其根源，各国政府均发挥了不可替代的主导作用。各国政府均根据自身经济发展水平及科技能力，并对科技发展趋势进行深入研究，正确确立了一定时期的战略产业，并从国家的角度制定相关产业政策对其进行大力扶持，这在各典型创新型国家的创新型国家建设过程中起到了重要作用。

一、美国

第二次世界大战，美国凭借其强大的科技实力获得了空前胜利，美国政府因此也格外重视科技实力的提升。1945年，万尼瓦尔·布什向美国政府提交了名为《科学——无止境的前沿》的著名报告。在该报告中，万尼瓦尔·布什提出如下观点：新的产品和新工艺是以新的原理和新的概念为基础的，而这些新的原理和概念是由基础科学研究生成的，并提出了以基础研究为起点的创新线性序列过程，即基础研究—应用研究—试验开发—技术创新。他在报告中说："政府应该承担起促进新科学知识流动以及从青年人中培养科学人才的新责任。这是政府义不容辞的责任，因为这对于我们的健康、我们的工作和我们的国家安全至关重要。"❶ 这篇报告极大地推动了美国的科技发展，使以后的历届美国政府加大了对R&D的投入，对以后美国的科研发展和科学人才的培养起到了至关重要的作用。20世纪70年

---

❶ 威廉克林顿,艾伯特戈尔.科学与国家利益[M].曾国屏等译.北京:科学技术文献出版社,1999:1-4.

代末，日本经济迅速崛起。日本商品凭借其物美价廉的优势迅速占领了美国市场，给美国市场带来了强烈的冲击。这也促使美国的许多专家对此进行了反思。一份名为《美国制造》的国情研究报告由此发表。报告中在分析美国产品与日本产品比较缺乏竞争力时指出：美国企业的创新能力和劳动生产率下降，原因是美国在重大关键技术领域的国际领先地位受到严重挑战。该报告得出的结论是，美国必须不断发展高技术和技术创新来提高美国产业的国家竞争力，通过发展新兴行业来增加就业机会。❶

《美国制造》在当时的美国产生了巨大影响。为此，美国颁布了一系列促进科技成果转化，加强政府科研机构与民间企业合作研究的法令，使美国企业在其后的30年间不断创造出新的技术和产业。新兴的电子工业、计算机和网络技术创造了新的就业机会，使美国制造向着更高的技术和更新的产品迈进。

20世纪90年代以后，随着科技的发展，信息产业取代了传统的汽车、建筑业等行业成为美国新的支柱产业。在当时，生物技术产业在美国也已具有一定的规模。2000年年初，克林顿政府提出了国家纳米技术计划后，使得纳米技术得到了飞速发展。同时，该技术也成为政府重点资助的项目。

由此可见，美国在经济发展的不同阶段，根据本国的经济、技术和产业的具体情况，站在国家高度确立了一系列的战略产业，为创新型国家建设奠定了基础也指明了方向。

二、日本

二战后，日本政府通过实施"倾斜生产方式"，重点扶持煤炭和钢铁等具有战略意义的基础产业，构成了一个煤炭和钢铁增产的良性循环机制。20世纪60年代，日本为实现迅速经济崛起以及赶超英美的战略目标，运用日本著名经济学家筱原三代平提出的选择主导产业要基于高需求收入弹性和

---

❶ 沈建磊,马林英. 美国建设创新型国家的主要优势和特征[J]. 全球科技经济瞭望,2007,10:4-12.

高生产率和上升率这两个基准的"筱原二基准",针对低级化产业结构的现状,实行了以重化工业为中心的产业结构高级化的政策。日本政府运用"筱原二基准"对日本经济进行实证分析,在此基础上将筛选出的钢铁、机械、石化和炼油等产业作为日本的"筱原基准产业",因而确立了20世纪60年代的战略产业为重化学工业。通过实施这一产业政策,使日本的钢铁、汽车、家电及石油化工等产业迅速发展起来,创造了令世界瞩目的日本经济高速增长的"经济奇迹"。但进入70年代,因受石油危机导致的世界性经济萧条以及美元危机的影响,日本经济进入了低速增长期。为进一步推动经济增长,日本政府赋予产业结构高级化新的含义,即从"重化学工业"向"知识密集化"转化。在此背景下,"知识密集产业成为日本的主导产业。这些产业主要包括高科技产业、高级组装产业、时髦产业和知识产业。20世纪80年代以来,日本经济又实现了从"知识密集化"向"技术立国"的战略转变。在这一时期,日本政府确立了以自主开发尖端技术为中心的"创造性知识密集产业"为本国的主导产业,提高了产品的"创造性科技"含量,在进一步提升了产业结构的高级化同时,也刺激了整个国民经济的增长。这一时期的创造性知识密集产业主要是以电子计算机、集成电路、飞机及其他高技术产业等战略产业为代表。

三、韩国

韩国在推进本国技术创新能力时,各产业并不是齐头并进的,而是选择了若干个对本国经济社会发展和科技进步具有重要战略支撑作用的科技领域进行重点投入,支持这些领域的企业进行重点科技攻关,尽可能在局部领域形成科技创新突破,进而带动相关产业技术的发展和国家整体科技实力的提升。自20世纪60年代以来,韩国根据本国经济发展的需要,不断调整产业政策,取得了令人瞩目的成绩,为其创新型国家建设奠定了坚实的基础。如20世纪60年代,韩国在资源与资金不足的情况下,重点扶持纤维、胶合板等劳动密集型产业。进入70年代,韩国经济开始起飞,在产业政策方面转向了重工业和化学工业。此时，韩国确定了钢铁、汽车、造船、有色金属、机械、电子、石化、水泥、陶瓷器及纤维工业等十大战略产业。20世纪80年代以后是韩国的产业结构调整时期，在这一时期基本摆脱了对于特定产业的选择性支持，产业政策主要转变为产业合理化政策和产业培养政策两个方面。1982年，韩国实施"核心技术开发事业"，制定了发展半导体、计算机、机械和化工等高科技产业的实施计划。1991年，韩国政府又提出了长达10年的"先导技术开发事业"（即"G7"工程），确定将17项高新科技研究项目作为国家优先发展的关键技术。1997年12月，韩国制定并实施了《科技革新五年计划》，确定将信息技术、环境技术、生命科学、能源技术、系统工程、机电一体化和新材料等领域作为国家战略产业。在2000年度的韩国国家科学技术委员会通过的《2025年构想：韩国科技发展长远规划》中，再次将信息技术、材料科学、生命科学、机械电子学、能源与环境科学等列为韩国未来的主要科技发展方向。

第三节 政府在创新型国家建设中的角色类型分析

借鉴世界各国的创新型国家建设的经验，我们认为政府在创新型国家建设进程中主要扮演了指导、支持、引导和参与的四种角色。

一、指导

相对于微观经济体来说，政府代表国家利益，有更宽广的眼界，能从战略高度考虑整个国家的科技发展战略方向，往往在创新型国家建设过程中发挥战略指导作用。为了正确引导科技发展方向，很多国家都成立了专门的科技领导机构，并将其置于重要位置。美国克林顿政府在1993年成立了国家科技委员会（NSTC），该委员会由克林顿总统与戈尔副总统亲自担任主席和副主席。美国国家科技委员会对全国科技事务进行领导。

为了加快从工业化向信息化社会的转变，日本在 1994 年增设了"高度信息化社会促进本部"，由村山富市首相任部长，以领导和协调日本信息技术的开发和信息高速公路建设。日本实行的是由三级行政机构来管理科技活动，分别是中央科技三机构（学术会议、科技会议、科技厅）、政府各部、部属技术院、研究所以及产品检查所等，由此形成了从宏观、中观到微观三个层次的全面管理体制来对科技活动进行管理。此外，新加坡、韩国、法国、俄罗斯、巴西等国家也成立了由国家最高领导挂帅的科技领导机构。

政府制定的科技发展战略也最能体现政府的领导作用。美国的"星球大战计划"与欧洲的"尤里卡计划"均是从国家层面制定的高科技发展计划，是 20 世纪 80 年代规模最大的高技术产业政策的具体运用，这些科技发展战略对相关领域的技术发展起到了决定性的作用。此外，西方各国还针对不同的时期选择和确定了国家关键技术，并对其进行重点突破。如美国总统办公厅科技政策办公室于 1995 年公布了第三个双年度美国国家关键技术报告，该报告选出能源、信息与通信、环境、材料、生命、运输、制造等国家关键技术共七大类，包括 27 个关键技术领域，90 个子领域，290 个专项技术，将其作为当时和未来联邦政府研究与发展优先考虑的问题。日、德、英、法在 1993—1995 年间也有类似的举动。

二、支持

国家除了要引领创新过程，还要从多方面支持微观经济主体的创新活动，这对创新进程将起到极大的促进作用。

（1）立法支持。建设创新型国家离不开法治的保护。立法的一个重要目的是确立创新主体对创新成果的所有权和收益权，以保护创新主体的积极性。美国政府于 1980 年颁布了第一部《技术创新法》，同年美国国会通过《贝赫—多尔法案》。在该法案中，允许美国大学、非营利机构等将联邦政府资助研究的成果申请专利，承担起专利申请和将专利许可授权给产业界的义务，加快专利技术的产业化等内容。这大大激励了大学研究者从事具有潜在商业应用研究或与商业部门合作的决心和信心。进入21世纪，日本对相关法律进行了修订，允许公共基金资助的项目研究者对他们的发明拥有一半的权利，以此刺激创新和加强科学研究与创新的联系。此外，发达国家基本都有完善的知识产权保护法，以其保护创新者的权利。

（2）融资支持。微观经济主体在创新过程中缺乏资金是一个普遍存在的问题，政府往往要采取多种方式提供资金支持，包括政府直接投资、利用政府信用担保的银行贷款和促进资本市场尤其是风险资本的发展。第一，政府直接投资。如美国政府提出的"星球大战计划"，耗资10 000亿美元，对"信息高速公路计划"也进行了巨额投资来开发新技术。欧盟提出的"尤里卡计划"，耗资250亿美元。第二，利用政府信用担保的银行贷款。1993年美国国会通过了鼓励银行向高技术企业贷款的法案。该法案规定，银行向高技术企业贷款可占项目总投资的90%，如果风险企业破产，政府负责赔偿90%，并拍卖高技术企业的资产。1995年，美国成立了中小企业管理局，为高科技中小企业的银行贷款提供担保。日本通产省于1957年设立了"研究开发企业培植中心"，该中心的主要业务就是对于高技术企业向金融机构贷款提供债务担保，比例为80%。在大多数OECD国家，政府都为中小高科技企业的某些特殊贷款提供担保，从而鼓励银行对那些拥有可靠的项目却不能提供抵押担保的企业提供资金。第三，促进资本市场尤其是风险资本的发展。美国一些著名的信息技术公司，如苹果、英特尔等，都是借助风险资本发展起来的。

（3）政府采购。在产品发展的初期阶段，政府采购是一种很重要的激励手段。随着技术成为经济增长的最重要因素，美国政府由高新技术的购买者，逐渐变成了先进技术的积极拥护者和推动者。

（4）在高新技术转让与扩散中发挥作用。美国国家技术转让中心（NTTC）于1992年成立，NTTC的主要任务是将联邦政府资助的国家实验室、大学和私人机构的科研成果迅速推向社会和工业界，使之尽快商业化。同时，美国政府还出资在各地建立了几十个科技成果推广中心，向民营企业介绍政府科研机构的成果，鼓励它们开发利用这些技术。为激励科技人员转让科技成果的积极性，1996年克林顿政府颁布了《国家技术转移与进步法》，规定联邦实验室若向工业部门转让技术，首先要付给2 000美元的转让费。之后，发明者再提成技术使用费15％。这便在很大程度上对发明者起到了激励作用。法国政府也实施了一个地区技术转让中心网络（ANVAR）计划，以促进公私技术转让和扩散。德国通过建立工业研究开发的咨询机构和示范中心，并给以应用为导向的技术活动提供资助，促进科技成果的商品化和产业化。

三、引导

政府需要对国际技术发展的最新趋势进行正确判断，并据此对需要重点发展的技术领域进行扶持和引导。如日本政府20世纪50年代重点扶持钢铁产业；60年代和70年代转而扶持石油化工和汽车产业；80年代又重点扶持计算机和飞机产业；现在则转向知识密集型产业，重点发展信息技术。1994年，美国政府决定在20世纪90年代后期重点扶持五个特定技术领域的发展：软件、微电子和电信、材料技术、先进制造业、遥感和成像技术。

税收优惠也是国际上一种通行的政府引导民间经济行为，是提高其创新积极性的一种重要方法。1981年，美国国会通过了《经济振兴税法》，规定企业超过基期平均年研究开发费用的那部分当年研究开发费用的25％可用于抵税。1982年，美国国会把长期投资最高所得税率降为20％，再加上同年出台的"小企业创新研究规划"，极大地促进了美国新技术小企业的发展。

第五章 创新型城市是创新型国家建设战略的重要基石

第一节 创新型城市建设概述[1]

创新型城市建设是创新型国家建设的重要组成部分和基石。城市不仅是区域经济社会发展的基本动力，也是国家经济社会发展的重要载体。创新型城市不仅是创新型区域概念的基本内核，也是创新型国家概念的城市化。鉴于此，建设创新型城市不仅是建设创新型区域的重要突破口，也是建设创新型国家的主要立足点。

创新型城市是在建设创新型国家与实施自主创新战略的背景下兴起的城市战略发展思路。创新型城市是创新型国家概念的城市化，建设创新型城市是建设创新型国家的重要突破口和切入点。2007年，胡锦涛总书记在党的"十七大"报告中明确提出"提高自主创新能力，建设创新型国家"，并把它确立为"国家发展战略的核心，是提高综合国力的关键"。创新型城市建设是创新型国家建设的有机组成部分，是创新型国家建设的具体化和地方化。为此，各地区纷纷把创建创新型城市作为城市建设的目标。创新型城市建设必须以创新理论为指导，对相关创新理论进行归纳和梳理对于创新型城市建设具有重要的指导意义。

---

[1] 张晓凤,刘智群,李亚莉,王晓阳.城市创新与系统理论研究[J].管理观察,2012年3月下旬刊.

第五章 创新型城市是创新型国家建设战略的重要基石

一、城市创新系统理论

我国学者赵黎明教授（2002）以创新理论、区域经济学以及技术扩散相关理论为理论基础，首先提出了城市创新系统理论。他认为城市创新系统是指在特定的城市内和特定的社会经济文化背景下，各种与创新相关联的主体要素（实施创新的机构和组织）和非主体要素（创新所需要的物质条件）以及协调各要素之间关系的制度和政策所构成的网络。他的理论强调了制度创新的重要性，认为制度创新和技术创新二者相辅相成、不可割裂、不能偏废，因此，和国家创新系统中只是将政府制定的制度、政策等看作创新系统所处的环境而不是构成创新系统的决定因素不同，赵黎明教授将政府看作是制度创新的主体。城市创新系统的创新主体主要有四类：大学和科研机构、政府、培训和中介等服务机构。该理论进而从创新主体的角度出发，确定了创新系统的主要影响因素，分别是知识创新、技术创新、制度创新和服务创新。各创新子系统之间的关系是：知识创新是基础，技术创新是核心，制度创新是保障，而服务创新是桥梁和润滑剂。

与现有的创新机制理论认为技术创新的产生源于某种不协调相同，城市创新系统中各种创新也源于创新系统内部的不协调。但这种不协调不是生产要素的不协调，而是创新系统内技术、知识、制度、服务等因素发展的不协调。城市创新系统在运转过程中，有可能出现系统内部各因素间的相互不适应，使得整个创新系统的效率不高。随着某一种或几种因素创新的严重滞后，这种不适应、不协调越来越严峻，就对其他因素的创新产生强大的阻碍作用，形成瓶颈效应；反过来，其他因素的作用力也加速了该瓶颈因素的更新，使其成为一定时期、一定地区的创新系统中最活跃和最关键的因素。一旦这种更新完成，城市创新系统会处于短暂的协调运行状态，这种状态最有利于创新成果的产生和经济的发展。但同时，创新系统内部又会开始孕育新的不协调。城市创新系统就是在"不协调—协调—不协调"的过程中是螺旋式上升和发展的。

城市创新系统的运行及其子系统之间的相互关系是客观存在的，不以人的意志为转移。分析和研究它的内在机制，目的是希望能够通过人为的干预和调控措施，尽量缩短系统从不协调到协调的过程，延长系统处于协调状态的时间，提高创新成果的产出率，从而起到加速地区经济发展的作用。

青岛社会科学院的隋映辉（2004）研究员认为，城市创新系统可以表示为城市创新的扩散效应和科技产业聚集效应的矢量集合，以及一个独特科技、经济、社会结构的自组织创新体系和相互以来的创新生态系统。创新集聚和扩散能力是体现城市创新规模与竞争实力的两个侧面，同时也是城市创新域和产业系统链范围的决定性因素。因此，以创新城市系统为核心节点、以科技产业和创新企业关联为组织结点的创新生态系统和网络群，将在协同创新中进一步联结城市各个创新结点（产、学、研、府等），构成创新系统网络，并融入区域创新、国家创新系统组成的系统结构。

范柏乃（2003）认为，城市创新系统是指组合城市范围内的一切可以利用的人力、技术、资金、设施等资源，以激发创新欲望、提高技术创新能力、建立有效的创新机制和服务于城市经济和社会发展目标为导向，由城市内的企业、大学、研究机构、金融机构、中介服务机构和政府等行为组织构成的创新网络。

黄继、管顺丰借鉴经济合作与发展组织对国家创新系统的定义，将城市创新系统定义为：城市创新系统是由一系列公共机构（国家实验室、高校）和私营机构（企业）组成的系统网络，这些机构的活动及相互联系和影响决定一个城市的扩散知识的能力和创新表现。

张辉鹏、石嘉兴从系统工程学角度将城市技术创新体系定义为：城市区域内参与技术创新的企业、大学和研究机构、政府部门等行为主体，通过一定的机制相互延伸和交融组成的创新网络系统，具有鲜明的城市区域特色，是国家创新系统的子系统，并构建了城市技术创新体系三元行为主体系统模型。张德平认为，城市技术创新体系是指由相关的知识机构（企业、大学、科研院所、中介机构等）组成的，为了促进经济增长和社会进步，在各组成部分之间生产、传播、引进、扩散和应用新技术、新知识，并将创新作为系统变化和发展关键驱动力的体系。

孙红兵、向刚认为，城市创新系统由主体要素和创新环境要素构成，通过各种要素在创新过程中的相互依存、相互作用而形成，是一个以创新为核心、以促进技术进步和经济社会发展、提高城市竞争力和可持续发展为目的的开放的复杂的社会经济系统。其中主体要素包括企业、高校及科研机构、政府、金融机构和中介机构等与创新相联系的要素；创新环境要素包括宏观经济环境、市场、制度和基础设施等。

二、城市创新系统的专项领域问题研究

1. 城市创新系统的结构

对城市创新系统结构的研究，比较有代表性的是四川大学管理学院张平的观点。在他的《城市创新系统与绵阳科技城的建设》一文中，将城市创新系统的理论与绵阳科技城的建设相结合，认为城市创新系统是由核心子系统、基础子系统、重点子系统和支撑子系统构成。其中核心子系统包括企业创新子系统和产业创新子系统；基础子系统包括技术创新子系统和知识创新子系统；重点子系统是由科技创新子系统和环境创新子系统构成的；支撑子系统包括服务创新子系统、教育子系统、基础设施子系统和金融创新子系统。并且他认为基础子系统、重点子系统和支撑子系统的构建都必须围绕核心子系统的构建展开，而构建基础子系统、重点子系统和支撑子系统的目的是为了给核心子系统的有效运行和整个城市创新系统的高效运转提供保证。

倪鹏飞等认为，城市创新系统体系包括城市科技创新能力、创新主体、资源禀赋、市场环境、内部平台、全球联系、公共制度七个潜变量，其中

城市科技创新能力是外源变量，后六个是内生变量。

2. 城市创新系统的功能

华中科技大学王铁明认为，城市创新系统的功能主要有：（1）构建和完善创新环境；（2）实现产业创新，形成产业集群现象；（3）创造更为有效的资源配置方式；（4）提高科技成果转化速度和质量；（5）改变城市经济增长的方式；（6）促进区域经济的发展。

3. 城市创新系统的创新能力评价

国内学者对城市的创新能力评价的指标体系和方法选择方面进行了大量的研究。赵黎明利用城市创新系统理论构建了创新能力评价指标体系，主要从知识创新能力、技术创新能力、制度创新能力、服务创新能力和城市宏观发展水平五个方面，利用主成分分析法对城市创新能力进行了评价；张立柱、隋映辉以对城市创新系统主体的分析为基础，从知识创新能力、技术创新能力、政府行为能力和服务创新能力四个方面构建了评价指标体系，并利用分层聚类分析法对山东省 17 个城市的创新能力进行了评价；黄继、管顺丰把城市创新系统分为搜寻子系统、探索子系统和选择子系统，认为城市创新系统的能力是由各子系统的创新能力构成，进而从搜寻能力、探索能力和选择能力三个方面构建了评价指标体系，并对武汉市城市创新系统的创新能力进行了评价；孙红兵、向刚从城市创新系统的构成要素出发，主要从知识创新、技术创新、制度创新、服务创新、金融创新及创新环境五个方面构建了评价指标体系，并利用主成分分析法对 30 个省会城市和直辖市的创新综合能力分别进行了静态和动态的评价和排名。

4. 城市创新系统的运行机制

赵黎明等以创新理论、区域经济学和系统论为基础，应用系统动力学的有关理论和方法，建立了城市创新系统的动力学结构模型，以此来研究城市创新系统的原理和运行过程。

倪鹏飞等采用结构化方程构建城市的创新系统结构模型，进行城市创新系统中的变量作用分析及影响机制研究。研究结果发现,公共制度、内部平台是最重要变量,通过多种途径影响城市创新能力;在全球背景下,城市全球联系对城市创新能力具有比较积极的正面影响;城市的创新能力最终是通过创新影响因素的相互协同作用形成的。

三、城市创新系统理论研究述评

目前,国内外学者对创新系统理论的研究主要集中在宏观层次的国家创新系统理论、和中观层次的区域创新系统理论,以及微观层次的企业创新系统理论上,对城市创新系统理论的研究很少,尚存在很多不足之处。对城市创新系统各专项领域的研究工作虽然较多,但多数研究是以经验总结为主,缺乏从城市创新系统和政府系统的角度对城市创新系统创新管理的研究;城市创新系统管理理论研究的成果尚很零散,尚未形成完整的理论体系,不能够满足城市创新系统建设和我国创新型国家建设的需要。

第二节 河北省创新型城市建设评价与对策研究

一、城市创新能力评价指标体系构建

(一)创新型城市评价指标体系框架

本研究在充分借鉴国内外研究者、政府机构有关创新型城市评价指标体系的观点基础上,综合各位专家意见,将城市创新能力的指标体系共分解为16个指标,分别是:X_1-高等院校数量(所),X_2-独立科研机构数量(所),X_3-全市研发经费占地区生产总值比重(%),X_4-百万人口发明专利授权数(件),X_5-河北省认定的高新技术企业数量(家),X_6-规模以上工业企业中有科技活动的企业所占比重(%),X_7-规模以上工业

企业R&D投入占主营业务收入比重（%），X_8-各市人才密度指数，X_9-百万人口技术市场成交合同额（元/百万），X_{10}-国家级示范生产力促进中心（个），X_{11}-国家级、省级科技企业孵化器数量（个），X_{12}-地方财政科技拨款占地方财政一般预算支出的比重（%），X_{13}-地方财政教育拨款占地方财政一般预算支出的比重（%），X_{14}-每百人公共图书馆藏书量（册/百人），X_{15}-百人口国际互联网用户数（户/百人），X_{16}-百人口社会固定资产投资额（万元/百人）。

（二）评价方法

本文采用因子分析法和聚类分析法对数据进行分析。

二、数据来源与处理

（一）数据来源

本研究选取河北省11个地级市，以2010年的数据作为原始数据，原始数据主要是通过河北经济年鉴、各城市的城市统计年鉴，以及相关网站中获取。

（二）数据处理

1. 对数据进行标准化处理，并求其相关系数矩阵，分析变量之间的相关性。

数据进行标化处理后，相关系数矩阵显示，大部分变量之间有较强的相关性，证明这些指标存在信息上的重叠。

2. 求解初始公共因子及因子载荷矩阵，进行因子旋转

按照特征跟大于1的原则，选入5个公共因子，其累计方差贡献率为91.529%。

由因子旋转矩阵表可知，X_1、X_2、X_3、X_5 在第一因子上有较高的载荷；X_6、X_7、X_{15}、X_{16} 在第二因子上有较高的载荷；X_4、X_9 和 X_{11} 在第三因子上有较高的载荷；X_8 和 X_{10} 在第四因子上有较高的载荷；X_{12}、X_{13} 和 X_{14} 在第五因子上有较高的载荷。

（三）计算各因子得分及综合得分

各因子得分及综合得分结果见表 5-1。

表 5-1　各因子得分及综合得分

	F_1	F_2	F_3	F_4	F_5	F
石家庄	2.74397	0.12515	0.39644	0.37698	0.2812	1.503021
承德	-0.54447	-0.69547	-0.36938	-0.04122	0.19094	-0.43392
张家口	-0.09669	-1.43808	-0.75352	-0.67119	2.15056	-0.29945
秦皇岛	-0.78979	1.86504	1.27525	-1.03911	0.90068	0.07994
唐山	-0.2938	1.57883	-1.04005	1.77611	0.64266	0.239818
廊坊	-0.52848	-1.07538	2.19479	1.29993	0.00944	-0.02502
保定	0.65106	0.26693	0.35444	-1.5916	-0.92551	0.174489
沧州	-0.13509	-0.33635	-0.45277	0.62336	-1.35954	-0.23617
衡水	-0.71226	-0.29171	-0.007	-0.05949	-0.88969	-0.4881
邢台	-0.44942	-0.13279	-0.74539	-0.74263	-0.63823	-0.47861
邯郸	0.15497	0.13383	-0.8528	0.06885	-0.36252	-0.03601

（四）聚类分析

以 F_1、F_2、F_3、F_4、和 F_5 作为聚类变量进行聚类分析。结果见图 5-1。

Dendrogram using Ward Method

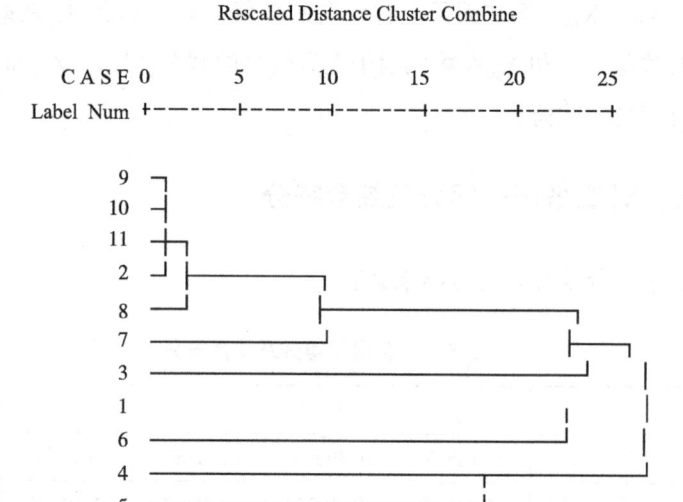

Rescaled Distance Cluster Combine

```
C A S E    0        5       10       15       20       25
Label  Num  +--------+--------+--------+--------+--------+
       9  ┐
      10  ┤
      11  ┤
       2  ┤
       8  ┤
       7  ┤
       3  ┤
       1  ┤
       6  ┤
       4  ┤
       5  ┘
```

图 5-1　城市创新能力因子得分聚类树状图

三、结果分析与对策建议

（一）公因子命名及各城市得分分析

我们将 F_1 命名为创新科研能力，F_2 为企业创新投入能力，F_3 为创新成果产出及扩散能力，F_4 为创新资源整合能力，F_5 为政府创新投入能力。从表 5-1 可见，排名前两位的依次是：在创新科研能力方面是石家庄和保定；在企业创新投入能力方面和秦皇岛和唐山；在创新成果产出及扩散能力方面是廊坊和秦皇岛；在创新资源整合能力方面是唐山和廊坊；在政府创新投入能力方面是张家口和秦皇岛。城市综合创新能力排序依次是石家庄、唐山、保定、秦皇岛、廊坊、邯郸、沧州、张家口、承德、邢台和衡水。

（二）聚类分析与对策建议

可以把河北省各城市分为三类，第一类城市包括石家庄和廊坊；第二类城市包括秦皇岛和唐山；其他七个城市构成第三类城市。

对于石家庄和廊坊来说，其共同点是在 F_3 创新成果产出及扩散能力和 F_4 创新资源整合能力两个公因子上得分较高，在 F_5 政府创新投入能力和 F_2 企业创新投入能力方面不足，对于这两个城市应着重从提高政府创新投入和提高企业创新投入方面提高城市的整体创新能力。

秦皇岛和唐山这两个城市的共同点是在 F_2 企业创新投入能力方面得分较高，F_5 政府创新投入能力得分居中，F_1 创新科研能力得分均较低。这说明这两座城市政府和企业均较重视创新能力的提升，但是两座城市因地理和历史原因目前高校、科研机构均较少，创新科研能力较低，这两座城市应重点加强这方面的建设。

在第三类城市中，衡水、邢台、邯郸、承德和沧州、张家口有较多共同点，受地理位置影响，与全省中心经济区相距较远，在各因子得分排序中均较靠后，整体创新能力较低，在各方面均应得到加强；在第三类城市中，保定的创新能力最强，尤其是在创新科研能力方面，与其深厚的历史文化底蕴密切相关。保定尤其应该加强的是 F_4 创新资源整合能力和 F_5 政府创新投入能力。

第三节　唐山市绿色港口与创新型城市互动发展研究[1]

创新型城市建设是创新型国家建设的重要组成部分。为了加快我国创新型国家的建设，国内各个主要城市都提出了建设创新型城市的目标。近年来唐山市委和市政府一直把建设创新型城市作为重点工作之一，付出了艰辛的努力并已经取得了一定的进展。2010年1月，唐山市被确定为首批20个国家创新型试点城市（区）之一，成为河北省首个国家创新型试点城市。此外，世界上许多著名的港口城市发展的经验均表明：港口与城市的

---

[1] 谢辉.绿色港口与创新型城市互动发展研究—以河北省唐山市为例[J].理论月刊,2013(12).

良性互动发展有利于港城共建。如有"欧洲门户"之称的鹿特丹港口、欧洲的莱茵河口海湾区域、美国的旧金山海湾地区、比利时最大的港口安特卫普港等都是典型的例子。港口与城市之间相互促进、相互制约、同生共长。港城互动发展一直是国内外沿海港口城市发展的共识。

一、城市创新能力评价指标体系构建

（一）创新型城市评价指标体系框架

创新型城市建设是一项巨大的系统工程，涉及经济、社会、科技等诸多方面的因素。因此，建立一套科学的评价指标体系，对于准确把握创新型城市建设的进程和发展水平、存在的问题并及时提供对策建议以确保创新型城市战略目标和发展计划的顺利实施，具有十分重要的意义。本文在充分借鉴国内外研究者、政府机构有关创新型城市评价指标体系的观点的基础上，并综合各位专家意见，将城市创新能力的指标体系分为三个层次：第一层是目标层，第二层是准则层，第三层是指标层（见表5-2）。

表5-2 城市创新能力评价指标体系

目标层	准则层	指标层
城市创新能力	知识创新能力	高等院校数量
		独立科研机构数量
		全市研发经费占地区生产总值比重
		百万人口发明专利授权数
	技术创新能力	规模以上工业企业R&D投入占主营业务收入的比重
		规模以上工业企业中有科技活动的企业所占的比重
		规模以上工业企业新产品产值占规模以上工业企业工业总产值的比重
		高技术产业总产值占地区生产总值的比重

续表

目标层	准则层	指标层
城市创新能力	服务创新能力	百万人口技术市场成交合同额
		市级以上企业技术中心数量
		科技企业孵化器数量占规模以上中小型工业企业数量比重
	制度创新能力	知识产权保护力度
		市场发育水平
		地方财政科技拨款占地方财政支出的比重
		地方财政教育拨款占地方财政支出的比重
	创新环境水平	货运总量
		每百人公共图书馆藏书
		创新氛围水平
		百人口国际互联网用户数

（二）评价方法

在多指标评价问题中，权重的确定是重点也是难点。目前有很多确定权重的方法，大致可分为两大类：主观赋权法和客观赋权法。本书采取的是客观赋权法中熵值法。该方法是在客观条件下，由评价指标值构成的判断矩阵来确定指标权重的一种方法，避免了权重确定的主观性，充分利用了评价对象的指标信息量，使评价结果更接近客观实际。

二、数据来源与处理

（一）数据来源

按照城市的可比性和参照性以及数据的可得性，本文选取了天津、北京、重庆、济南和合肥五个城市作为比较对象，以2008年的数据作为原始数据，原始数据主要是通过中国城市统计年鉴，各个城市的城市统计年鉴，城市统计局和城市科技局的网站以及中国城市竞争力报告中获取。

（二）数据处理

1. 数据的标准化

对原始数据进行标准化处理，结果见表5-3至表5-7。

表5-3 标准化的原始数据

城市	高校	科研机构	研发经费占地区生产总值比重	百万人口发明专利授权数
唐山	0.000000	0.000000	0.065678	0.000000
天津	0.493151	0.647773	0.266949	0.462184
北京	1.000000	1.000000	1.000000	1.000000
重庆	0.520548	0.032389	0.000000	0.040052
济南	0.780822	0.421053	0.150424	0.520144
合肥	0.452055	0.773279	0.171610	0.113878

表5-4 标准化的原始数据

城市	规模以上工业企业R&D投入占主营业务收入的比重	规模以上工业企业中有科技活动的企业所占的比重	规模以上工业企业新产品产值占规模以上工业企业工业总产值比重	高技术产业总产值占GDP的比重
唐山	0.000000	0.000000	0.000000	0.000000
天津	0.666667	0.369474	0.690615	0.050868
北京	1.000000	1.000000	0.961794	0.398350
重庆	0.666667	0.410889	1.000000	0.190411
济南	0.333333	0.319684	0.541528	0.738959
合肥	0.333333	0.793392	0.219684	1.000000

表 5-5 标准化的原始数据

城市	百万人口技术市场成交合同额	市级以上企业技术中心数量	科技企业孵化器数量占规模以上中小型工业企业数量的比重
唐山	0.000000	0.000000	1.000000
天津	0.106682	1.000000	0.000000
北京	1.000000	0.799180	0.067771
重庆	0.017093	0.622951	0.011895
济南	0.024195	0.581967	0.111854
合肥	0.077822	0.323770	0.047483

表 5-6 标准化的原始数据

城市	知识产权保护力度	市场发育度	地方财政科技拨款占地方财政支出的比重	地方财政教育拨款占地方财政支出的比重
唐山	0.923077	0.988764	0.007075	1.000000
天津	1.000000	0.685393	0.426887	0.742816
北京	0.487179	0.573034	1.000000	0.715517
重庆	0.256410	0.898876	0.000000	0.567529
济南	0.213675	0.000000	0.129717	0.530172
合肥	0.000000	1.000000	0.158019	0.000000

表 5-7 标准化的原始数据

城市	货运量	每百人公共图书馆藏书	创新氛围水平	百人口国际互联网用户数
唐山	0.227735	0.000000	0.764706	0.033038
天津	0.826325	0.280769	0.078431	1.000000
北京	0.202856	0.895881	1.000000	0.670816
重庆	1.000000	1.000000	0.509804	0.000000
济南	0.229075	0.345045	0.000000	0.212353
合肥	0.000000	0.173195	0.843137	0.020350

2. 计算各指标的熵值、效用值和权重

各指标的熵值、效用值和权重见表 5-8。

表 5-8 各指标的熵值、效用值和权重

	熵值	效用值	权重
高校	0.870496	0.129504	0.026231336
科研机构	0.774796	0.225204	0.045615593
研发经费占地区生产总值的比重	0.658435	0.341565	0.069184784
百万人口发明专利授权数	0.703962	0.296038	0.059963184
规模以上工业企业 R&D 投入占主营业务收入的比重	0.849978	0.150022	0.030387304
规模以上企业中有科技活动的企业所占的比重	0.84049	0.159510	0.032309121
规模以上工业企业新产品产值占规模以上工业企业工业总产值的比重	0.841897	0.158103	0.03202413
高技术产业总产值占 GDP 的比重	0.731743	0.268257	0.054336078
百万人口技术市场成交合同额	0.385487	0.614513	0.124471035
市级以上企业技术中心数量	0.864596	0.135404	0.027426395
科技企业孵化器数量占规模以上中小型工业企业数量的比重	0.400004	0.599996	0.121530583
知识产权保护力度	0.804146	0.195854	0.039670682
市场发育度	0.885931	0.114069	0.023104941
地方财政科技拨款占地方财政支出的比重	0.612823	0.387177	0.0784236
地方财政教育拨款占地方财政支出的比重	0.883555	0.116445	0.023586205
货运量	0.767732	0.232268	0.047046423
每百人公共图书馆藏书	0.786475	0.213525	0.043249984
创新氛围水平	0.804269	0.195731	0.039645768
百人口国际互联网用户数	0.596189	0.403811	0.081792855

3. 准则层权重的确定

根据已经计算出来的指标层相对于目标层的权重，我们根据熵的可加性，就可以得到准则层的权重，见表5-9。

表 5-9 城市创新能力各项准则层权重值

知识创新	技术创新	服务创新	制度创新	创新环境
0.200995	0.149057	0.273428	0.164785	0.211735

得到指标层相对于目标层的权重和准则层相对于目标层权重，我们用指标层相对于目标层的权重除以准则层相对于目标层的权重得到指表层相对于准则层的权重，详见表5-10至表5-14。

表 5-10 知识创新能力各项指标权重值

高校（所）	科研机构（个）	研发经费占地区生产总值的比重	百万人口发明专利授权数（件/百万人）
0.130507	0.226949	0.344211	0.298332

表 5-11 技术创新能力各项指标权重值

规模以上工业企业R&D投入占主营业务收入的比重（%）	规模以上企业中有科技活动的企业所占的比重（%）	规模以上工业企业新产品产值占规模以上工业企业工业总产值的比重（%）	高技术产业总产值占GDP的比重（%）
0.203864	0.216757	0.214845	0.364532

表 5-12 服务创新能力各项指标权重值

百万人口技术市场成交合同额（万元/百万人）	市级以上企业技术中心数量（家）	科技企业孵化器数量占规模以上中小型工业企业数量的比重（%）
0.455224	0.100306	0.44447

表 5-13 制度创新能力各项指标权重值

知识产权保护力度	市场发育度	地方财政科技拨款占地方财政支出的比重（%）	地方财政教育拨款占地方财政支出的比重（%）
0.240742	0.140213	0.475915	0.143133

表 5-14 创新环境水平各项指标权重值

货运量（万吨）	每百人公共图书馆藏书（册、件）	创新氛围水平	百人口国际互联网用户数（户/百人）
0.222195	0.204265	0.187242	0.386298

4. 得分与排名

根据前面经过处理的无量纲数据和经过计算得到的各个指标层的权重，即可计算出该指标对应于上层结构的评价值，详见表 5-15 至表 5-19。

表 5-15 知识创新能力得分与排名

城市	高校（所）	科研机构（个）	研发经费占地区生产总值的比重	百万人口发明专利授权数（件/百万人）	得分	排名
唐山	0.000000	0.000000	0.002746	0.000000	0.002746	6
天津	0.003984	0.010280	0.011162	0.012973	0.038399	2
北京	0.008080	0.015869	0.041812	0.028069	0.093830	1
重庆	0.004206	0.000514	0.000000	0.001124	0.005844	5
济南	0.006309	0.006682	0.006290	0.014600	0.033881	3
合肥	0.003652	0.012271	0.007175	0.003196	0.026294	4

表 5-16 技术创新能力得分与排名

城市	唐山	天津	北京	重庆	济南	合肥
规模以上工业企业 R&D 投入占主营业务收入的比重（%）	0.000000	0.006753	0.010129	0.006753	0.003376	0.003376

续表

城市	唐山	天津	北京	重庆	济南	合肥
规模以上企业中有科技活动的企业所占的比重（％）	0.000000	0.004131	0.011180	0.004594	0.003574	0.008870
规模以上工业企业新产品产值占规模以上工业企业工业总产值的比重（％）	0.000000	0.006479	0.009023	0.009381	0.005080	0.002061
高技术产业总产值占GDP的比重（％）	0.000000	0.001162	0.009100	0.004350	0.016881	0.022844
得分	0.000000	0.018525	0.039432	0.025078	0.028911	0.037151
排名	6	5	1	4	3	2

表5-17 服务创新能力得分与排名

城市	百万人口技术市场成交合同额（万元/百万人）	市级以上企业技术中心数量（家）	科技企业孵化器数量占规模以上中小型工业企业数量的比重（％）	得分	排名
唐山	0	0	0.098135	0.098135	2
天津	0.010831	0.008241	0	0.019072	3
北京	0.101528	0.006586	0.006651	0.114765	1
重庆	0.001735	0.005134	0.001108	0.007977	6
济南	0.002456	0.004796	0.010977	0.018229	4
合肥	0.007901	0.002668	0.00466	0.015229	5

表5-18 制度创新能力得分与排名

城市	知识产权保护力度	市场发育度	地方财政科技拨款占地方财政支出的比重（％）	地方财政教育拨款占地方财政支出的比重（％）	得分	排名
唐山	0.012714	0.005510	0.000323	0.006633	0.025180	3

续表

城市	知识产权保护力度	市场发育度	地方财政科技拨款占地方财政支出的比重（%）	地方财政教育拨款占地方财政支出的比重（%）	得分	排名
天津	0.013773	0.003820	0.019464	0.004927	0.041984	2
北京	0.006710	0.003193	0.045595	0.004746	0.060244	1
重庆	0.003532	0.005009	0.000000	0.003764	0.012305	6
济南	0.002943	0.000000	0.005915	0.003516	0.012374	5
合肥	0.000000	0.005573	0.007205	0.000000	0.012778	4

表 5-19　创新环境水平得分与排名

城市	货运量（万吨）	每百人公共图书馆藏书（册、件）	创新氛围水平	百人口国际互联网用户数（户/百人）	得分	排名
唐山	0.004310	0.000000	0.009486	0.001395	0.015191	5
天津	0.015638	0.004506	0.000973	0.042236	0.063353	1
北京	0.003839	0.014378	0.012405	0.028333	0.058955	2
重庆	0.018924	0.016049	0.006324	0.000000	0.041297	3
济南	0.004335	0.005538	0.000000	0.008969	0.018842	4
合肥	0.000000	0.00278	0.010459	0.000859	0.014098	6

5. 城市创新能力综合水平得分与排名，详见表 5-20。

表 5-20　城市创新能力整体排名

	城市	唐山	天津	北京	重庆	济南	合肥
城市创新能力整体排名	知识创新能力得分	0.002746	0.038399	0.093830	0.005844	0.033881	0.026294
	权重	0.200995	0.200995	0.200995	0.200995	0.200995	0.200995
		0.00055193	0.00771801	0.01885936	0.00117461	0.00680991	0.00528496
	技术	0.000000	0.018525	0.039432	0.025078	0.028911	0.037151
	权重	0.149057	0.149057	0.149057	0.149057	0.149057	0.149057

续表

城市	唐山	天津	北京	重庆	济南	合肥
	0.000000	0.002761	0.005878	0.003738	0.004309	0.005538
服务	0.098135	0.019072	0.114765	0.007977	0.018229	0.015229
权重	0.273428	0.273428	0.273428	0.273428	0.273428	0.273428
	0.026833	0.005215	0.03138	0.002181	0.004984	0.004164
制度	0.025180	0.041984	0.060244	0.012305	0.012374	0.012778
权重	0.164785	0.164785	0.164785	0.164785	0.164785	0.164785
	0.004149	0.006918	0.009927	0.002028	0.002039	0.002106
环境	0.015191	0.063353	0.058955	0.041297	0.018842	0.014098
权重	0.211735	0.211735	0.211735	0.211735	0.211735	0.211735
	0.003216	0.013414	0.012483	0.008744	0.00399	0.002985
综合得分	0.034751	0.036026	0.078527	0.017866	0.022132	0.020077
综合排名	3	2	1	6	4	5

三、唐山市城市创新能力综合评价

从以上分析结果中可见，唐山市在服务创新能力和制度创新能力方面具有明显的优势，但在知识创新、技术创新和创新环境水平方面较其他几个城市却有较大的差距。

在服务创新能力方面，唐山的优势主要体现在拥有较多的科技企业孵化器，这有利于城市创新主体的培育，也可以从武汉市拥有大量的高新技术企业看出来；在制度创新能力方面，唐山市在知识产权保护力度、市场发育度、地方财政教育拨款这三方面的得分均名列前茅，而在地方财政科技拨款方面的得分很低，排名是第五位。

在知识创新能力方面，唐山市在高校、科研机构、百万人口发明专利授权数三个方面的得分都是最低的，而研发经费占地区生产总值比重的得分位于第五，也仅仅好于重庆市；在技术创新能力方面，唐山市在所选取的四个指标方面得分均是最低的；在创新环境水平方面，唐山市总体排名第五，其中货运量、创新氛围水平处在所选取的六个城市的中等水平，而每百人公共图书馆藏书和百人口国际互联网用户数方面的得分均很低。

四、唐山港口的优势及困境

（一）唐山港口的优势

唐山市三个港区的功能定位各不相同，曹妃甸港区是大型综合性港区，主要负责大宗货物运输，为相邻港口的大型重化工业服务。因其具有较深水岸线的优势，承担着"北煤南运"的重要任务。京唐港区主要服务于唐山市及其他腹地经济，除了承担通用物资的运输服务外，还为唐山港的煤炭运输发挥辅助作用。丰南港区位于丰南治海工业区，交通发达、位置优越，北离沿海高速公路仅15千米，东靠曹妃甸新区，西连天津滨海新区。

1. 得天独厚的地理优势

唐山港口交通便利、四通八达。京唐港和曹妃甸港位于渤海湾，港口条件优越，水深岸陡，终年不淤不冻。京唐港区位于渤海湾北岸，陆路相邻北京，海路相邻上海港、香港、日本长崎港、韩国仁川港。早于1919年，孙中山在《建国方略》中就提出要将其建设为"世界贸易通路的北方大港"。京唐港地处环渤海经济圈中心地带，是唐山市最早开发并与北京联合开发的国家一类港口。港口拥有大面积的盐碱滩涂未利用地，适合发展大规模临港产业。曹妃甸港区自然条件优越，与青岛、北仑港、大连港相邻，水深良好。曹妃甸港口是我国最具国际枢纽大港自然条件的港口，具有得天独厚、无可比拟的近岸深水优势，紧邻渤海湾主潮流通道的深海域，深槽水深达渤海最深点。曹妃甸港是渤海湾唯一的天然港址，不需开挖航道和港池即直通渤海海峡，即可建设30万吨级的大型泊位。丰南港区位于渤海之滨，南临渤海，地处环渤海经济圈重要腹地，交通发达、资源丰富、

第五章 创新型城市是创新型国家建设战略的重要基石

经济发达、工业雄厚，境内有多家国家著名大型企业，已列入国家"十二五"港口发展规划、河北沿海地区发展规划。

2. 极具发展空间的广阔前景

唐山港口极具发展空间，自通航以来，货物吞吐量逐年提高。年增100~150万吨，增速在全国港口中居第一，跨入全国沿海主要港口行列，运输货物种类繁多，航行所至国外20多个国家和地区及国内近百个港口。京唐港仍处于建设期，未来发展空间很大，规划岸线总长45千米。规划面积88平方千米，航道等级为20万吨级。曹妃甸港被国家定位为我国能源、矿石等大宗原燃料的疏散港，规划岸线122千米，可建设428个不同功能的泊位。曹妃甸港的建设虽然起步较晚，但正因为如此，它的建设得以扬长避短，避免了许多旧港口的弊端。与国内其他港口相比，曹妃甸港的硬件设施现代化、自动化、信息化程度较高，均与国际接轨，产业结构转型也更加灵活，规划和设计也更加先进，符合未来长远规划和时代发展的要求。唐山港广袤的沿海滩涂面积，为唐山港的未来发展开辟了足够的发展空间，有利于各个港区的合理布局，能够发挥自由贸易港区和国际航运中心的优势，也极大地缓解了我国煤炭船舶供求不足和"北煤南运"的严峻形势。

3. 渤海湾的物流中心

渤海湾现有的各港口分工明确：天津港属贸易港，是国际航运中心与物流中心，是世界等级最高的人工深水港，天津港也是我国北方最大的综合性港口，拥有万吨级以上泊位102个，主要负载集装箱与杂货运输，是货类齐全的综合性国际大港，跻身世界港口前十强。秦皇岛港是我国北方少有的天然不冻港，是世界第一大能源输出港，是我国"北煤南运"的主要枢纽港，年煤炭输出量占全国沿海港口煤炭输出量的70%以上。黄骅港也是我国主要的能源输出港。唐山港位于渤海湾的中心区域，待开发土地达2 000多平方千米，曹妃甸位于整个渤海湾的最深处，拥有深达36米、30万吨级大型泊位的天然港址，弥补了渤海湾地区缺少深水港的缺陷。以曹妃甸为物流中心还可以带动渤海湾其他各港口的合理分工，使各个港口的各自功能与腹地经济发展相匹配。

4. 国家政策给予倾斜

唐山港的发展得到了国家、河北省和唐山市各级领导的高度关注，前国家主席胡锦涛在考察曹妃甸后，曾对其作了高度评价："曹妃甸是一块黄金宝地，对于环渤海地区的发展意义重大，是唐山市和河北省发展的潜力所在。一定要把曹妃甸建设好，使之成为科学发展示范区。" 2008 年，国家第一次为地方制定循环经济发展规划，即《曹妃甸循环经济示范区产业发展总体规划》。作为重点建设项目的曹妃甸建设项目早已被纳入国家十一五规划，首钢的搬迁为其注入了新的活力，为了打造曹妃甸这个河北省一号工程，河北省政府作出了要将河北联合大学整体搬迁至曹妃甸的大胆决定。届时，曹妃甸将会成为河北省的经济和文化中心。党和国家各级领导的高度重视，为曹妃甸建设提供了无可比拟的政策环境优势。

5. 绿色港口的定位目标

建设绿色港口，已成为唐山科学发展示范区建设的重要内容。有关领导提出了"加快建设绿色港口，以国际大港引领唐山走向世界"的宏伟蓝图。绿色港口是以绿色发展为宗旨的新型港口建设目标，要求合理利用资源，注重环境健康和生态保护，走低能耗、低污染的发展道路，最终实现港口发展与环境保护协调统一、港口与城市和谐互动地发展。绿色港口已成为未来港口发展的必然方向，国内绿色港口的典范首推天津港与青岛港，通过营造绿色的港口环境，开发文明的生态港口，推动港口经济实现高效发展。唐山港这个充满朝气的新生代港口，正在朝着绿色港口的目标不断前行。

（二）唐山港口面临的困境

唐山港目前正处于建设的初级阶段，唐山市委、市政府提出了"港口立市"、建设"绿色港口"的战略要求。唐山港在拥有广阔发展前景与前所

第五章　创新型城市是创新型国家建设战略的重要基石

未有发展机遇的同时,也面临着复杂多变、竞争激烈的重重困难。港口业本身属于高能耗、高污染的产业,唐山港要建设绿色港口,实现港口业可持续发展还面临一系列的困境。

1. 港口起步晚,基础设施建设薄弱

首先,唐山港口缺乏整体规划,布局不尽合理,基础设施非常薄弱,航运能力不足,现代化程度比较低,物流与信息领域发展滞后,难以形成规模化、机械化作业。其次,新旧港区间的任务难以平衡,作为新港区的曹妃甸开发建设任务繁重。而京唐港旧港区的运输压力也并未得到缓解,三个港区的码头泊位都较少,不同的运输方式没有统一的标准。最后,唐山港口的运输条件差,集装箱码头少,大型专业化的集装箱深水泊位更少,码头中转能力偏低,多以煤运为主。

2. 环渤海区域各个港口的竞争压力大

环渤海区域拥有多个百年大港,天津港、大连港、青岛港、秦皇岛港都历史悠久、规模较大、实力雄厚。这几个大港本身对货源与货物出口就竞争相当激烈,处于后起之秀的曹妃甸港在竞争中根本不占优势,更难以分得一杯羹。尤其是距离曹妃甸最近的天津港多年来将河北省大量的煤炭、铁矿石和集装箱货源全部垄断,这使得曹妃甸港几乎难有用武之地,而且这一状况很难在短时期内得以改善。

3. 港口的物流系统效率低下

由于缺乏对现代物流整体优化的认识,唐山港未能对港口的物流资源与功能系统进行有效整合,致使各港口的物流规模较小,物流联盟程度低,物流的信息系统利用率不高,管理手段和技术等级较为落后,难以形成科学有序的物流网络。唐山港物流作业效率低,基本上处于无序状态,码头前方与后方作业均不协调,后方仓储的面积不足,运输规模小。资源配置无法形成系统的环节链,导致资源浪费严重,不利于港口物流的健康长远发展。

4. 港口的管理体制条块分割、难以统一

港口物流是一个综合性产业，需要各部门、各行业的协同运作，条块分割的管理体制不利于统筹规划。唐山港口的管理体制政企不分，港口缺乏自主决策和自主经营权，各部门的多头管理和相互分割难以作出统一的规划。这些导致部门间协调不畅，重复建设严重。唐山港管理体制落后，功能结构单一，缺乏现代企业的生机与活力，致使相关产业如临港工业、港口服务业、运输业、商贸业也不能得到相应的发展。

5. 港口物流人才严重紧缺

由于我国目前的物流高等教育体系滞后、物流培训机构严重不足，导致物流行业的专业管理人才十分紧缺。已有的物流从业人员又缺乏应有的实务经验和现代物流意识，唐山港的物流专业管理人才更是寥寥无几，极其匮乏，再加上单一的物流服务方式和物流企业落后的管理水平，都严重阻碍了唐山港口物流服务产业的发展。

五、唐山港城共建的对策建议

（一）提高认识，科学规划

要实现唐山港城互动协调发展，首先要提高认识，树立港城一体化的思想认识。其次，要充分利用环渤海和环京津的区位优势。发挥唐山港的天然良港优势，与周边区域优势互补、取长补短、共同发展。再次，要研究并制定一系列支持港城一体化发展的政策体系，如港口建设政策、港城一体化政策、临港产业政策、人才创新政策。最后，要以市场为主导，政府适度参与为原则，培育有竞争力的港城经济，推动港口经济的发展，实现资源环境的整体优化，港城互动、实现共赢，加快建设一流的沿海开放城市。

（二）招商引资，搞活经济

要提高唐山城市和港口的开放度，应加大招商引资力度。首先，港口物流业的优势会吸引跨国公司投资唐山，要积极引进国际知名企业入驻唐山，共建港口经济，带动整个区域经济；其次，集聚国际知名企业，形成现代物流产业群。可以优化产业结构，提高唐山现代物流产业的规模和质量。吸收先进的现代物流管理经验和服务理念。与此同时，着力引进京津优质科技资源，加强科技创新研发平台建设，努力把唐山建成自主创新优势明显、区域创新体系日趋完善、以企业主体、市场为导向、产业竞争能力快速增强的创新型城市。

（三）调整并优化产业格局

唐山市应努力向新型工业化城市转变，大力发展循环经济，促进节能减排，推进产业发展和发展方式创新，加速形成以高新技术为支撑的产业发展新格局。全面推进城市创新发展，逐步改善城市生态文明，加快推进城乡统筹发展，不断健全创新体制机制，使创新的氛围日益浓厚。

此外，城市建设要体现港城统筹规划。港区的规划要体现港城互动发展、港城一体化发展。此外，还应依托港口优势，大力发展港口物流业，通过发展临港工业和腹地产业带动城市经济，实现港城经济良性互动发展。

（四）以科技创新为支撑

按照唐山科学发展示范区建设的规划和部署，以科技创新为引领和支撑，利用科技资源打造科技创新高地。依托唐山市的海洋和煤炭资源优势，以曹妃甸京唐钢铁公司、唐山钢铁集团等大型企业为龙头，掌握国内领先水平以上的自主核心技术。积极围绕曹妃甸为核心的唐山湾"四点一带"开发建设、资源型城市转型、循环经济发展、生态城市建设、城乡一体化等发展唐山建设的创新实践模式，丰富试点内容，推动经济发展方式、城市管理、城乡统筹、社会管理和服务等领域的创新，港城共荣，同时，为同类城市提供经验，做出示范。

（五）打造创新人才团队

要尽快培养和引进一批专业知识丰富、综合素质高的优秀复合型人才，为唐山港城经济互动发展贡献力量。应积极推进港城经济互动发展的人才队伍建设，对各个岗位的从业人员进行定期培训与继续教育工作，加大对人才队伍的软硬件投资，以提升从业人员的整体业务素质。加大金融、贸易、港口物流等专业人才队伍的培养，提高其专业基本技能和专业管理水平，并集聚海内外高层次人才，培养支撑产业结构调整的领军人才，培育更多的职业技能人才，打造与唐山主导产业紧密相关的产业创新团队。

第四节　石家庄市创新型城市建设评价与对策研究[1]

一、城市创新能力评价指标体系构建

1. 创新型城市评价指标体系框架

创新型城市建设是一项巨大的系统工程，涉及经济、社会、科技等诸多方面的因素。因此，建立一套科学的评价指标体系，对于准确把握创新型城市建设的进程和发展水平、存在的问题并及时提供对策建议以确保创新型城市战略目标和发展计划的顺利实施都具有十分重要的意义。本研究在充分借鉴国内外研究者、政府机构有关创新型城市评价指标体系的观点基础上，并综合各位专家意见，将城市创新能力的指标体系分为三个层次：

---

[1] 张晓凤，赵燕等.石家庄市创新型城市建设评价与对策研究[J].中国经贸导刊,2012(12).

第一层是目标层，第二层是准则层，第三层是指标层（见表 5-21）。

表 5-21 城市创新能力评价指标体系

目标层	准则层	指标层
城市创新能力	知识创新能力	高等院校数量（所）
		独立科研机构数量（所）
		全市研发经费占地区生产总值比重（%）
		百万人口发明专利授权数（件）
	技术创新能力	规模以上工业企业 R&D 投入占主营业务收入的比重（%）
		规模以上工业企业中有科技活动的企业所占的比重（%）
		规模以上工业企业新产品产值占规模以上工业企业总产值的比重（%）
		高技术产业总产值占规模以上工业企业总产值的比重（%）
	服务创新能力	百万人口技术市场成交合同额
		市级以上企业技术中心数量（个）
		国家级、省级科技企业孵化器数量（个）
	政府行为能力	地方财政科技拨款占地方财政一般预算支出的比重（%）
		地方财政教育拨款占地方财政一般预算支出的比重（%）
		货运总量（万吨）
		公共图书馆每百人藏书量（册/百人）
		国际互联网每百人用户数（户/百人）
		百人口社会固定资产投资额（万元/百人）

2. 评价方法

根据所要研究的问题的性质和数据的特点，本研究采用因子分析法并借助 SPSS 软件进行数据分析。

二、数据来源与处理

1. 数据来源

按照城市的可比性和参照性以及数据的可得性，本研究选取了宁波、威海、济南、扬州、哈尔滨和呼和浩特六个城市作为比较对象，以2010年的数据作为原始数据。原始数据主要是通过《中国城市统计年鉴》、各个城市的统计年鉴、城市统计局和城市科技局的网站，以及《中国城市竞争力报告》中获取。

2. 数据处理

（1）对数据进行标准化处理，并求其相关系数矩阵，分析变量之间的相关性。

为了便于对指标进行比较，并消除由于观测量级的差异及数量级所造成的影响，将样本观测数据进行标准化处理，使标准化后的变量的均值为0，方差为1。计算标准化后的各指标的相关系数，从相关系数矩阵可见，大部分变量之间有较强的相关性，证明这些指标存在信息上的重叠。

（2）求解初始公共因子及因子载荷矩阵，进行因子旋转。

通过表5-22可知，按照特征根大于1的原则，选入5个公共因子，其累计方差贡献率为98.131%。

表 5-22 Total Variance Explained

Component	Initial Eigenvalues			Extraction Sums of Squared Loadings			Rotation Sums of Squared Loadings		
	Total	% of Variance	Cumulative %	Total	% of Variance	Cumulative %	Total	% of Variance	Cumulative %
1	6.594	38.789	38.789	6.594	38.789	38.789	4.825	28.380	28.380
2	4.160	24.473	63.262	4.160	24.473	63.262	4.179	24.582	52.962
3	2.540	14.944	78.206	2.540	14.944	78.206	2.811	16.532	69.495
4	1.956	11.507	89.713	1.956	11.507	89.713	2.580	15.177	84.672
5	1.431	8.419	98.131	1.431	8.419	98.131	2.288	13.460	98.131
6	.318	1.869	100.000						
7	4.828E-16	2.840E-15	100.000						
8	2.900E-16	1.706E-15	100.000						
9	2.075E-16	1.220E-15	100.000						
10	8.239E-17	4.847E-16	100.000						
11	1.616E-17	9.505E-17	100.000						
12	-1.652E-17	-9.717E-17	100.000						
13	-1.196E-16	-7.036E-16	100.000						
14	-1.455E-16	-8.560E-16	100.000						
15	-2.862E-16	-1.684E-15	100.000						
16	-4.592E-16	-2.701E-15	100.000						
17	-1.066E-15	-6.272E-15	100.000						

Extraction Method: Principal Component Analysis.

从旋转后的因子载荷矩阵（表 5-23）可知，Z_1、Z_5、$KNOWLE_4$、$SERVICE_2$、Z_6 和 $KNOWLE_1$ 在第一因子上有较高的载荷；$KNOWLE_3$、Z_4、$TECH_3$ 在第二因子上有较高的载荷；$KNPWLE_2$、$SERVICE_3$、$TECH_1$ 和 $SERVICE_1$ 在第三因子上有较高的载荷；$TECH_4$ 和 Z_3 在第四因子上有较高的载荷；$TECH_2$ 和 Z_2 在第五因子上有较高的载荷。

表 5-23 Rotated Component Matrix（a）

	Component 1	2	3	4	5
Zscore（Z_1）	.969	-.101	.058	-.154	-.150
Zscore（Z_5）	.892	.442	-.070	.018	.028
Zscore（$KNOWLE_4$）	.871	.353	-.003	-.324	-.109
Zscore（$SERVICE_2$）	.863	.189	.171	-.421	.118
Zscore（Z_6）	.626	.177	-.256	.496	-.485
Zscore（$KNOWLE_1$）	-.607	.546	.422	-.315	-.079
Zscore（$KNOWLE_3$）	.038	.904	.217	.259	-.259
Zscore（Z_4）	.277	.893	.058	-.264	.193
Zscore（$TECH_3$）	.246	.877	.270	-.022	.306
Zscore（$KNOWLE_2$）	-.157	.182	.920	-.149	-.246
Zscore（$SERVICE_3$）	.209	.256	.747	.138	.471
Zscore（$TECH_1$）	.037	.590	.720	.099	.241
Zscore（$SERVICE_1$）	.057	-.176	.686	.624	-.324
Zscore（$TECH_4$）	-.327	.186	.062	.898	.218
Zscore（Z_3）	.477	.477	-.006	-.715	.026
Zscore（$TECH_2$）	-.239	.065	-.088	.109	.957
Zscore（Z_2）	-.473	-.595	-.040	.151	-.624

（3）计算各因子得分及综合得分

各因子得分及综合得分结果如表 5-24 所示。

表 5-24　各因子得分及综合得分一览表

城市	F_1	F_2	F_3	F_4	F_5	F
石家庄	(7) -1.17225	(6) -0.70165	(5) -0.46792	(7) -1.42793	(4) -0.36632	(7) -0.90848
宁波	1.70408	-1.3389	-0.02222	-0.43581	0.4069	0.320097
威海	-0.36153	-0.41526	1.86548	0.94013	-0.48493	0.106105
济南	0.98237	1.2852	-0.61667	0.20941	-1.19803	0.536689
扬州	-0.50652	-0.17156	-1.10455	1.41879	1.20837	-0.14117
哈尔滨	-0.03945	1.36417	0.7408	-0.89183	1.32954	0.44692
呼和浩特	-0.60669	-0.02199	-0.39592	0.18724	-0.89553	-0.36016

三、石家庄市城市创新能力综合评价

从以上分析结果可见，石家庄市在因子 F_5 和因子 F_3 上的排名较其他三个因子的排名更靠前。因子 F_5 主要由 $TECH_2$ 和 Z_2 两个指标决定。因子 F_5 可描述为企业及社会对创新的重视程度，表明石家庄市在创新型城市建设中有一定的技术创新基础，$KNOWLE_2$、$SERVICE_3$、$TECH_1$ 和 $SERVICE_1$ 在 F_3 上有较高的载荷，可认为 F_3 主要代表城市的创新成果产出（服务）机构情况，说明石家庄市在创新机构建设和创新投入方面所做的工作是值得肯定的。

从因子得分中可见，石家庄市在 F_1 和 F_4 上的得分是最低的，其次是 F_2 的得分。从旋转后的因子载荷矩阵可知，Z_1、Z_5、$KNOWLE_4$、$SERVICE_2$、Z_6 和 $KNOWLE_1$ 在 F_1 上有较高的载荷，而这几个指标基本上是反映城市的创新基础投入和平台建设的。$TECH_4$ 和 Z_3 在 F_4 上有较高的载荷，说明 F_4 主要代表城市的创新成果，同时也说明石家庄市在创新基础投入和平台建设及创新成果方面均有待加强。KNOWLE$_3$、Z$_4$、TECH$_3$ 在第二因子上有较高的载荷，说明 F$_2$ 主要代表的是社会的科技投入和企业的产品创新成果。F$_2$ 的排名不理想，说明这两方面均欠缺。

四、构建石家庄市创新型城市的对策与建议

从因子得分情况来看，F$_3$ 和 F$_5$ 的得分较高，而 F$_1$ 和 F$_2$ 的得分很低，但 F$_1$ 和 F$_2$ 这两个因子在综合得分的计算中又占有较大权重，这样就严重影响到最终的综合得分和排名。之所以会出现这样的结果，笔者认为，主要原因是该市政府已经充分认识到建设创新型城市建设的重要性，并引起了企业的高度重视，在创新成果产出（服务）机构建设上已取得一定的进展；但由于创新投入和企业产品创新能力较低，影响到最终的创新能力的提升。因此，加大力度着重从城市的创新基础投入和平台建设、社会的科技投入和企业的产品创新方面提高城市的综合创新能力是今后工作的重中之重。

第六章　创新型企业是创新型国家建设的核心主体和关键突破点

近百年来的世界产业发展史表明，真正对社会经济发展起巨大推动作用的技术几乎都来自于企业。如通信领域中的贝尔实验室，汽车领域中的福特，航空领域中的波音和空客，化工领域中的杜邦，机床领域中的西门子，计算机领域中的IBM、英特尔、微软等，都是自主技术创新的领军企业。20世纪80年代中期，许多美、欧和日本大企业纷纷设立基础研发所，并不断增加投资。韩国、印度等许多国家在技术引进后的消化吸收、进一步研发、普及等过程中，民间企业起到了主导作用。技术引导与研发相结合，以引进技术为基础，进而研发形成自主知识产权，构成了"企业为主"的科技进步和创新格局。❶

中国科学技术发展战略研究院发布的《国家创新指数报告2013》显示，中国创新能力稳步上升，国家创新指数排名在全球40个主要经济体中升至第19位。在知识创造能力方面，排名第18位，较2011年排名提升4位；在创新环境方面，排名第14位，较2011年提升5位；在创新资源方面，排名第30位，连续三年保持不变；在企业创新方面排名第15位，连续保持不变。其中，创新绩效分指数排名第14位，比较靠前；而劳动生产率和单位能源消耗经济产出排名均靠后，分别排在第39位和第36位。《国家创新指数报告2013》显示，企业已逐渐成为全社会研发经费投入和研发活动的执行主体，但其创新投入强度和创新绩效仍亟待提高。2012年，全国规模以

---

❶ 张彦宁.依靠科学管理推进创新型企业建设[J].企业管理,2006(5):21-23.

上工业企业 R&D 经费占主营业务收入的比重为 0.77%，仅比 2000 年提高 0.2 个百分点；新产品销售收入占主营业务收入比重为 11.9%，仅比 2000 年提高 0.8 个百分点。中国企业完全走上创新驱动发展道路还需时日。创新型企业建设将是创新型国家建设的核心主体和关键突破点。

第一节 创新型企业的内涵和特征

一、创新型企业的产生与形成

创新型企业是在社会形态变化以及企业自身追求目标的变化这两方面因素共同作用下产生的。企业的发展演变经历了以下几个典型阶段。最初企业的目标是追求生产效率，是以劳动密集型为主要形态的，随着劳动生产率的提高，企业开始转向追求较低的生产成本，企业的形态也逐渐开始由劳动密集型向资本密集型转变。随着竞争者的增多，企业间的竞争日益加剧，技术愈加显得重要，企业也更加注重提高产品质量，企业的形态又逐步转向技术密集型。伴随着企业发展的科学化和体系化，企业之间的竞争又逐步转向服务能力，企业的形态也开始向知识密集型转变。进入 21 世纪，企业又开始向以高效、高质和灵活为基础的创新型企业转变。

总体来看，企业经历了"生产效率—生产成本—产品质量—服务能力—核心价值"这五个目标阶段。与此相对应的是，企业的形态也经历了"劳动密集型—资本密集型—技术密集型—知识密集型—持续创新型"这五种形态。持续创新型这一形态的典型特征是在所涉及的领域内对技术、管理和制度等持续不断地寻求新突破，实现企业的动态创新。

从目前创新型企业产生方式来看，可以分为政策促进型和市场促进型两种类型。

政策促进型是指在国家政策的引导下，有计划地推进国家创新体系建设，构建创新型企业的方式。比如，日本、德国等国家在技术落后的情况下，通过采用以技术创新为主导的政策来促进本国经济的快速发展。由于国家政策在技术创新中发挥重要作用，大量国家纷纷通过政策引导来建立起自己的国家创新体系，构建创新型企业。国家通过政策引导来促进或建立的创新型企业主要包括以下三种类型：一是投资搭建创新型企业孵化平台；二是通过股权投资来创建创新型企业；三是通过风险投资对拟建创新型企业进行融资支持。

市场促进型是通过市场机制来引导创新型企业的建立。这种方式是建立在融资市场化和技术研究成果市场化的基础上，通过市场机制的完善来指导创新型企业的构建。

二、创新型企业的内涵

创新型企业的概念来源于创新。国外学者在20世纪80年代对创新型企业进行了研究。如英国学者弗里曼早在1982年就对成功创新企业所具有的特点进行了归纳。早期的很多学者，如 Louis A. Lefebvre 和 Elisabeth Lefebvre 等学者认为，创新型企业就是采用先进技术的企业。管理学大师彼得·德鲁克也对创新型企业进行了研究。他认为，创新型企业就是把创新精神制度化而创造出一种创新的习惯。此外，国外学者对创新型企业还有从追求市场机会角度、从与竞争对手相比较角度和从新产品开发角度对创新型企业进行了不同的阐释。目前，创新型企业建设的相关问题也逐渐引起了国内学者的广泛关注。国内代表性的学者有涪潞、万希、张良、夏冬和何建洪等人。

涪潞（2012）认为，创新型企业具有以创新精神为核心理念的企业文化，以体制创新为保障的创新机制，以持续创新为显著特征的创新能力，以自主创新为主要来源的知识产权，以创新绩效为表现的创新优势等基本

特征。❶

万希（2007）认为，创新型企业是以不断创新为主导思想，以新产品的不断开发、原有产品功能质量的不断改进，以及工艺设备的不断改善为发展动力的企业。❷

张良（2000）认为，创新型企业就是在把有价值的技术变革成果转化成商业化产品的过程中，推动形成新产品、新市场、新产业和新增长的企业。❸

夏冬等人（2005）认为，创新型企业是以不断创新为主导思想，以新产品的不断开发、原有产品功能的不断改进，以及工艺设备的不断改善为主导策略的企业。❹

何建洪等（2015）认为，创新型企业是指拥有持续创新机制、能够将资源要素系统地转化为创新绩效，以获取持续稳定的竞争性优势的企业，是主流企业发展模式演变的最新形态，是创新型国家建设的重要支点，在实践和研究领域受到高度关注。❺

国内学者对创新型企业的定义主要是从创新价值的实现角度进行了阐述。

三、创新型企业的特征

英国弗里曼（Christopher Freeman，1921—2010）列举了创新型企业的十大特征：（1）企业内部研究与开发能力相当强；（2）从事基础研究或相近的研究；（3）利用专利保护自己，与竞争对手讨价还价；（4）企业规模

---

❶ 涪潞.支持创新型企业发展的政府政策探析[J].企业活力,2012(6):55-58.
❷ 万希.创新型企业的人力资源构成[J].科学管理研究,2006(12).
❸ 张良.创新型企业发展的成功经验及其启示[J].华东理工大学学报:社会科学版,2000(3):33-40.
❹ 夏冬,程家明.创新型企业的产权激励:基于创新资源均衡的分析[J].技术经济与管理研究,2005(5):45-46.
❺ 何建洪,贺昌政,罗华.创新型企业的形成:基于网络能力与战略创新导向影响的研究[J].中国软科学,2015(2):127-137.

足够大,能长期高额资助 R&D;(5)研制周期比竞争对手短;(6)愿意冒风险;(7)较早且富于想象地确定一个潜在市场;(8)关注潜在市场,努力培养、帮助用户;(9)有高效的协调研究与开发、生产和销售的企业家精神;(10)与客户和科学界保持密切联系。

中华人民共和国科技部在 2006 年下发的《关于开展创新型企业试点工作的通知》(以下简称《通知》)中,规定应在技术创新、品牌创新、体制机制创新、经营管理创新、理念和文化创新等方面成效突出的企业进行试点。《通知》认为,创新型试点企业应具备五个基本条件:具有自主知识产权的核心技术、具有持续创新的能力、具有行业带动性和自主品牌、具有较强的盈利能力和较高的管理水平,以及具有创新的发展战略和文化。

唐现杰等人(2008)认为,创新型企业具有创新性、效益性和持续性的特征。(1)创新性。企业创新是企业以市场为基础,以获取经济效益为目的,对生产经营过程各种生产要素进行系统的调整和新的组合的活动过程。创新活动是主导整个企业其他活动的中心,其他活动则是围绕着创新活动发挥着辅助和支持的作用。可见,创新性是创新型企业的最基本特征。(2)效益性。作为创新成果的知识产权只是企业创新成果的直接表现形式,企业创新的最后成果应当是包括经济效益在内的综合效益。而企业创新就是围绕并实现这个经济效益目标的有效方式。借助于对各种生产要素的更新和更有效的组合,企业可以不断地取得更大的经济效益。所以,效益性是创新型企业的重要特征。(3)持续性。创新过程是一个动态的连续过程,企业要不断地获取更多利润就必须依赖于企业的持续发展,要持续发展就必须进行持续创新,要进行持续创新就必须具备持续创新的能力。所以,更为创新型企业所高度重视的是能够创造未来利润的创新活动,企业的持续发展才是创新型企业创新的根本所在。❶

此外,张彦宁(2006)提出了创新型企业应具备的八个特征,刘吉

---

❶ 唐现杰,边玥.创新型企业综合绩效评价体系的构建[J].北方商贸,2008(1):70-71.

（2007）则提出了创新型企业的五个特点，余桂玲（2008）也提出了五个特点。

综上所述，本研究认为，创新型企业所具备的特征可以用表征性特征和本质性特征来表示，两者相辅相成，互为印证，共同体现了创新型企业的内涵。

创新型企业的表征性特征是外在的、可测度的，通常可以用以下六个方面的指标来表示。一是较高的研发投入。较高的研发投入是提升企业创新能力的物质基础。伴随着企业研发的高投入，企业将会产生大量的专利、技术秘诀和技术储备，同时也能提高企业对外部新知识和新技术的消化、吸收和再创新能力。二是拥有大量的自主知识产权。企业掌握主导产品的核心技术并具有自主知识产权，特别是核心技术专利的所有权，是创新型企业的又一特点。三是拥有自主知名品牌。创新型企业注重对高品质自主品牌产品的经营管理，注重品牌的打造和管理，在国内外市场上享有较高的品牌知名度和美誉度。四是有较高的经济效益。创新能力的提升和创新成果的取得给创新型企业带来了良好的经济效益。企业利润和企业增加值都具有良好的成长性，具有较高的利润率和劳动生产率。五是具备 R&D 成果商品化、规模化所需的雄厚资金或可靠的融资渠道。经验表明，科研、中试开发和成果转化三者的费用比例为 1∶10∶100。从研发到产品投入再到生产和投放市场都需要大量资金，并具有一定的风险性，所以创新型企业一定要具备 R&D 成果商品化、规模化所需的雄厚资金或可靠的融资渠道。六是显著的行业带动性。创新型企业在行业内处于技术领先地位，辐射行业内其他企业技术进步，能够有力地带动整个产业的技术创新与进步。

本质性特征是内在的、难以客观测度的，创新型企业通常包括以下四个方面的特征。

第一，创新型企业必须具有明确、可行的创新发展战略和创新计划。企业发展战略是企业在面对复杂多变、竞争日益激烈的环境下，为了求得企业的生存和发展，实现企业的使命和宗旨而进行的关于企业发展的长远性和根本性的设计与谋划。在全球经济一体化的形势下，各国企业之间的竞争实质上是企业创新与创新发展战略的竞争。企业创新战略已成为当前企业参与国际竞争的焦点。创新型企业的一个显著特征就是具备明确、可行的创新发展战略。创新发展战略是一个系统的、动态的、具有全局性的、根本性的、长远性的和创新性的关于企业创新发展的系统设计与整体规划。企业创新型发展战略是企业创新发展的灵魂，它是建立在企业持续创新的基础上，以增强自主创新能力、实现企业创新发展为核心的企业核心发展战略，决定企业生存与可持续发展的问题。可行的创新计划是创新型发展战略目标的阶段分解和具体落实，是实现创新型发展战略目标的重要保障。

第二，创新型企业要有较完备的创新管理制度。有效的创新管理制度能够提升技术创新效率，二者通常是相辅相成的。完备的创新管理制度，以精简的结构、高效的组织、适当的激励和有力的保障等构成一个流畅运转的制度体系，以保证企业创新发展战略的顺利实施及战略目标的实现。

第三，创新型企业要有强大的创新驱动能力，并能够做到全面和持续的创新。具有强大的创新驱动能力是创新型企业发展的重要条件，这种驱动力分为外部驱动力和内部驱动力。外部驱动力有市场拉动和技术推动，其中主要是以市场拉动为主。内部驱动力有对超额利润的追求、企业家精神、创新文化和激励机制等。

第四，创新型企业要有核心竞争优势，拥有自主知识产权的知名品牌。拥有核心竞争优势是关系企业创新基础强弱、创新能否成功、创新能否持续的重要因素。某种核心技术、知名品牌、强大的生产能力、优秀的人力资源、尖端的实验或检测设备等或其组合都可能成为企业的核心竞争优势。

第二节　影响企业创新能力的因素分析

企业创新活动和创新能力的培养与提升受到多方面因素的影响。对影响企业创新能力的因素进行分析，有助于有针对性地提出提升企业创新能力的具体措施和对企业创新能力的客观评价。企业的创新活动会受到外部因素和内部因素的共同影响。

一、外部环境因素

创新型企业与外部环境因素之间的相互关系体现在对外部环境因素的分析和创新要素的整合两个方面。创新型企业对外部环境的分析能够帮助其发现外部环境中所蕴含的有利于企业发展的知识和能力，有利于提高创新型企业适应环境的能力。而创新要素的整合有利于企业的优势资源与外部环境形成良好的作用关系，使得企业能够更好地发展。

影响创新型企业创新能力的外部环境因素主要包括政策因素、市场因素、技术因素和文化因素。

1. 政策因素

政策因素包括政府在金融、税收以及资源分配等方面的政策，这些政策将会对创新型企业的创新活动的效果产生影响。通过对政策环境的分析，创新型企业可以科学地规划自身资源、能力导向，为创新活动的顺利进行和创新能力的提升提供有力支持。作为政策制定者的政府，可以通过制定相关政策为企业的创新活动提供有力支持和保障。政府通过建立健全法律法规体系可以提高创新型企业的创新积极性，降低创新活动的风险，尤其是政府制定的知识产权保护法律法规，是企业创新利益的重要保障，对企业持续创新活动具有重要影响。

2. 市场因素

市场环境是企业赖以生存发展的因素，市场环境为企业的生存发展提供了所需要的各种生产要素，也决定了企业生产的产品质量，进而决定了企业在市场中的竞争力。市场环境也是企业技术创新、商业模式创新的风向标，只有符合市场环境的创新才能保证企业的可持续发展。创新性是创新型企业的首要特征和最基本的特征。此外，创新型企业也具有开放性和可连续性的特征。开放性是由创新性衍生出来的，可连续性是创新型企业动态内涵的体现，但最终创新型企业之间的创新能力和开放差异性是通过市场竞争来体现的。所以，市场环境因素对创新型企业的可持续发展发挥着重要所用。对市场中的竞争态势、竞争环境要素构成、消费者需求的分析与定位等方面的正确把握，可以加速创新型企业的反应速度，降低创新成本和风险。

3. 技术因素

技术环境因素是影响创新型企业生存和发展的根本性因素。技术的不断进步和发展不仅会影响到企业的生产能力和竞争能力，而且企业技术创新的频率甚至还会影响到企业的性质。企业创新是多方面、多维度和协调的，但企业的创新活动是以技术创新为核心的，其他方面的创新对技术创新均起到支撑和保障作用。

创新型企业面临的技术环境因素包括产品和服务的发展应用情况，市场对不同技术的需求情况、技术在整体行业中所处的发展阶段、行业技术标准、企业产品的技术水平等。对技术环境的正确分析能够帮助创新型企业尽快地形成或者追赶行业技术标准，促进创新型企业的技术发展，有利于企业在行业技术发展空间缩小、创新率下降的阶段上调整技术创新策略，占据有利的发展空间。创新型企业在密切关注技术环境的同时，也要与高校和科研院所建立稳定的合作关系，这将有利于创新型企业吸收与利用行业中的新知识和新技术，加快企业技术进步的步伐。

4. 文化因素

社会文化环境必然会影响创新型企业的创新行为，社会价值观念、道德准则对企业创新活动的各个环节均会产生影响，包括创新行为的具体范围、创新参与人员的价值取向、创新方向等方面。鉴于企业文化具有很强的难模仿性和积累性，创新型企业要善于对文化环境进行分析和积累，创建有利于创新活动开展的企业文化环境。

二、内部因素

对于创新型企业来说,要逐步增强其创新能力,其内部因素也在发挥重要作用,并且外部环境因素也往往是通过内部因素起作用的。创新型企业要根据自身的资源能力等条件和市场的运作规律来实现动态的创新。

首先,确定创新源是创新型企业要做的第一步工作。确定创新源就是确定企业的创新竞争力主要是由哪些因素产生的。对这些因素要不断地维护和加强,以此增强企业创新的动力源。企业创新的动力源一般包括内在动力和外在动力。

其次,创新型企业要正确选择与其相适应的创新路径。如创新型企业要正确判断自身所处的成长阶段,并据此来确定相应的创新侧重点。如果创新型企业处在市场开拓期,可能会出现企业初期的管理制度和管理方式不能支持企业的发展需要的状况,会在一定程度上阻碍企业的技术创新,这时企业应重点加强制度创新和管理创新,为企业的可持续发展提供保障。因为不同企业的规模、内部资源和管理水平均存在差异,所以不同企业的创新重点也不一样。对于技术发展已进入相对成熟阶段的企业,应把创新的重点放在管理方法和管理制度上。而对于行业环境相对稳定、管理水平较为先进、技术更新换代较快的行业,企业创新的重点应放在技术创新上。

再次,就企业发展模式来说,创新型企业的发展是内生式的发展,是依靠"内生资源"的发展。创新型企业要实现创新,重点应做好自身资源的配置和组织建设。创新型企业的自身资源配置效率和组织运行效率的高低直接决定创新型企业能否实现有效创新和可持续发展。

第三节 国内外典型的创新型企业分析

关于企业创新能力的评价,最权威的是美国《商业周刊》杂志。该杂志每年对全球创新型企业进行评估和排名。自 2005 年起，《商业周刊》每年都会联合波士顿咨询集团，评选出全球 50 家最具创新力的企业。波士顿咨询公司每年都会调查全球各大企业的高管，《商业周刊》的企业创新力排名也正是根据这一调查数据确定的。2010 年的部分调查结果如表 6-1 所示。

表 6-1　2010 年全球最具创新力的企业前 10 强及中国入围 50 强的企业名单

排名	企业
01	苹果
02	GOOGLE
03	微软
04	IBM
05	丰田汽车
06	亚马逊
07	LG 电子
08	比亚迪
09	通用电气
10	索尼
28	海尔
30	联想
47	宏达电

一、国外典型的创新型企业

（一）苹果公司

苹果公司（Apple Inc）原称苹果计算机公司（Apple Computer，Inc），成立于 1976 年。总部位于美国加利福尼亚州的硅谷中心地带——库比提诺，电子科技产品是其核心业务。目前，苹果公司在全球计算机市场中的占有

131

率为7.96%。苹果公司的Apple II于20世纪70年代助长了个人电脑革命，其后的Macintosh接力于20世纪80年代持续发展。Apple II、Macintosh电脑、iPod数字音乐播放器、iTunes音乐商店和iPhone智能手机均是该公司的代表产品。苹果公司的创新意识和创新能力闻名于全球的高新技术领域。苹果公司于2007年1月9日在旧金山的Macworld Expo上宣布将苹果计算机公司更名为苹果公司。除了生产电脑产品，苹果公司也制造消费者设备。在1993年，苹果发表了Newton，创造了Personal Digital As—sistance一词，是世界上第一款掌上电脑（PDA）。但该产品因在市场上找不到定位而导致销售量很低，以至于在1997年停止生产。它虽然销量欠佳，但它却是PalmPilot和PocketPC等产品的先驱者。整个20世纪90年代，在等待新电脑用户方面，微软开始比苹果显现出更强的竞争优势。

从Mac电脑到iPod音乐播放器，再到iPhone手机，苹果从来都不乏创新。在某种意义上，苹果公司的iPod已成为创新的代名词。《商业周刊》认为，苹果取得全球最佳创新企业第一名的好成绩充分说明了今天的创新与以往不同。iPod浓缩了所有的现代创新意识：设计的优势、对用户体验的重视及生态系统力量。消费者喜爱iPod的易用性和外观，但正是在iTunes软件平台的推动下，它才成为了苹果最主要的营收来源。

1. 苹果公司的创新模式

创新性对苹果公司来说是与生俱来的，在乔布斯等几名"疯子+倔驴"高管的带领下，一群希望改变世界的设计师创造出一款又一款具有创新性、革命性的产品——iPhone、Macbook Air、Unibody整体成型笔记本外壳。2008年，苹果推出了iPhone的网上直营店，苹果革新者的一贯形象被这一举措再次刷新了。在保持Mac电脑和iPod市场份额增长的前提下，苹果公司依然在成熟的手机市场上获得了成功，这无疑是苹果CEO乔布斯的又一大成就。

设计比技术更重要的理念是苹果的"印记"。乔布斯对技术的重视，使苹果的研发人员都很自信。在他们看来，技术创新是企业唯一重要的因素，管理和营销尚在其次。因为崇拜乔布斯和沃兹的神话，苹果的技术人员坚

第六章　创新型企业是创新型国家建设的核心主体和关键突破点

信一条原则：一个人、一张桌子、一台电脑，就能改变世界！著名工业设计师阿米特（Gadi Amit）曾经说过："苹果伟大的贡献在于它证明你能通过贩卖情感而成为亿万富翁，证明设计也是一种有效的商业模式。"

"genetic code（遗传密码）"是苹果的设计师们对自己公司的产品使用最频繁的一个词。不论苹果在多大程度上都可以称为有明显的遗传密码，它的产品特性可以说大部分来自于苹果公司史蒂夫·乔布斯的贡献。乔布斯于1985年离开苹果公司，几经周折，于1997年又回到苹果公司。无论如何，许多在苹果公司工作过的员工都认为，正是乔布斯本人确立了公司重心在于工业设计的理念，并将设计放在了比技术更高的地位上。

选择正确的商业模式是成功的创新企业所必备的能力。目前苹果最成功的创新产品之一iPod，从ipod Shuffle到nano，形成了一条完整的产品线——新视频iPod定位高端市场，使用户获得了全方位的视听享受；iPod nano定位中端市场；而iPod shuffle主打低端市场。这是成功创新者的典范——远远不仅限于拥有一个创意或一种产品，而是要对整个创新过程进行管理，来达到控制成本、确保速度和强化赢利能力的目的。Doblin咨询公司的研究结果表明，通过战略设计、创新方法及其组合这些从根本上实现创新的方法，其创新成功率能够显著提高。目前，业内普遍认为至少有十种不同的创新类型，包括：商业模式、强化过程、合作、功能、核心过程、服务渠道、产品体系、客户体验和品牌。以这十种类型为基础，对其进行不同的组合，将对整个行业产生根本性的改变。苹果公司iPod的市场表现如此之"酷"，主要应归因于它的创新模式，iPod在以下八种创新类型上都超越了其他竞争对手。

（1）商业模式。iPod+iTunes相结合的商业模式为音乐人、音乐出版商和苹果都找到了一种通过下载音乐赚钱的方式。苹果也从iPod的销售中获得收益。

（2）合作。苹果通过与多方合作扩大iPod的市场份额和品牌影响，如与出版商合作进行合法的网上音乐销售，与配件生产商合作等。

（3）强化过程。苹果帮助人们建立各种与苹果相连的界面和软件，强化自己在目标消费者心目中的影响力。

（4）增强产品功能。苹果提供易于使用、外形美观、触感优良的产品，创建了一条在市场上具有明显差异化的硬件产品线。

（5）产品体系完备。苹果建立了一个无缝的网络，有 iPod 硬件和软件、iTunes 网上音乐商店，以及苹果零售店和全世界的配件组成的网络，保证自己从中获利。

（6）渠道完备。苹果实现了在线音乐合法销售的突破，并且建立起一个在网上、电子商品店及苹果专卖店销售硬件的网络。

（7）品牌。苹果通过卓越的界面和 iTunes 音乐软件产品，在使用者中建立起苹果的品牌形象。

（8）客户体验。通过允许人们下载、储存和分享个人音乐收藏，苹果引起了消费者有力的情感共鸣。

2. 苹果公司的企业文化

（1）偏执创新。苹果公司取得的所有成绩均与乔布斯将他的旧式战略真正贯彻于新的数字世界之中密切相关，采用的是高度聚焦的产品战略、严格的过程控制、突破式的创新和持续的市场营销。随着个人电脑业务的形势日趋严峻，乔布斯毅然决定将苹果从单一的电脑硬件厂商向数字音乐领域多元化出击，于 2001 年推出了个人数字音乐播放器 iPod。到 2005 年下半年，苹果公司 iPod 数字音乐播放器的销售量已经累计达到 2 200 万台。在推出 iPod 将近一年半后，即 2003 年 4 月苹果的 iTunes 音乐店也开张了。通过 iTunes 音乐店销售的音乐数量高达 5 亿首。美国合法音乐下载服务的82％是来自于苹果公司的 iTunes 音乐下载服务。与此同时，苹果也推出适合 Windows 个人电脑的 iTunes 版本，将 iPod 和 iTunes 音乐店的潜在消费群体扩大到整个世界。通过 iPod 和 iTunes 音乐店，苹果改写了 PC、消费电子、音乐这三个产业的游戏规则。虽然已经从最初对技术的一无所知变成后来的亿万富翁，但乔布斯生前做事情的热情始终未变，他对创新的热情就如他最喜欢的《伞球概览》停刊前的告别词：Stay Hun—gry. Stay Foolish. （求知若渴，虚心若愚）。每当有重要产品即将宣告完成时，苹果都会退回最本源思考，并要求将产品推倒重来。这就是苹果公司对创新概念的理解，也是目前推崇的达维多定律的体现。Davidow 认为，任何企业在本产业中必须不断更新自己的产品。一家企业如果要在市场上占据主导地位，就必须第一个开发出新一代产品。波士顿咨询服务公司对全球各行业的 940 名高管进行了调查，被调查的高管中有四分之一的人认为苹果是全球最具创新精神的企业。

（2）推崇精英人才文化。与对产品和战略高度聚焦的做法相似，在人才的使用上，乔布斯也极力强调"精"和"简"。乔布斯曾创立并管理的 Pixar 公司倡导的是没有"B 团队"，每个电影都是集合最聪明的漫画家、作家和技术人员的最佳努力而成。"质量比数量更加重要。"在若干年前，当乔布斯看到 Stephen G. Wozniak 为制造第一台苹果机而显示出的超凡工程学技能时，乔布斯就相信由顶尖人才所组成的一个小团队能够运转巨大的轮盘，只要拥有较少的这样的顶尖团队就够了。为此，乔布斯花费大量时间和精力，来寻找那些他耳闻过的最优秀的人才，以及那些他认为最适合苹果公司各个职位的人选。

（二）GOOGLE 公司

整合全球信息是 Google 的使命，使人人皆可访问并从中受益。斯坦福大学的博士生 Larry Page 和 Sergey Brin 于 1998 年创立了 Google。Google 目前被公认为是全球规模最大的搜索引擎，它提供了简单易用的免费服务，用户可以在瞬间得到相关的搜索结果。众多用户对 Google 的青睐主要源于 Google 的实用性及便利性，Google 成为全球最知名的品牌之一与用户的口碑是息息相关的。作为一个企业，Google 的营业收入主要来自于为客户提供的广告服务，使广告客户能够刊登与特定网页内容相关、重要而又经济实用的在线广告。这不仅给刊登广告的广告客户带来了好处，也为广大用户提供了实用的广告信息。Google 认为，用户应该知晓在其面前展示的信息是付费信息，因此 Google 始终将搜索结果或网页上的其他内容与广告区分开来。Google 不出售搜索结果中的排名，也不允许有人通过付费来获取其在搜索结果中较高的排名。

1. GOOGLE 公司的创新九原则

（1）创新不是马上就会完善的，开始的时候可以粗糙一些，然后不断地学习和反复试验。

（2）点子来源于任何地方，点子可以来源于工程师、管理者、用户，甚至财务部。

（3）分享你可以分享的所有东西，所有的资料都放在企业内部的互联网上，员工可以知道现在正在发生什么事情。

（4）我们雇佣有才之士，由 Google 创始人 Larry Page 和 Sergey Brin 决定录用谁，他们喜欢聪明的人胜于有经验的人。

（5）员工拥有追梦许可证，让员工利用他们 20％ 的（上班）时间做任何他们想做的事情。

（6）数据和政治无关，讨论的时候不会出现"我喜欢"之类的词语，讨论结果都是在数据的基础上得出的决定。

（7）创新需要约束，工程师们有了约束之后会更加强大。

（8）关键在于用户而不是金钱，如果能够成功地吸引用户，那么就能够从用户身上赚钱。

（9）不要扼杀（坏）项目，改变它们。

2. GOOGLE 公司的创新文化

Google 员工有 20％ 的自由时间做自己的事情，这也是 Google 创新思想的源泉。Google 50％ 的产品都是在这 20％ 的自由时间里产生的。其实 Google 的创新不在于"自由"，而在于对创新的"管理"。

员工在 20％ 的时间内要做与公司相关的研究，新的创意也要得到上级的同意才能用自由时间进行研究。因此，员工在提出创意时，还需充分准备来佐证自己的想法。创意经过首肯后，授权为专案，开发过程即受到追踪，开发成果也要接受评估。因此，员工必须先开发出产品原型，即 α 版，然后接受来自用户、同事、专业团队等方方面面的评估和测试。公司每个员工都可以对任一个产品进行评估。通过测试的产品才可以升级为 β 版本，反响好的产品还可以获得部分计算能力的支持，而没有通过评测的产品则被公司终止。同样，版本也要经过复杂评测流程，如果"幸存"下来，才能形成产品最终上线。即便形成了产品，也要经受各方面的评价，然后不断进行改善。

允许员工自由支配 20％的工作时间是 Google 著名的管理模式，员工用这 20％的时间来研发其本职工作以外的项目。虽然这家搜索巨头在全球经济不景气的背景下放慢了创新的脚步，但 Google 依然频频推出新产品。比如，Google Voice 是 Google 研发出的网络电话服务，它可以让你的多个电话信息通过一个号码搞定，这也是通过搜索行为来定位广告目标的一个好方法。取悦于直接用户一直是 Google 的明确目标。Google 没有指望做到"报纸满意、广告商满意、电信公司满意、竞争对手也同样满意"的结果。但 Google 最重视的始终都是直接用户的需求。Google 的首要原则是：只要有追踪服务，你就可以做任何事。任何一项产品发布前，都要通过 Google 精密的测试系统的检测。首先，内部测试员对新产品进行测试；其次，就是长期持续性的应用检验。新产品通过检测后，Google 会先投放 1％进入市场。Google 的测试是全方位的，涵盖你所能想象到的任何方面。此外，比起绝对的数字，Google 更重视相关的增长率。事实上，只要增长率高，任何问题都能迎刃而解。

Google 的评估过程非常严格，只有 1％的创意最终能够形成产品。所以 Google 的创新不是自由产生的，而是由严格的管理过程催化出来的。仔细观察 Google 的系列新产品，就会发现一个特点：这些产品之间似乎不存在任何相互协调和配合，甚至互不支持。操作系统 Chrome OS 发布时它不仅没有 Google 工具栏，任何 Google 应用的链接也没有预置在内，甚至不支持用

Gmail 发送网页和实时取词翻译，也无法用 Google 笔记本记录网页，而所有这些在其他浏览器里都可以做到。这一切使它们看上去更不像是 Google 经过深思熟虑的整体战略的一部分。其实，施密特早先也反对 Chrome 和 Chrome OS 项目。像 Google 这样十分松散、时而有些凌乱、有时甚至冲突的产品发布序列，实际上恰恰体现了其独特的创新管理模式。要看清 Google 的产品路线和发展战略，便需要对这一模式加以细究。至关重要的是，Google 在搜索功能、广告发行及在线办公软件等新领域上始终具有源源不断的创新能力，而它的持续繁荣正是这种能力的有力证明。Google 首席执行官埃里克·施米特指出，在经济低迷时期，多数公司都希望通过创新改变该行业的游戏规则或直接创建新的游戏规则，这样才能彻底避开经济低迷给公司造成的影响。但是创新和经济低迷与否没有任何关系，受欢迎的产品无论是在经济繁荣时期还是低迷时期都卖得一样好。

（三）丰田汽车的创新

丰田汽车公司是世界十大汽车工业公司之一，是日本最大的汽车公司，它是丰田喜一郎于 1933 年创立的。在 1933 年时，丰田汽车仅是丰田自动织布机公司的一个分部，1937 年丰田汽车公司正式成立了。1947 年丰田汽车产量超过了 10 万辆，1957 年丰田汽车进入美国市场，现在几乎一半的丰田汽车在美国生产和销售，其生产的花冠轿车享誉全球，创单一品牌最高的销售纪录。

1. 创新的"丰田生产方式"

丰田生产方式又称精细生产方式，或精益生产方式，美国麻省理工学院将其总结为精益生产（lean production）管理。丰田式生产管理（toyota management），或称丰田生产体系（toyota production system，TPS），是由日本丰田汽车公司的副社长大野耐一创建，是丰田公司的一种独具特色的现代化生产方式。受第二次世界大战对经济的影响，处于生死交困边缘的丰田机械，发现始终无法照搬福特模式，经理大野耐一为了找到解决办法，

第六章　创新型企业是创新型国家建设的核心主体和关键突破点

不断地摸索与总结，终于寻找到了适合丰田的生产方式——TPS。当美国还沉浸在福特模式带来的喜悦中时，1971年的石油危机让美国的汽车产业遭受重挫。日本汽车在美国的销售量呈爆炸式增长，丰田TPS生产方式也引起了美国制造业的震惊，震撼性地冲击了美国人的"福特生产方式"。美国人在震惊之余，也开始反思和学习。

丰田生产方式顺应时代的发展和市场的变化，经历了二十多年的探索和完善，逐渐形成和发展成为今天这样的包括经营理念、生产组织、物流控制、质量管理、成本控制、库存管理、现场管理和现场改善等在内的较为完整的生产管理技术与方法体系。闻名遐迩的"丰田生产方式"，是由丰田喜一郎开创，经历石田退三、中川不器男、丰田英二、丰田章一郎、奥田硕和张富士夫历任社长的倡导与完善，在近60年的时间里不断发展而形成的科学的管理方式。20世纪80年代末期，随着日本经济的低迷，日本汽车市场也陷入长期衰退之中，然而丰田却在日益激烈的竞争中继续保持利润增长。进入21世纪的第一年，日本的各大公司纷纷出现巨额亏损，丰田却逆势而上，连创佳绩。这些成绩的取得与坚持和完善"丰田生产方式"有直接的关系。

"丰田生产方式"作为一种科学的管理方式，是国际上最为流行的集约型管理模式之一。其理论框架主要包含"一个目标""两大支柱""一大基础"。

"一个目标"是指企业最根本的经营目标，要高效率、低成本、高质量地进行生产，最大限度地使顾客满意。即张富士夫强调的"丰田要永远将顾客的需求放在心中，以顾客为中心展开各项工作"。

"两大支柱"即准时化和自动化。准时化，就是在通过流水作业装配一辆汽车的过程中，所需要的零部件在需要的时刻，以需要的数量，不多不少地送到生产线旁边。

"一大基础"是指持续地对"丰田生产方式"进行改进。这是"丰田生产方式"的重要基础，可以说没有改进就没有丰田的生产。

2. 创新精神是丰田的 DNA

企业核心竞争力理论是美国学者普拉哈拉德和英国学者加里哈梅尔于20世纪90年代初提出的，是西方最热门的企业发展战略理论。从本质上看，企业核心竞争力理论是一种代表未来知识经济特征的先进的管理理念，不同于传统的管理理念。它关注的不是外在于企业的静态的物质资源，而是基于市场竞争的无形的动态的能力资源。

什么是丰田的核心竞争力呢？有人认为是丰田的"生产管理模式"，这种高效低耗的生产模式使丰田逐步成为世界汽车的"巨无霸"。探究丰田的发展历史，我们发现，贯穿于丰田血脉里的 DNA 是由丰田"研究和制造的精神"及"创造的重要性"构成的创新精神。丰田的"生产管理模式"只是其创新的成果之一。普拉哈拉德和加里哈梅尔在《公司的核心竞争力》一书中指出："企业好比一棵大树，树干和几个主要枝权是核心产品，较纤细的树枝则是业务单元，叶、花与果实则属于最终产品。为大树提供养分和起支撑固定作用的根系就是公司的核心竞争力。"丰田的"生产管理模式"充其量是比较粗壮的"树干"，真正"为大树提供养分和起支撑固定作用的根系"是丰田一以贯之的创新精神。日本是个自然资源贫乏的国家，因此，丰田喜一郎认为，开发燃耗功率高、可靠耐用的汽车对日本汽车工业来说是至关重要的课题。因此，丰田汽车公司成立后，他努力研究开发，为汽车技术的革新倾注了自己的全部精力。1939年，公司成立了蓄电池研究所，开始着手电动汽车的研制。1940年，成立了丰田理化学研究所，后来发展为丰田中央研究所。1945年，丰田决定在原有的卡车批量生产体制的基础上组建新的小型轿车工厂。主要是考虑到美国的汽车厂家不生产小型轿车，希望因此而避开同美国汽车厂家的直接竞争。1947年，第一辆小型轿车的样车试制成功。根据流体力学原理，这辆样车采用了流线型车身和脊梁式的车架结构，配以四轮独立悬架构成了一种全新的车体机制，最高时速达到87千米。2001年年初，丰田遍布25个国家和地区的21万名员工每人都拿到一本叫做《2001丰田之道》的小册子，其中包括丰田一整套共同价值观、经营方法和新的人事管理理念。张富士夫一针见血地指出："丰田之道首先意味着创新之道，它是丰田公司的创新精神的折射，是丰田创新的 DNA。"

二、国内典型的创新型企业

（一）海尔集团的创新

海尔集团于 1984 年创立。三十多年来海尔集团始终坚持自主创新，目前海尔已成为在海内外享有较高美誉的大型国际化企业集团；在中国自主创新 TOP100 企业排行榜中，海尔始终名列前茅，这都是基于海尔集团自身对于自主创新意识的重视，以及自主创新能力的建设和提升。

1. 海尔集团的自主创新模式

（1）创业阶段——引进消化再创新

在技术开发上，任何企业都可以在学习借鉴别人技术的基础上进行再创新，形成有市场竞争力的产品。海尔虽然也源于"舶来"，但却没有止步于"落后—引进—再落后—再引进"的状况，而是在引进的技术里植入了自己的创新基因，通过消化、吸收，形成自己的专有技术和产品。

（2）发展阶段——集成创新

集成创新是自主创新的一个重要内容。它把各个已有的单项技术有机地组合起来，构成一种新产品或新的经营管理方式，创造出新的经济增长点。集成创新的目的是企业通过有效集成各种要素，占有更多市场份额，创造更大的经济效益。海尔提出"整合力就是竞争力，不在乎拥有多少资源，关键是利用多少资源"的理念充分地说明了海尔正处于集成创新的发展阶段。

（3）展望阶段——原始创新

随着全球信息化时代的来临，企业将面临全新的发展形势和前所未有的挑战。海尔为了应对信息化时代的新形势和挑战，实现从全球知名度向全球美誉度的跨越的目标，在国家"三自"创新战略的指导下，海尔进行了自主创新。海尔提出了信息化时代的创新战略——u—home 战略，开启了海尔原始创新时代。

2. 海尔自主创新机制

（1）海尔文化

海尔文化分为三个层次：最外层是物质文化，中间层是制度行为文化，核心层是精神文化即价值观。海尔价值观的核心是创新，正是在这一价值观的指导下，海尔实现了技术创新、市场创新、管理创新、组织创新、观念创新等持续不断的创新。海尔内部有一句口号："只有实现海尔每一个人的国际化，才有可能实现海尔的国际化。"因此，在海尔内部自发产生了"班前会制度""6S 优秀典型讲评"等学习形式，海尔的学习文化为其自主创新提供了浓厚的氛围。

（2）海尔人才培养

海尔为员工创造了多种学习平台。例如，海尔大学、联合研发机构等都为员工提供了学习环境。在海尔，一是可以向用户学习。"用户永远是对的""视用户的抱怨为最好的礼物"等理念使海尔能及时发现并解决企业存在的问题，也是海尔人最有效的学习方式之一。二是在做中学。在海尔的 5W3H1S 体系下，每个人每天都在寻找差距，以期待明天做得更好。在学习中贯彻企业文化、提升员工的自主创新意识，把每一名员工都培养成为企业的创新人才。

（3）海尔的组织和管理

海尔的组织结构经过了从直线职能制到事业部制，再到基于流程的网络组织结构的调整，每一步的调整都促进了海尔的发展。海尔的管理模式经历了从最初的全面质量管理到 OEC 管理，再到内部市场链和 SST 机制的转变。正是不断进行的管理创新，为海尔的持续发展搭建了坚实的基础管理平台。

（4）海尔的薪酬体系

企业的薪酬制度因发展战略而定。海尔的发展可以概括为以下三个阶段。

第六章　创新型企业是创新型国家建设的核心主体和关键突破点

名牌战略阶段（1984—1991年），此阶段薪酬制度以质量为主要内容，重点放在考核质量上。

多元化阶段（1992—1998年），此阶段实行分层、分类的多种薪酬制度和灵活的分配形式。如科技人员实行科研承包制，营销人员实行年薪制和提成工资制等。

国际化战略阶段（1998年以后），此阶段的薪酬制度体现出增强职工的市场竞争观念的机制，通过内部模拟市场进行分配的形式，增强了企业的市场竞争力。

在不同阶段的发展战略中，海尔的薪酬体系始终体现着对创新员工的激励作用，使企业始终保持创新能力，使企业为海尔走在家电制造业的前列而提供了很好的薪酬保障。

（5）海尔的R&D投入

海尔在资金使用上确立了对科技创新投入优先的原则，从而确保了集团每年的科技投入在销售额中所占的比例逐年增长。同时，对集团的关键技术、共性技术采用集中投入、加大投入的原则。海尔每年在R&D方面的投入都在销售收入的4%以上。1998年投入7.8亿元，占当年销售收入的4.6%；2002年增长到10.3亿元，占当年销售收入的4.8%，占当年利税总额的79.2%；2004年增长到38.5亿元，占当年销售收入的6.6%；2006年科技投入占到集团销售收入的8%。R&D的投入为海尔技术领先提供了雄厚的资金保障。

（6）海尔的生产、营销能力

海尔的地瓜洗衣机、龙虾洗衣机、海尔的"小小神童"品牌、"保健双动力"品牌等，都是海尔创新理念的具体反映和体现。业界流行一句话：一流的企业做行业标准，谁掌握了标准，谁就掌握了市场。到目前为止，海尔累计参与了86项中国国家标准的制定与修订，拥有企业标准5 730项。这充分显示了海尔"龙头企业"的地位。

在营销上，海尔对国内市场不断深入，深入到乡、镇、村，在城市则深入到社区。如今,海尔的营销网已经覆盖了全国7.3万个乡村,有2.4万个乡镇网点,5 000多家县级专卖店,覆盖面之广,深入程度之深,足以看出海尔强大的营销能力。

(二) 宝钢的创新

我国目前既是世界上位列第一的钢铁材料生产大国,又是世界上位列第一的钢铁材料消费大国。尽管我国钢铁产量居世界第一位,但是国内钢铁行业存在严重的问题,主要表现在钢铁产品结构不合理。出口的多是钢铁初级产品,而钢铁高级产品则主要依靠进口,因此我国的钢铁行业亟须优化产品结构。

我国加入WTO之后,在国内外激烈的市场竞争中,我国的钢铁工业面临着新的机遇和希望。我国目前实行的"扩大内需"的方针,大大拉动了对钢材的强劲需求。然而,我国钢铁业所处的市场环境使我国钢铁工业经济运行的总体形势不容乐观。国内钢铁业新一轮大规模的无序盲目扩张、世界钢铁列强觊觎中国市场、民营钢铁企业的异军突起、未来国家重点建设工程项目对钢铁产品需求的逐步减弱、原燃料供应的日益紧张等,都将使国内钢铁业面临前所未有的激烈竞争。为了提升钢铁企业的自身竞争力,开展产业联合,提高竞争实力,实施技术创新战略,提供差异化产品,已经成为中国钢铁工业未来的发展目标。

在国内的几大钢铁企业中,宝山钢铁集团股份有限公司(以下简称宝钢)被认为是在技术创新方面做得比较出色的企业。很多学者都对宝钢进行了深入的研究,以寻找其成功的真正原因。研究成果也很多。有人认为,宝钢以一贯的质量管理为主要内容的现代化管理体制为企业生产出了一流的产品、建设了一流的队伍,为宝钢的成功提供了质的保障。也有人指出,宝钢以"资源互补"为准则的并购活动,迅速扩大了企业的生产规模,而且成功解决了由于并购所带来的一系列问题,为宝钢的成功奠定了量的基础。这些都是宝钢与众不同的地方,那么在"自主创新"唱响中华每一个

第六章 创新型企业是创新型国家建设的核心主体和关键突破点

角落的今天，宝钢在创新方面又有什么特色呢？为什么同样是以引进技术为初期战略的企业，有的失败了，而宝钢却成功了呢？宝钢又是凭什么做到"技术返销"的呢？在这个案例中，我们将通过仔细剖析宝钢的技术创新历程来回答这些问题。

1. 宝刚的自主创新历程

宝钢是目前中国最具竞争力的钢铁企业，于1978年开始建设，1985年建成投产。1998年，宝钢以宝山钢铁（集团）公司为主体，联合重组上海冶金控股（集团）公司和上海梅山（集团）公司，成立了特大型钢铁联合企业。

经过二十多年的发展，宝钢已经成为全球领先的钢铁企业之一。它的业务已经涵盖钢铁、信息、国际贸易、工程技术、金融、煤化工、房地产等多个产业，能够向全世界提供汽车用钢、造船板、电工钢、管线钢板、家电用钢、石油管、高等级建筑用钢、轴承钢、不锈钢等多种钢铁产品。宝钢的综合实力在这20年的发展中得到了极大程度的提高，在世界钢铁动态咨询公司（WSD）全球钢铁企业综合竞争力评价中，宝钢连续四年跻身前三名，特别是在技术方面取得了重大的进步。仅2006年一年公司就申请了821项专利，其中发明专利354项，公司的科研为其新增效益13亿元。通过分析宝钢二十多年的发展历程，我们可以将其分为三个阶段，每一个阶段都有其创新重点。

（1）起步阶段（1978—1992年）：以"引进、消化、跟踪、创新"为主的模仿创新。

20世纪80年代，我国钢铁工业的总体水平比先进的发达国家落后二十年。国民经济紧缺的百种关键钢材品种，仅有42种能基本满足需求。国家急需的钢管、钢板主要依赖进口。建设中国自己的现代化钢铁企业，迅速改变我国钢铁工业严重落后的局面已迫在眉睫。

宝钢企业的建立正是为了缩小这二十年差距的政府行为。筹建时期，宝钢的目标是以最少的投资、最快的速度建成现代化的钢铁企业，达到日本君津样板厂的总体水平，并确保一次投产成功。在建成投产后，宝钢的目标是使产品实物质量达到国际先进水平，实现产品出口和顶替进口，并使宝钢成为世界一流的钢铁企业。

宝钢的"速成"目标决定了它在进行技术创新时必须以引进为开端，而对于大多数国家而言，技术引进也都是国家技术进步不可或缺的一步。日本从20世纪50年代开始就大量引进国外的新技术，其钢铁工业的新技术全部是引进的。韩国通过学习日本，通过消化吸收提高了自己的技术能力，实现了钢铁出口。所以，宝钢在建成初期就采用了技术引进的战略。

改革开放以来，宝钢积极贯彻"引进、消化、吸收、创新"的方针，塑造了一种以发挥后发优势为核心的技术创新模式。宝钢一期工程从"原料输入—炼焦—烧结炼铁—炼钢—初轧"的成套设备和技术，都是从日本引进的。有两个数字足以让人惊叹：一是引进谈判多达13 000多场次；二是消化技术资料、图纸达320吨。引进的主要设备包括4 063立方米高炉（1座）、450平方米烧结机（1套）、50孔大型焦炉（4座）、300吨转炉（3座）、1 300毫米初轧机（1套）等。大部分设备都是从日本引进的，140毫米无缝钢管轧机是从原西德引进的。宝钢一期工程的整体技术装备水平为20世纪70年代末80年代初的国际先进水平。此外，宝钢还引进了日本先进的管理模式，并结合中国的实际情况，形成了宝钢非常有特色的管理模式，这个模式的主要特点就是"集中一贯、主辅分离"等。

为了缩小与国外先进钢铁企业的差距，宝钢开始从技术引进向技术国产化和二次开发转变。在这个过程中，宝钢首先从产品入手，积极培养自主开发能力。宝钢二期工程的设备国产化程度明显高于第一期，第二期工程的冶炼部分88%的设备是由国内生产的，与第一期正好相反；但轧钢等较为关键的部分引进比例仍然要高一些。经过十多年的发展，宝钢向全国各行业推广技术900多项，它的管理模式也被推广到河北唐山钢铁厂等企业。

（2）成长及发展阶段（1992—2002年）：以"产学研"和"产销研"为主的二次创新。

到了20世纪末期，跨国公司开始飞速发展，其作用越来越大，并在一

第六章　创新型企业是创新型国家建设的核心主体和关键突破点

定程度上左右了世界经济的发展。有人曾做过统计，到1991年为止，跨国公司已经拥有全球私营生产资料的33％，控制了世界生产的40％、国际直接投资的90％和国际技术转让的33％。在这种背景下，宝钢的国际化是一个不可避免的发展趋势。为了赶上国际著名钢铁企业，为了尽快缩短这20年的差距，宝钢必须尽最大的努力提高自己的综合实力。

1992年后，宝钢继续在技术引进的基础上加大自主研发的力度，开始从以产品为中心的技术开发扩展到工艺、技术、设备等全方位领域的创新。并且，为了适应时代的发展，宝钢开始承担起进军国际市场的重要任务。在初步实现创新成效的情况下，宝钢在生产率、质量、文化建设等方面向国际接轨。在这个时期所进行的战略创新、市场创新、管理创新等都为宝钢进一步建设系统和创新管理体制奠定了基础。

在这个国际化的发展过程中，仅仅依靠宝钢的力量并不能完成其国际化发展目标，它必须借助外部资源。经过十多年的发展，宝钢已经具备了一定的实力，拥有了与高等院校、科研院所及世界上先进企业合作的基础。1992年10月，在原冶金部人教司、科技司的关心和指导下，宝钢与东大正式联合建立了"冶金部宝钢—东大继续工程教育中心"（以下简称"中心"）。"中心"设在宝钢，既直接为宝钢的继续教育服务，也面向全国，为全国冶金行业服务。成立至今，每年都要举办多期科技讲座、研修班和专业技术培训班。此外，宝钢还聘请了多位教授、专家、院士作为宝钢兼职教授为宝钢培养专业人才。

2001年11月，宝钢集团公司与国家自然科学基金委员会在北京人民大会堂签订了长期合作意向，把"钢铁联合研究基金"规模从1 200万元扩大到2 000万元，会同国家自然科学基金委员会组织确定"钢铁联合研究基金"首批42个资助项目。受国家经贸委委托，宝钢作为组长及秘书长单位，负责筹备、召开第五届中美工程技术研讨会材料组会议和计算机组会议，为宝钢的技术人员提供了一个很好的技术交流的机会。

（3）成熟发展阶段（2003年至今）：在国际化背景下的自主开放式集

成创新。

到2003年，钢铁行业逐渐回暖，此时的宝钢早已确立领先优势并拉大了与国内同行的距离，具有先发优势，因此它更能把握市场的机遇，从而获得了惊人的发展速度，绝对优势地位就此确立。此时，国内钢铁企业过于分散，宝钢敏锐地意识到了新的发展机遇——大规模并购，从此快速地扩大了企业的实力。在宝钢高层领导的心目中，全球化一直占据非常重要的位置。正因为有了全球化的目标，有了全球化战略的指导，宝钢在经营管理上有很强的目的性，无论是并购、合作还是资源整合，都可以看出宝钢清晰的战略路线。2003年，宝钢携手日本新日铁、欧洲的安赛乐合资组建了国内第一家汽车板生产企业，从而用国内市场换来了日本和欧洲先进的汽车板技术。同年6月，宝钢提出了"一业特强、适度相关多元化"的发展战略目标，努力将宝钢建设成为一个一体化的市场竞争主体。"一业特强"就是宝钢的精品钢材战略。而"适度相关多元化"战略则是指以钢铁为主业向上、下游产业延伸发展。经过多年在战略上有目标的运筹、培育整合运作，现在宝钢已组建了以国际贸易、工程技术、金融、煤化工、房地产等多元化专业经营为格局的子公司。

宝钢的高层领导还意识到，虽然宝钢已经是国内的一流企业，但与国际巨头之间还存在着很大的差距。而宝钢的技术战略中技术引进与二次创新都只是跟随策略，不能领先，无法赶超，使企业永远处于被动状态。只有自主创新才能让宝钢摆脱受制于人的困境，成为一个真正的技术领先企业。宝钢开始扩大科研投入，并且创造一切可能的机会提高企业的人才储备。而宝钢在前两个阶段中引进了很多技术，这种点式引进导致的必然结果就是集成，集成要求企业具备自主的设计能力。

2003年，宝钢与国家自然科学基金委员会签署了第二期"钢铁联合研究基金"合作协议，双方各出资900万元，分三年安排基金支持项目。"钢铁联合研究基金"是第一个由国内企业与国家自然科学基金委员会共同建立的基础研究专项基金，它对于推进我国钢铁及相关行业技术创新和技术进步都具有深远意义。

同时，宝钢积极组织各类国际学术研讨会，推进学术交流。2004年4月，宝钢承办了第二届世界先进钢铁结构材料国际会议；2004年5月，以"可持续的钢铁、可持续的未来"为主题的首届宝钢学术年会吸引了全球众多著名钢铁企业、高等院校和科研机构的专家学者参会。

最值得一提的是，2006年4月，宝钢发布《宝钢技术创新体系发展纲要》（以下简称《纲要》），将"提升创新体系能力，不断满足用户需求，追求技术持续领先，实现重点领域突破"定为今后5~15年宝钢技术创新体系发展的指导方针。《纲要》还提出了以三大体系为支撑的宝钢技术创新系统：以研究院为核心，产销研和产学研紧密结合的研究开发体系；以工程项目为载体，生产、研发、设计和制造四位一体的工程集成体系；以生产现场为主体，以稳定提高和精益运营为特征的持续改进体系。三个子体系协同互动，并以研究开发体系的完善为突破口，发展宝钢技术创新体系。通过提升技术创新体系统筹策划、技术创新体系组织保障、技术成果转化和固化、外部技术资源利用、研发条件保障、知识产权战略运作、技术标准战略实施、科技人员综合素质、创新文化渗透、激励机制导向等十个方面的能力，来发展宝钢技术创新体系能力，并造就了一批支撑宝钢发展的、具有行业领先水平的核心技术人才。

经过一年的建设，宝钢技术创新三大子体系已初步形成，相配套的管理制度和激励机制也逐步完善。在人才激励政策方面，宝钢先后推出了技术创新人才贡献累积金、R&D人员能级工资制、科技人员学术休假制、科技人员内部柔性流动机制等制度，营造了良好的创新氛围。

2. 宝刚自主创新模式的特征

宝钢自建成投产以来，始终以技术创新推动企业发展，宝钢的三个高炉建设过程就充分说明了这一点。一号高炉是日本制造的，二号高炉是宝钢按照别人提供的设计自己制造的，三号高炉则是完全由自己设计制造的。这也从某一角度反映了宝钢技术创新的发展模式。为了达到建立世界一流现代化企业的目标，宝钢始终追踪着钢铁技术发展前沿，引进技术，消化、吸收技术，然后在此基础上进行创新，最终研制出处于发展前沿的新技术，返销给发达国家。宝钢的自主创新模式可以总结为：在产学研/产销研合作环境下的自主集成创新。不避讳"引进、消化"，强调"跟踪、创新"基础上的技术学习。

第一，高起点引进。在宝钢建立之初，我国的冶金科技水平在整体上落后发达国家二十年。在这种情况下，消化、吸收、引进的先进技术，不仅为掌握和运用先进技术所必需，也是提升企业自主创新能力的必经之路。宝钢一直将缩小与国外先进技术水平的差距乃至超过世界先进水平作为企业技术发展的目标。因此，在引进技术时，有目的地选择当代世界一流的、代表当时技术发展潮流的、成熟可靠的新技术。事实证明，宝钢的高起点引进是相当成功的。宝钢第一、二期工程引进的技术、工艺和设备是日本、德国、美国等国家20世纪80年代冶金新技术的综合。在冶炼、轧钢、电子、传感、计算机和通信等专业都具有世界领先水平，其中有数百项专利使用权和技术机密。

第二，消化和吸收。为了防止陷入"引进落后—再引进再落后"的怪圈，宝钢对引进的技术进行了深入的学习，并在此基础上进行消化和吸收。宝钢在一期工程成套引进后，首先在学习和消化国外先进技术上狠下功夫。在投产前，建立了消化引进技术的责任制，实行从对外谈判、消化资料、出国培训、安装调试到投产验收，都有专人负责的"一贯制"。通过模仿创新，很快地掌握了先进的冶炼技术，缩短了时间，节省了研发费用。同时，为了消化引进技术，开展科研攻关，宝钢组织了81个科研攻关项目；各生产厂、部、处根据本单位关键课题确定了620个科研攻关项目；在消化引进技术的基础上，结合宝钢实际，制定各种技术指导资料和规程，从而保证了真正吃透和掌握引进技术。

消化吸收的第一步是使引进的生产线达产超产。例如，炼铁1号高炉是以代表20世纪70年代世界先进水平的新日铁君津3号高炉为样板设计和建

第六章　创新型企业是创新型国家建设的核心主体和关键突破点

造的，投产第二年产量达到设计指标。1992年高炉利用系数为2.225吨/（米^3·日），分别超过了日本君津3号高炉和韩国光阳3号高炉的2.026吨/（米^3·日）和2.150吨/（米^3·日）的水平。

消化和吸收的第二步是掌握引进的设备，能在此基础上自行设计同类设备，并根据实际情况进行渐进创新。例如，1991年6月国内设计、制造、建设的宝钢2号高炉投产后，产量、质量、能耗等主要技术经济指标均比1号高炉要优，1993年9月利用系数达到2.283吨/（米^3·日）。

第三，动态追踪。要赶超世界第一，必须首先知道世界第一在哪里。由于世界科技发展的日新月异，技术更替不断加速，即便是引进的先进技术也会落后。为此，宝钢明确规定生产厂厂长的一项重要任务就是跟踪国际先进技术信息，推动本部门的技术进步，这是厂长的三大任务之一。在跟踪的基础上不断提高，主要体现在技术改造和移植仿制上。不断的技术追踪，不断引进世界上先进的技术，让宝钢顺利完成了第一、二、三期建设工程，它的技术始终能与国际先进技术接轨。

3. 以产学研和产销研双重网络推动二次创新

宝钢的科研力量一直都是非常充实的，这不仅仅指宝钢拥有自己的国家级技术中心和博士后工作站，还因为它的科研工作是社会化的、是开放的。宝钢在产品开发方面摸索出两条道路，一是产销研一体化，即让用户共同参与产品开发工作；二是产学研一体化，即与高等院校和科研院所的技术人员及资深专家一起共同参与宝钢科研项目的研究。

第一，用户参与的产销研一体化策略。国内钢铁市场在经历了1992—1993年的火爆旺销后，以后几年的市场供求关系发生了较大的逆转，由卖方市场转变为买方市场。针对市场的变化，宝钢较早地采取了应变措施，如强化科研攻关，积极开发拓展市场、赢得用户的"拳头产品"。产销研一体化是宝钢在用户需求的导向下，以主导性、战略性产品为对象，以市场占有率和用户满意为工作目标，在企业内形成以生产为基础、以营销为中心、以科研和技术为依托，组成由各部门有效整合的工作团队，形成一种对市场能作出快速反应和整体联动的工作模式。凭借其贴近用户、迅捷响应的独特优势，产销研一体化已经成为宝钢赢得市场主动权的有效手段。

宝钢参与用户研发的模式共可分为以下三种。

①开展"先期介入"研究的模式，即让用户在研究开发工作的初期就介入研究，与他们开展合作创新。这种模式比较适用于新产品的开发和设计过程。宝钢集团倡导全方位用户满意的观念，组建用户技术研究中心推行"先期介入"的工作模式，开创用户服务的新局面。

②帮助用户进行技术改进的模式，用于帮助用户改进产品的使用环节。用户技术研究中心对用户自身的生产环节和工艺进行研究，帮助用户解决使用宝钢产品过程中产生的问题，让宝钢产品更加贴近他们的生产程序。如在"家电用钢涂装性研究"方面，通过现场试验、实验室分析和模拟试验研究，找到了长期困扰宝钢板涂装效果不佳的症结，帮助新飞冰箱厂调整磷化工艺，解决了SPCC板用于新飞冰箱侧板磷化问题，使宝钢板磷化实物质量达到日本板水平，从而使家电板供货在新飞冰箱实现了突破性的进展。

③参与用户产品更新的模式，帮助用户改进成熟产品的使用环节。如一汽大众公司生产的CA1092系列载重车，因为自身重量太大而带来成本高、油耗多的缺点。宝钢科研人员根据用户选材优化要求，选择1 550毫米的冷轧高强度板替代原来的材料，将驾驶室44个主要零件用宝钢新试高强度冷轧板替代钢板制造，达到了降低材料消耗和减轻汽车自重、减少油耗和废气排放的目的。驾驶室44个主要零件全部制造成功，5台样车台架具备批量生产条件。宝钢通过参与用户产品更新，为用户降本增效、创造了价值，也使宝钢板供货比例大幅提高，实现了双赢。

第二，产学研合作创新。在市场经济体制下，要实现公司的战略目标和发展规划，必须充分利用公司外部的市场资源。企业在市场竞争中胜败的最终原因归结为人才，为了真正实现"世界一流"的企业目标，企业必须具备过硬的科研实力，才能在国际市场这一大舞台上与国外竞争对手一决高下。在这种背景条件下,宝钢采用了产学研合作的人才培养方式和科研合作方式。近30年来,宝钢与高等院校和科研院所开展了各种形式的产学研合作,有项目层面的合作,共建了很多办学实体,聘请了很多国内外有名的技术专家来宝钢做"宝钢教授"。还把宝钢的中青年骨干送到高校去深造。另外,宝钢还积极开展了多渠道、多层次、多形式的国际合作与交流,自觉主动地引进国外先进的技术和智能,并派出有关技术人员去国外同行业学习、考察和任职。例如,宝钢与复旦大学合作进行的"高炉人工智能专家系统开发",是一项瞄准国际炼铁工艺先进水平的科研课题。双方合作解决了数据采集、计算机接口、工艺优化、系统维护等技术难题,成功地将计算机领域的人工智能技术运用到高炉工艺中,对生产状况实时诊断,准确率达到85％以上。2004年,宝钢与北京科技大学联手打造了冶金核心技术研发中心。双方结合北京技科大学科技领域优势和宝钢的科技发展的需求,重点在熔融还原、硅钢生产技术、先进冶金技术、防腐技术、表面检测及能源环保技术等方面开展了广泛的合作。双方还利用北京科技大学国家工程研究中心、国家重点实验室等实验研究平台,在特定领域开展唯一性合作。通过合作,使该领域技术总体上达到国际先进水平。同时,为进一步加大人才培养合作力度,深化人才培养内涵,形成人才合作长效机制,双方将在多学科领域深入、全面地开展研究生联合培养工作,培养一批贴近企业需求的实践型、创新型高层次专门人才。双方还探索毕业生"提前招聘"这一"先期介入"模式,围绕特定群体开展有针对性的企业背景、职业环境等教育,为优秀专业人才走向企业提供直通平台。

在国内高校的帮助和支持下,宝钢的产学研合作触角已经延伸到了国外。从1991年开始,宝钢已经先后与日本的三井物产株式会社、横河机电公司,美国的西弗吉尼亚大学、加州伯克利大学、纽约州立大学、林肯电气公司,德国的飞斯妥公司、莱宝公司,荷兰的特温特大学,芬兰的肯比公司等院校和企业开展了合作、交流和培训。另外,宝钢还承办了一系列大型的学术交流活动,为宝钢的科研人员搭建学术交流平台。如两年一次的"宝钢学术年会""宝钢汽车用钢论坛"等。近年来，宝钢还举办"宝钢产学研与技术创新论坛"，论坛的主题为"深化产学研合作，加快自主创新发展"，旨在推进企业和高等院校、研究机构之间的紧密合作，促进产学研合作进一步向纵深发展。

第三，以全球市场为舞台的自主开放式集成创新。毋庸置疑，宝钢在技术创新方面成绩斐然，但是它的原始创新能力还不足以支撑起钢铁技术的快速发展。相对于日本、德国等技术先进国家的企业来说，宝钢仍然存在着很大的差距。宝钢总经理徐乐江在宝钢的技术创新大会上对这种差距进行了深刻的分析：宝钢至今尚无像新日铁的汽车板、电工钢制造技术、阿塞勒的不锈钢制造技术、神户制钢的钢帘线制造技术那样可以"独步武林"的重大专有技术。这种局面不是光靠引进、模仿就可以扭转的，宝钢必须转变技术创新模式，才能真正建成创新型企业。

宝钢未来的发展选择了走开放式自主集成的创新之路，实施"主动选择"与"自主研发"相结合的发展策略，建立全新的吸收创新理念。通过实施《技术创新体系发展纲要》，形成了研究开发体系、工程集成体系、持续改进体系三部分有机融合的技术创新体系，并注重成果转化、知识产权、创新文化建设、行业标准制定等十方面的能力提升。宝钢通过"以我为主"的资源整合，采取自主研发、引进、委托开发，以吸收国外先进技术为起点，不是全套引进国外设备和技术，而是采用"点菜式"集成引进与自主研发相结合，最终实现对关键技术的掌握和控制。

宝钢自主式集成创新比较有代表意义的案例是高炉喷煤技术。宝钢在开发该技术时，首先认真消化了国内外有关喷煤的设计资料，梳理出主体专业的技术难点，然后结合集成创新的需要，设立相应的科研课题进行试验研究。在这个过程中，宝钢的技术人员专门走访了相关的专业单位去了解相关的专业系统知识，并且在设计过程中与工人进行充分的交流，认真听取他们的意见和建议。经过近三年的探索和努力，完全由宝钢自主设计和设备集成的喷煤装置顺利投产。其设备规模和技术指标完全达到了世界先进水平，而且其中关键的设备已经国产化，大大节约了企业的工程投资。

2006年以后，宝钢以"自主创新"为基本准绳，对一批重点项目进行统筹规划，以工程为载体，形成了开放式自主集成创新的良好格局。其中，仅用98天就完成的宝钢分公司二高炉快速大修工程，依靠自主集成创新，填补了国内大型高炉快速大修的技术空白。2008年，宝钢分公司二炼钢挖潜改造项目全面建成投产，不仅有效缓解了宝钢分公司铁钢物流的"瓶颈"，而且二炼钢还具备了生产超纯净钢的能力。

第四节 提升企业创新能力的路径选择

国家科学技术部、国务院国资委和中华全国总工会自2007年至2012年共公布了五批676家创新型试点企业名单。对这六百多家的创新型试点企业进行分析，我们发现，这些企业的研发经费支出占主营业务收入的比重具有明显的上升趋势，创新型企业的专利发明、新产品、新工艺和新服务的销售收入也是呈快速增长趋势的。这些创新型企业逐渐成为创新投入的主体，创新型企业的自我创新能力逐步提高，创新型企业的经济贡献快速增加。这些创新型试点企业充分发挥了创新示范作用，对带动广大企业走依靠创新获得可持续发展的道路起重要作用。

一、企业创新的类型

企业创新的领域和内容包括：技术创新、制度创新和商业模式创新。

1. 技术创新

按创新的强度可以将技术创新分为渐进式创新、突破式创新和破坏式创新三种。

渐进式创新是指沿着主流市场发展惯性不断改进技术和产品性能的创新。渐进式创新是持续的、不断积累的局部或改良性创新活动，主流市场的用户是渐进式创新的市场对象，它是一种较低层次的创新。

突破式创新是一种较高层次的创新。突破式创新是指沿着主流市场技术创新维度向上延伸，在技术上克服大的发展障碍，取得较大的技术突破。突破式的创新具有跳跃式的特征，也可能在理论和应用上产生新的知识。突破式创新虽然具有跳跃的特征，但是，它还是沿着主流市场的创新路径发展的，并呈现间歇跳跃的特征。

破坏式创新是指基于新的范式开展的非连续的跃迁式的创新。是在新的超过客户预期的价值维度的创新。

2. 制度创新

企业制度创新是指为了更好地实现预期目标，对企业的人力资源、物质资源，以及资源的配置方式进行规范化的安排。相对于技术创新和商业模式创新，制度创新在形式上要简单得多。制度创新的类型有自然演化、局部优化和体系引进三种。自然演化就是企业在发展过程中根据发展的需求临时增加、减少或者修正相关的制度，以适应企业的发展。局部优化是指企业在发展过程中有目的地对企业的某个局部（组织结构、薪酬体系、业务流程等）进行优化，可以是企业内部进行优化，也可以请外部力量帮助企业梳理优化。体系引进是指企业大范围地借鉴、引进在其他领域或者企业取得较好效果的制度体系。

3. 商业模式创新

商业模式创新是指企业以创造价值为核心，通过改变企业满足市场客户需求的方式或者模式而实现价值的过程。商业模式创新是企业获取持续市场价值的根本方式。本研究将商业模式演变分成创新阶段、效率阶段、扩张阶段和极化阶段。

商业模式创新有逐步拓展、部分变异和结构变异三种方式。逐步拓展是指企业在提高某个需求方面不断地提高商业模式的运行效率，完善盈利模式的创新。部分变异方式是指企业在从单个需求沿着价值链或者从价值

第六章 创新型企业是创新型国家建设的核心主体和关键突破点

链向价值网络的变异,这种方式虽然有较大幅度的变化,但是还是在一个商业模式的循环体系中的部分创新。结构变异是指企业在某个商业模式循环中无法获得较好的价值利润空间而采用的脱离原有循环创造新的商业模式的创新方式。

二、企业创新的路径选择

在确定企业创新路径时,应首先明确企业的定位类型和自身的资源能力,然后确定要进行的创新领域,企业的创新领域包括技术创新、商业模式创新和制度创新三个方面,并以此为基础来确定具体的创新方式。

下面就具体的技术创新、制度创新和商业模式创新分别阐述创新路径选择的方法。

1. 技术创新路径选择

企业技术创新路径的选择与技术的发展阶段、行业市场的发展趋势,以及企业内部的资源能力条件,都与技术积累密切相关。

关于技术的发展阶段,Abernathy 和 Utterback 提出了技术演化的模型。该模型将技术演化过程分为流动阶段、转型阶段和固化阶段三个阶段。

(1) 流动阶段。在此阶段,市场与技术均存在不确定性,企业需要权衡研发投资的时点与方向。这一阶段的新产品开发技术成本高昂而且可靠性差,但是它们能够满足部分细分市场的要求,顾客对未来的潜在技术持观望态度。创新主要体现在产品创新方面,工艺创新相对较少,此时竞争的基础在于产品的功能。

(2) 转型阶段。通过对产品进行试验以及与顾客的沟通,企业对顾客的需求更加了解,进而产生了部件标准与主导设计。在此阶段,技术及市场的不确定性下降,此时竞争基础在于符合特定客户的要求。

(3) 固化阶段。产品依主导设计而成,产品创新率降低,工艺创新率提高,产品创新大都属于渐进式创新,低成本成为竞争的基础,各竞争者之间的产品差异极小。

越过固化阶段后，旧技术将被新的技术淘汰，现有产品将丧失竞争力；新旧交替中的市场产生了断层后，新的竞争者进入市场，产业又回到了浮动期，开始新一轮的循环。

企业技术创新路径的选择，除了受到技术的发展阶段的影响之外，还会受到企业自身的资源、能力，以及在市场竞争中的竞争地位的影响。就企业在市场竞争中的综合竞争能力表现可以将企业分为先行企业和后行企业两类。不同类型的企业在技术发展的不同阶段会选择不同的技术创新方式，进而形成不同的技术创新路径选择。

先行企业的技术创新路径选择，见图 6-1 所示。

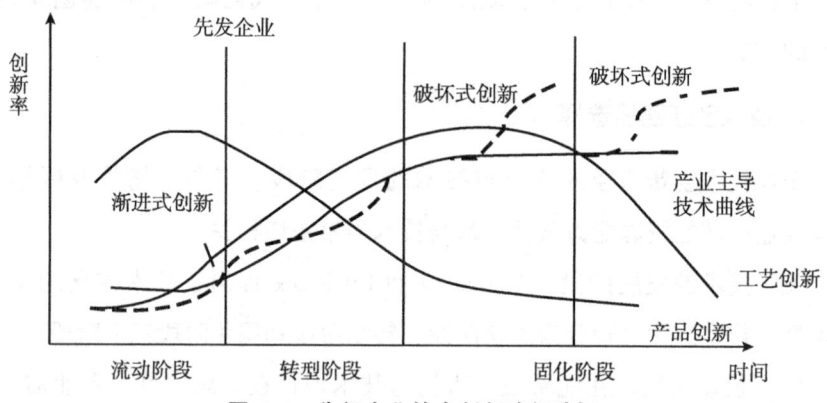

图 6-1　先行企业技术创新路径选择

如图 6-1 所示，在技术发展的流动阶段，先行企业采取的是渐进式创新的方式，力求不断提高产品的技术含量，尽快形成行业技术标准，以便引领行业技术。在转型阶段，先行企业采取以渐进式创新为主、以破坏式创新为辅的技术创新方式，对产品技术和生产工艺同时进行创新。在这一阶段，先行企业基本上仍是沿着产业主导技术曲线发展的。到了固化阶段，产业主导技术曲线开始变得平滑，从整个产业的角度来看，无论是技术创新还是工艺创新的发展空间都在缩小，创新率在下降。这时先行企业改变了以往的渐进性技术创新方式，开始采用破坏式创新方式，争取能够在新

第六章 创新型企业是创新型国家建设的核心主体和关键突破点

的市场开展创新，抢占新的市场资源和开拓新的有利发展空间。

后行企业的技术创新路径选择，见图6-2所示。

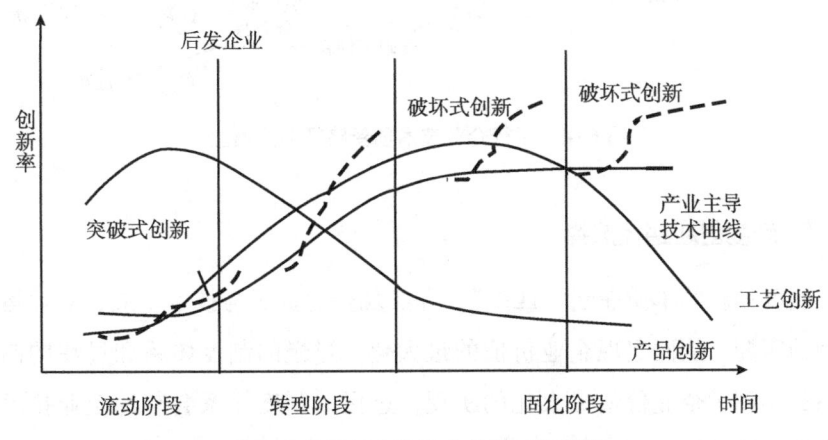

图6-2 后行企业技术创新路径选择

如图6-2所示，后行企业在技术发展的流动阶段采用了突破式创新。在技术转型阶段，后行企业如果具备相应的资源和能力，可以采取破坏式创新的方式；如果缺乏相应的创新条件，可以继续采用突破式创新的方式。在固化阶段采用破坏式创新。从整体来看，后行企业在整个技术周期中采用破坏式创新的机会要比先行企业多，且其创新方式是以突破式和破坏式为主的，这也说明了后行企业的创新成本要明显高于先行企业。但一旦破坏式的创新取得成功，都将给后行企业带来巨大的利益。

此外，无论是先行企业还是后行企业，在选择创新方式时，都要考虑到自身的资源和能力情况。具体如图6-3和图6-4所示。

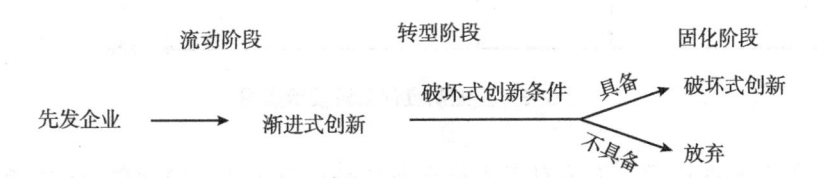

图6-3 先行企业技术创新路径选择模型

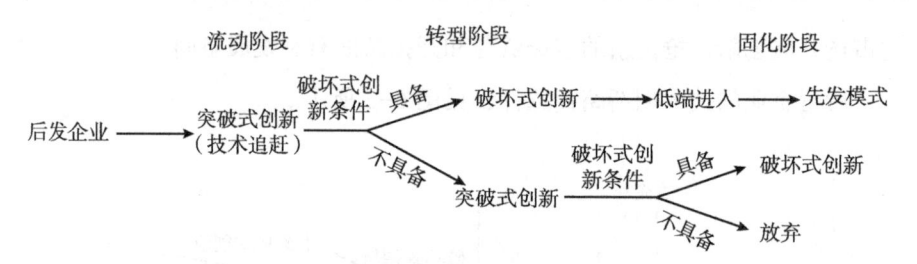

图 6-4　后行企业技术创新路径选择模型

2. 制度创新路径选择

制度创新的本质在于"匹配"，即实现企业资源与技术发展、商业运作之间的匹配，从而实现企业价值的最大化。过慢的制度体系和过快的制度体系都不利于企业价值最大化的实现。过慢的制度体系会制约企业技术和商业模式的运作，而过快的制度体系又会造成不必要的成本开支。

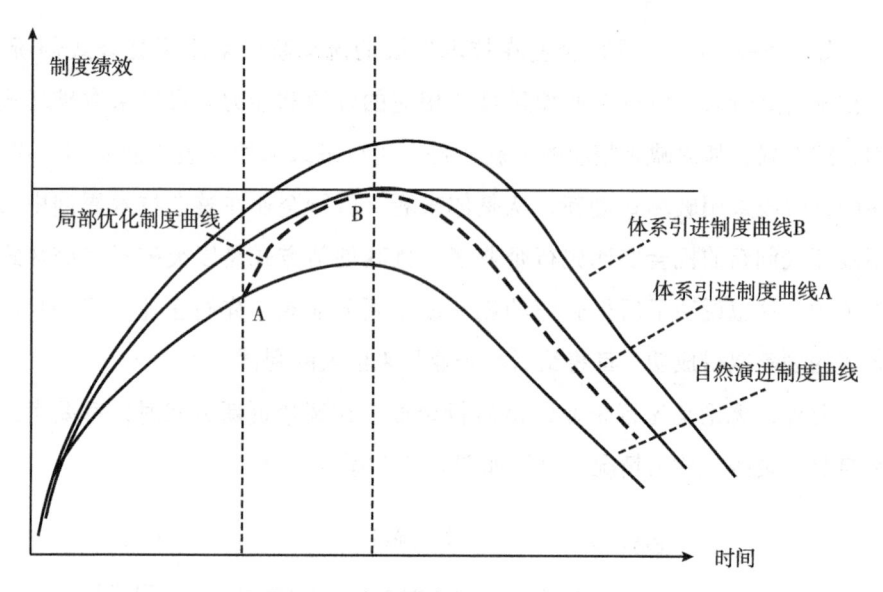

图 6-5　企业制度创新阶段示意图

如图 6-5 所示，无论对于先行企业还是后行企业，制度创新的关键都在于制度绩效与企业运作的匹配，企业运作包括技术发展阶段和商业模式运作以及资源配置等方面。只有对企业制度进行不断的创新才能实现制度绩效与企业运作的动态匹配。企业制度创新包括制度的自然演进、局部优化的制度创新和体系引进制度创新这三种方式。制度的自然演进往往要慢于企业的市场环境的变化和创新的频率，出现制度与企业运作不匹配的情况，而带来较低的企业制度绩效。局部优化的制度创新可以在相应节点上提升企业制度绩效曲线，实现企业制度与运作的匹配，提高企业的制度绩效。体系引进制度创新可以从整体上提升制度绩效曲线，显著地提高企业的制度绩效，但是过高的制度曲线会增加企业的成本。

企业制度创新路径选择模式，见图 6-6 所示。

图 6-6 企业制度创新路径选择模式

如图 6-6 所示，企业在进行制度创新之前，要首先对企业的制度绩效进行评估，以此来判断企业制度是否与企业运作相匹配。如匹配，则不必进行制度创新，如不匹配则可以采用局部优化的制度创新或体系引进的制度创新方式进行创新，具体要结合制度创新的长、中、短期成本预测来选择合适的创新方式。

3. 商业模式创新路径选择

在确定企业商业模式创新路径时，首先应准确确定企业商业模式的发展阶段，是处于创意阶段、效率阶段、扩张阶段还是极化阶段。然后，再结合企业自身的资源与能力，来确定适合的商业模式创新方式，包括逐步拓展方式、部分变异方式和结构变异方式。此外，还要考虑企业是先行企业还是后行企业。商业模式创新路径选择模型如图 6-7 所示。

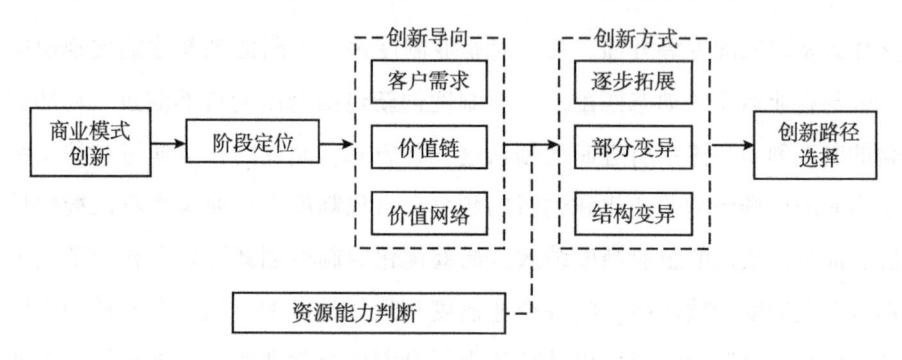

图 6-7 商业模式创新路径选择模型

先行企业和后行企业在商业模式创新路径选择方面又存在一定的差异。先行企业的商业模式创新模型如图 6-8 所示。

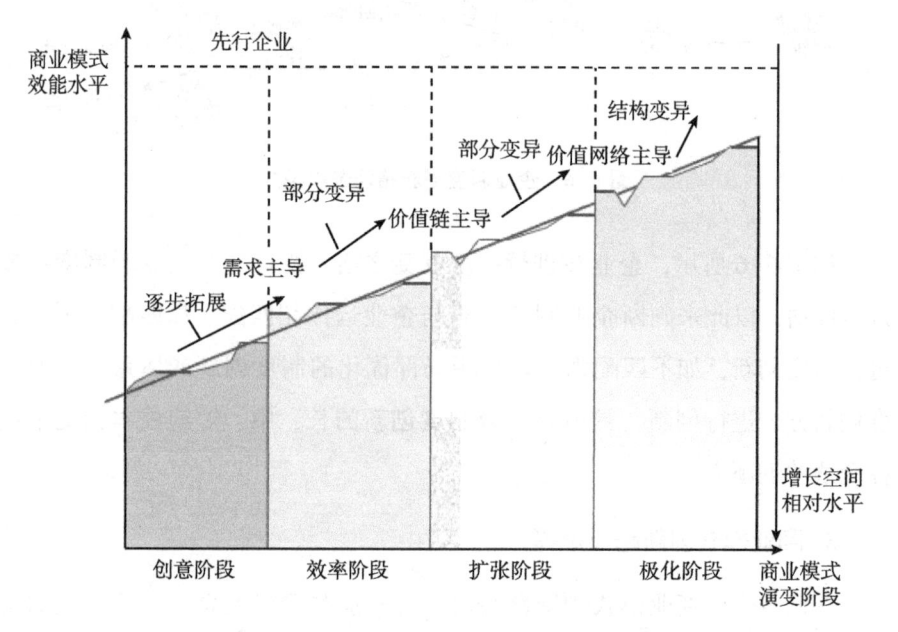

图 6-8 先行企业商业模式创新阶段示意图

如图 6-8 所示，先行企业在商业模式演化的创意阶段是先行者，在该阶段还未形成固定的商业模式，先行企业在该阶段采取逐步拓展的方式对商业模式进行创新，以提高商业模式的运作效率和盈利空间，逐步形成固

第六章 创新型企业是创新型国家建设的核心主体和关键突破点

定的商业模式并主导商业模式的走势。一旦形成固定的商业模式，商业模式则进入了效率阶段。先行企业在此阶段开始向价值链其他领域拓展，在该阶段先行企业主要采用价值链导向部门变异的创新方式。在商业模式扩张阶段，先行企业采用的是价值网络导向部门变异的创新方式。当商业模式进入极化阶段以后，因商业模式的增长空间已经微乎其微，先行企业开始采用结构变异的商业模式创新方式来探索新的商业模式循环。

故先行企业商业模式创新路径的选择可以用图 6-9 来表示。先行企业在整个创意阶段和效率阶段的前半期，采用逐步拓展的商业模式创新方式，试图建立商业模式的主导优势；在效率阶段的后半期和整个扩张阶段，均采用部分变异的商业模式创新方式；在效率阶段的后半期，主要采用价值链导向的部分变异的创新方式；在扩张阶段主要采用价值网络导向的部分变异的创新方式。接下来，商业模式将会进入极化阶段。在极化阶段，如果先行企业具备结构变异创新的条件才逐步开展结构变异创新；如不具备结构变异的创新条件，则可以保持原有的商业模式。这种商业模式依然能够使企业在未来一段时间维持在一定的利润水平上。

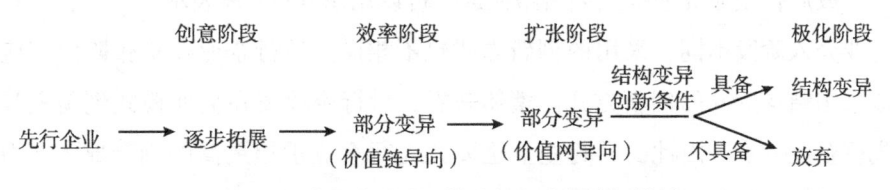

图 6-9 先行企业商业模式创新路径选择模型

后行企业商业模式创新模型如图 6-10 所示。

如图 6-10 所示，后行企业可能会在效率阶段、扩张阶段或极化阶段介入。如果后行企业在效率阶段介入，那么后行企业可以借鉴先行企业的商业模式经验；如果想尽快赶超先行企业，则会采取以价值链和价值网络主导的部分变异的创新方式；如果后行企业在扩张阶段介入，应尽快采取结构变异的商业模式创新方式；如果后行企业在极化阶段介入，那么后行企业面对的压力是十分巨大的。后行企业一方面要学习先行企业的商业模式，另一方面则要采取结构变异的方式来探索新的商业模式。

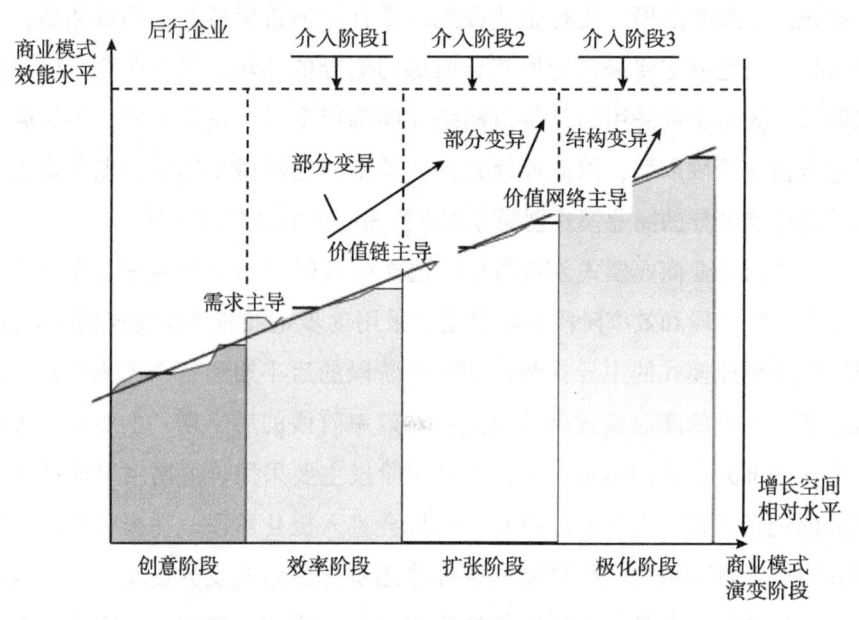

图 6-10 后行企业商业模式创新阶段示意图

故后行企业商业模式创新路径选择可以用图 6-11 来表示。可见，后行企业介入阶段不同，采用的创新方式也不相同。后行企业在扩张阶段就应该采用结构变异的创新方式。整体来看，后行企业要在商业模式创新上早先行企业一步。因此，后行企业也要比先行企业承担更高的创新成本。但一旦结构变异创新取得成功，后行企业将会获得更大的收益。

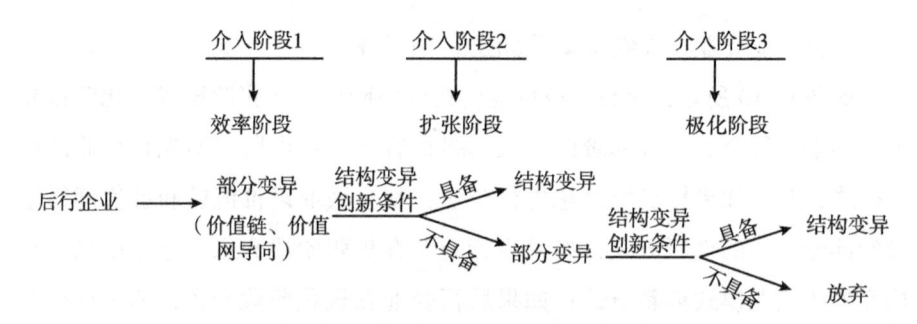

图 6-11 后行企业商业模式创新路径选择模型

第五节 提升企业创新能力的对策与建议

决定企业创新能力的因素既包括企业内部因素，同时也包括外部环境因素。这就要求企业创新能力的提升一方面需要企业自身的主动行为，另一方面也需要政府的引导激励和政策扶持，以及创建良好的创新环境。

1. 企业要树立创新主体理念

企业应树立创新主体的理念。企业是技术创新和企业内部制度创新，以及商业运行模式创新的主体。在国家创新系统中，企业不仅承担技术创新和科学知识应用的任务，而且还是研发资金的主要投资者。企业直接面对市场，把握技术创新的最新趋势。世界各国的发展经验都表明，所有发达国家都是依靠技术创新发展的。所以，在创新型国家建设的系统工程中，必须强化和发挥企业是创新的主体的意识和作用。

2. 政府要加强对企业自主创新能力的培育和扶持

发达国家通常是通过直接的财政科技拨款和间接的财税政策来对企业自主创新能力进行培育与扶持的。OECD 国家政府对企业研究开发活动的直接资助大约占企业研究开发经费的 10%~25%。此外，OECD 国家以间接的方式，例如通过各种减税手段资助企业研究开发活动，也日渐成为一种趋势。一般来说，这类政府资助没有计算在企业的研究开发经费中。

拿美国来说，政府投入资金占美国企业研究开发经费比重在 20 世纪 50 年代曾经连续多年高达 50%以上。1959 年达到 58.6%的最高点，而后随着企业实力的提高，这一比重逐渐下降。在美国企业 R&D 经费投入总额较低的时期，政府投入所占比重较高；当企业投入能力提高、年研发总经费超过 1 000 亿美元之后，政府投入比重开始下降，但政府投入的绝对额每年仍然保持在 200 亿美元以上。而我国政府投向企业的 R&D 经费无论是从总量上还是从比重上来看，都远远低于美国等发达国家。

借鉴发达国家的经验及针对我国的具体国情，我国政府应采取以下有效措施来加强对企业自主创新能力的培育与扶持。

一是加大政府科技经费中投向企业的比重，扭转大中型企业技术开发经费来源中政府投入比重过低的状况。

二是对已经出台的有关鼓励企业增加科技投入税收优惠政策的执行情况进行认真的研究和评估，根据新的形势调整和完善这些政策，制定切实有效的实施细则，使之发挥应有的作用。

三是通过合理确定重点支持对象和研发领域来提高政府科技投入资金的利用效率。政府应重点支持各行业的"龙头企业"，通过重点支持"龙头企业"的技术开发机构来鼓励企业有组织的技术创新活动。政府应重点支持通用技术和涉及提高行业技术标准的开发活动，以此来促进行业技术水平的整体提升。政府应重点支持以企业为龙头的产学研合作来促进创新资源向企业的聚集。应重点支持行业技术中心、工程中心、中介机构等组织来促进国家技术创新系统的基础平台和服务体系建设。

四是认真研究全国技术创新的宏观发展态势和微观技术创新管理问题，建立国家宏观技术创新发展监测评估系统，建立支持企业提高技术创新管理水平的咨询服务与培训系统，建立政府技术创新政策执行效果的跟踪评估系统，建立国家宏观技术创新战略与政策导向的信息发布系统。

3. 产学研相结合帮助企业成为自主创新的主体

实行产学研相结合是产业结构升级和提高企业自主创新能力的有效举措。所有全球领先的行业，往往与科研机构、大学之间都保持着密切的联系。在创新较为发达的国家和地域，科研机构和大学的作用逐渐从单纯地注重生产和传播知识、研究和开发新的技术转向直接操纵技术转移、示范、衍生企业、业务咨询和培训。国家长期以来对高校和科研院所的投入，使它们储备了雄厚的科技人才队伍和众多的科研成果。如果它们的研究力量、科研成果能与企业相结合，就可以迅速地提高企业的自主创新能力，帮助企业更快地进入市场的良性循环中。

产学研合作是由企业、科研院所和高校联合起来,利用各方在资金、人力、材料、设备以及信息等方面的优势,就某个或某类共同的研究开发项目展开的技术研究开发形式。产学研合作的最大优势是实现合作各方的优势互补。相对来说,企业的市场开拓能力较强,而企业的技术开发能力相对于高校和科研院所来说不具有优势;而高校和科研院所的技术开发能力较强,但其市场开拓能力不足。产学研合作能够充分发挥各方的优势,实现优势互补。通过产学研合作,企业能够充分借助高校、科研院所的科研力量来提高企业技术创新水平。通过产学研合作,企业不仅能够得到高校和科研院所研发的技术成果,同时还能吸引高校和科研院所的高级研发人员加入企业工作,为企业的自主技术创新创造条件。历史上中关村一些高技术企业的成功经验表明:产学研相结合在帮助高新技术企业创业方面具有重要作用。如人们熟知的四通打字机、联想汉卡、方正排版、用友软件、金山WPS软件等,几乎都来源于高校和科研院所的科研成果,它们是产学研的结晶。

4. 要加强企业科技人才队伍建设和引进工作

技术创新,人才是根本。高素质的专业人才是开展研究开发与自主创新的最重要资源。因此企业作为自主创新主体,应做好人才的培育和引进工作。企业人才的来源主要有三种:一是自己培养,二是招聘吸收外来人员,三是通过合作获得所需专业人才。

5. 强化税收等激励政策

允许企业按当年实际发生的技术开发费用的150%抵扣当年应纳税所得额。实际发生的技术开发费用当年抵扣不足的部分,可按税法规定在五年内结转抵扣。鼓励金融支持,大力发展创业风险投资,在扶持、引进、消化、吸收之后,再进行创新。

6. 国有中央企业成为企业创新的"领头羊"

企业是市场经济的主体,是自主创新的"发动机"和主力军。建设创新型国家,关键是要强化企业在自主创新中的主体地位。中央企业是我国国民经济的支柱和骨干力量,代表了各行业的发展方向,应该率先成为自主创新的主体。从对创新资源的占有情况来看,国有企业尤其是国有中央企业占据大量的创新资源,包括国际一流的人才、一流的实验室、最新的数据资料和良好的创新环境,创新的条件相对优越。

第一,中央企业应该率先成为技术创新的主体。

中央企业大多集中在关系国家安全和国民经济命脉的重要行业和关键领域,是我国综合国力的集中体现,更是我国参与国际竞争的重要力量。因此,中央企业有责任、有义务从国家长远发展的战略高度出发,在建设创新型国家中担当领军企业,发挥表率作用,而其核心就是技术创新。巨大的技术创新需求,是中央企业率先成为技术创新主体的动力源泉。随着经济一体化、市场全球化、竞争国际化的进一步发展,作为我国行业排头兵的中央企业,其竞争对手正逐渐由国内转向国外,由国内同行转向以跨国公司为主导的国际著名的大企业集团。它们不仅资金雄厚、技术先进、设备优良,而且具有很强的研发力量和技术创新能力。

90%的跨国公司都把技术创新作为企业战略的主要内容,研发投入占销售额的比重多在5%以上。它们不但以强劲的技术创新能力控制了绝大多数行业领域的科技制高点,而且还利用知识产权和技术标准等手段,不断提高对其技术创新和竞争优势的保护,从而使我国企业获得技术的难度不断加大,成本不断增加,以"市场换技术"的道路越走越窄。

实践证明,如果没有核心技术和技术创新能力,以中央企业为代表的我国民族产业就很难突破发达国家及其跨国公司的技术垄断,在国际产业分工中的低端甚至末端化问题将会更加突出,中央企业发展面临的国际压力和冲击力将日益加大。在此情况下,进一步提高技术创新能力,掌握核心技术和自主知识产权成为中央企业参与国际竞争的必然选择。

第二,强大的经济实力,是中央企业率先成为技术创新主体的物质基础。

工业发达国家和跨国公司发展的历程表明，技术创新需要有强大的技术经济实力做支撑。经过多年的改革发展，尤其是最近几年，中央企业得到了快速发展，虽然数量不断减少，但资产规模大幅增加，经济效益和运行质量显著提高，活力和竞争力也进一步增强。

2007年，中央企业实现销售收入9.84万亿元，实现利润9 968.5亿元，上缴税金8 303.2亿元，分别占全国国有企业的54.7%、61.5%和52.9%，而其数量还不到全国国有企业的0.2%。截至2007年年底，中央企业资产总额已达到14.8万亿元，当年主营业务收入超千亿元的企业有26家，利润超过百亿元的有19家，进入世界500强的16家中国企业（不含金融类企业）全部为中央企业。强大的经济实力，为中央企业率先成为技术创新的主体提供了坚实的物质基础。

第三，雄厚的科技资源，是中央企业能够率先成为技术创新主体的基本保障。

多年来，尤其是最近几年，中央企业不断加强技术创新体系建设，自主创新和技术开发能力显著提升。一大批中央企业已拥有很雄厚的技术研发力量，建立起完善的技术开发体系。据统计，中央企业拥有各类技术研发机构476家，各类技术创新活动人员27.6万人。大部分中央企业建立了国家级技术中心，许多企业成立了研究院、博士后工作站等。在国家"十一五"规划纲要安排的14项重大科技专项与重大科技基础设施建设项目中，中央企业直接参与的有12项，占86%；11个国民经济和社会发展重点领域，中央企业都有所涉及；重点安排的68项优先主题中，与中央企业相关的有54项，占80%。

2005—2007年，中央企业获国家科技进步一等奖19项，二等奖154项，分别占该类奖项的47.5%和27.1%。2006年和2007年国家科技进步特等奖全部由中央企业获得，每年申请国家专利数量达10 000件以上，其中全国近一半的重大发明专利由中央企业拥有。

第四，技术创新成果的快速应用转化，是中央企业能够率先成为技术创新主体的前提。

我国科技成果的转化率非常低。据统计，我国每年取得主要科技成果三万多项，有效转化率不足10%，而最后形成产业的只有5%左右。与发达国家科技成果转化率超过50%相比，我国的科技创新资源的浪费十分严重。究其原因，主要有以下两点。

一是以科研院所和高校为主体的科技创新活动，其科研行为和市场需求存在一定的差距，研究内容偏重理论与技术，科技成果的成熟度较差，与工业化应用和市场大量需求尚有相当距离，造成成果与市场脱节。

二是在科研成果向现实生产力转化，科技成果逐步成熟、完善以适应产品化、企业化的全过程中，存在着巨大的技术风险，同时投资巨大。

实践证明，一项新技术成果由实验室、中间应用放大试验到工业化或产业化应用，资金投入比例大致为1∶10∶100，而我国仅为1∶0.7∶100。解决问题的办法是以中央企业为主体进行的技术创新活动，其研发内容和攻关目标都是针对建设、生产和运营中面临的或可能遇到的技术难题。其科研成果将直接应用于企业正在进行的生产活动中去，实现边研发、边应用、边推广，从而彻底解决科技和经济脱节的问题。

第七章 创新型社会主义新农村是创新型国家建设的有机组成部分

创新是民族进步的灵魂,是国家兴旺发达的不竭动力。目前我国仍有将近一半的人口是农业人口,2012年,乡村从业人员达到5.39亿人。创新型社会主义新农村建设是创新型国家建设的有机组成部分。相对于创新型城市建设来说,创新型社会主义新农村建设是比较落后的。建设创新型社会主义新农村的途径主要包括加强对农民的教育培训,营造创新环境;实施政策引导,创新农业经营模式;引导和管理农户的农产品供给行为,促进农户安全农产品的供给;发展绿色农业,提供绿色农产品。

第一节 完善农村教育体系,培养创新型农民

一、加强农村基础教育

广大农民群众是建设创新型社会主义新农村的主力军。构建及完善农村教育体系、营造创新环境、培养创新型农民是建设创新型社会主义新农村和创新型国家的基础。但就目前情况看,我国农民的整体文化水平还有待提高。2012年,平均每百个农村劳动力中有5.3个文盲,小学程度的有26.07个,初中程度的有53.03个,高中程度的有10.01个,中专程度的有2.66个,大专及大专以上的有2.93个。可见,文盲和只具有小学文化程度

的农村居民家庭劳动力占到了农村劳动力的三分之一。农民整体受教育程度普遍偏低,明显低于城市居民的受教育程度,并且中西部地区的农民受教育程度低于东部沿海地区。农民的文化水平普遍偏低,严重制约了其改善农业生产技术、提升经营管理水平以及适应瞬息万变的市场需求能力的提升,成为建设社会主义新农村和创新型国家的重要制约因素。加强农村基础教育是提高农民整体文化水平的重要措施。在加强农村基础教育上,应着重从加大农村基础教育投入力度、形成对农村基础教育投入经费的合理有效使用机制、提高农村教师待遇、全方位关注农村留守儿童的教育问题等方面入手。

二、强化职业教育培训

职业教育培训是农村教育体系的重要组成部分。就像产业工人需要技术培训,经营管理人员需要管理培训一样,农民也同样需要职业教育培训。现如今,农村迫切需要既懂技术、又懂经营管理的新型农民。党中央已充分认识到对农民进行职业教育培训的重要性。自2004年实施农民培训政策以来,中央财政不断加大支持力度,截至2015年,已累计安排109.46亿元资金支持农民开展职业教育培训工作。为了提高农民职业教育培训工作的成效,要求组织者在农民职业教育培训的内容、师资、时间、地点和农民自己负担的费用等方面均进行合理的设计。在培训内容方面,一般来说,年轻的农民更倾向于学习一些非农类的技能,目标是立足于城市,而年龄较大的农民更倾向于回乡创业,对兴办生态农庄等立足于农村的事业更感兴趣。在师资队伍方面,因培训经费较为缺乏,使得在市场上聘请高水平的师资队伍进行授课难度较大。而师资队伍水平又直接决定着培训效果以及农民参加职业教育培训的积极性,鉴于此,建议采用基层农村组织和农业类高校以及职业技术类院校合作的方式,这样可以在保证高水平师资队伍的前提下节省费用开支。在时间、地点和培训形式上,都应尽量满足农民的需求。

三、营造创新环境

　　创新型农民除了要具备一定的科学文化水平和职业技能以及经营管理能力之外，各级政府还应为其营造有利于农民发挥创新能力的创新环境。全国人大代表、全国人大农业与农村委员会委员张晓山认为，中国改革发展是从农村开始的，"小岗村的生产大包干就是一种制度的创新，说实在话农村有许多能人，即便是在五六十年代生态环境比较恶劣的情况下，他们也能发展起来。因此，政府也好、市场也好，怎样能创造一种有利于农民发挥自己创新能力的环境是关键。"此外，张晓山坦言，中国农民的聪明才智、应变能力、创新、创业能力，在全世界都是一流的。由此可见，营造良好的创新环境使我国农民能够充分发挥其创新能力是创新型社会主义新农村建设的重要任务。

　　2015年3月，农业部印发了《关于加强农民创新创业服务工作促进农民就业增收的意见》，《意见》指出，农民是新常态、新阶段背景下推动"大众创业、万众创新"中人数最多、潜力最大、需求最旺的重要群体。改革开放以来，我国农民创新创业蓬勃兴旺，为农产品加工业、休闲农业和农村二三产业培植了大量的新增长点和后备队伍，为经济社会发展作出了巨大贡献。各地要利用平台建设、政策扶持、创业辅导、公共服务、宣传推介等主要手段，以农村能人、返乡农民工、退役军人和大学生村官创办农产品加工业、休闲农业、民俗民族工艺产业和农村服务业为重点，为其提供各种优质专业的服务，促进农民创新创业群体高度活跃，推动农民创新创业氛围更加浓厚。《意见》强调，对农民引进新业态、新技术、新产品、新模式进行创新和农民利用自身积累、发现机会、整合资源、适应市场需求创办的小型微型企业，要推动落实创新创业扶持政策，树立一批落实政策的县级典型，引领更多的地方政府为农民创新创业创设政策、降低门槛、改善环境、提供服务。要努力搭建创新创业示范基地和见习基地，进一步强化农民创新创业指导师、创业带头人培训，鼓励大力发展"互联网+"和电子商务。要积极组织创新创业农民与企业、小康村、专业市场和园区对接，形成企业带动、名村带动、市场带动和园区带动农民创新创业的格局。要不断探索农民创新创业的融资模式，利用社会资金建立农民创新创业发展基金，不断降低农民创新创业的融资成本。

第二节 创新农业经营模式

一、我国农业经营模式的演变历程

概括来讲，我国的农业经营模式经历了如下几个阶段的演进：新中国成立初期的个体经营模式，农业合作化时期的集体经营模式，人民公社时期的集体经营和新时期的农村家庭承包经营模式。农业经营模式必须与农业生产力发展水平相适应。改革开放以来，我们国家实行了家庭联产承包经营责任制的经营制度，这种经营制度曾极大地促进了农业生产力的发展，但也带来了一些弊端，如单个农户的生产经营规模小、对市场信息把握不够准确、无法充分实现农业现代化等。不可否认，家庭联产承包经营责任制仍然是新时期我国最基本的农业经营制度，但现代农业需要与之相适应的经营方式，集约化、规模化、组织化和社会化是现代农业对经营方式的内在要求。党的十八大报告明确提出，要坚持和完善农村基本经营制度，依法维护农民土地承包经营权、宅基地使用权、集体收益分配权，壮大集体经济实力，发展农民专业合作和股份合作，培育新型经营主体，发展多种形式规模经营，构建集约化、专业化、组织化、社会化相结合的新型农业经营体系。这为坚持和完善农村基本经营制度、创新农业经营组织指明了方向和提出了新的要求。目前广大农村地区生产力发展不均衡，因此，我国的农业经营模式趋向于多种农业经营模式并存。

二、我国创新型农业经营模式的主要类型

我国创新型农业经营模式主要有产业化经营模式、合作化经营模式和农场化经营模式三种。

产业化经营模式。农业产业化经营其实质就是用管理现代工业的办法来组织现代农业的生产和经营。它以国内外市场为导向，以提高经济效益为中心，以科技进步为支撑，围绕支柱产业和主导产品，优化组合各种生产要素，对农业和农村经济实行区域化布局、专业化生产、一体化经营、社会化服务、企业化管理，形成以市场牵龙头、龙头带基地、基地连农户，集种养加、产供销、内外贸、农科教为一体的经济管理体制和运行机制。

合作化经营模式。合作社经营模式主要有两种形式：一种是集体加农户的合作模式。就是以原来的农村集体为依托，用好农地"可以确权确地、也可以确权确股不确地"的政策，改造成立规范的农业合作社，实行真正的统分结合，集体统一经营服务，农户分别生产管理；另一种是，脱离与原来农村集体的关系，通过入股的方式，成立农民专业或综合性合作社，壮大农业经营主体，扩大土地经营规模，促进发展现代农业。

农场化经营模式。在市场农业发展中，部分农户通过发展种养加销，积累了丰富的经营管理经验、掌握了先进的农业生产技术、购置了基本的农业机械、实现了资本的初步积累，他们是农村先进生产力的代表，是发展现代农业的骨干力量。应制定切实有效的扶持政策鼓励这部分农户，通过租赁、转包等形式适当扩大土地经营规模，采取家庭农场式经营方式，发展现代农业经营项目，主要经营管理和生产技术岗位由家庭成员担任，根据农业生产经营的季节特点，也可适当找一些临时帮工，从事具体农业生产活动。这种经营模式，在传统家庭承包经营模式的基础上，扩大了土地经营规模，不仅有利于推进农业的品牌化、标准化、设施化、专业化、机械化、生态化发展，而且可以为发展农业的企业化经营创造条件。

三、推动农业经营模式创新的政策建议

农业经营模式的创新是为了适应不断发展的农业生产力的需要，是实现农业现代化的必然选择。农业经营模式的创新需要从宏观、中观和微观角度进行全方位的推进。从宏观上来看，需要政府加强宏观调控和扶持。现代农业经营模式的创新和应用需要各级政府根据当地实际情况进行合理引导，政府应注重对农产品质量和农产品价格的监管和扶持，以保证现代农业的可持续发展。此外，政府应建立健全新型农业经营模式的投融资机制，保证新型农业经营模式的实施有足够的资金支持。从中观上来看，应建立和完善推进新型农业经营模式的相关制度，如农地流转制度。目前，农地流转制度存在很多缺陷，如流转信息的不畅通、流转缺乏法律保障、流转地块分散且规模较小以及流转范围较小等。因此，在以上诸方面均应加强对农地流转制度的改革和完善，为创新农业经营模式创造条件。从微观上来看，应加强对农民的培训。农民是农业经营模式的创新主体和主要参与者，农民的经营观念、经营能力和农业技术水平，直接影响着农业经营模式的创新和实施。

第三节 对农户供给行为进行合理引导与管理，促进农户安全农产品的供给[1]

农产品安全问题已成为政府部门和广大消费者普遍关注的问题。2015年中央一号文件明确提出，我国农业资源短缺，开发过度、污染加重，如何在资源环境硬约束下保障农产品有效供给和质量安全、提升农业可持续发展能力，是必须应对的一个重大挑战。

---

[1] 张晓凤，赵建欣，朱璐华，韩彩欣. 农户安全农产品供给的影响因素分析［J］. 安徽农业科学，2010年第14期.

一、农户农产品供给行为的特征

农户是我国农业生产经营的主体,是构成农村微观经济的基础,农户的供给行为是影响农产品质量安全最为重要的因素之一。优化农户安全农产品供给行为的关键在于认识和把握农户安全农产品供给行为的基本特征。农户安全农产品供给行为的基本特征主要表现为农户行为的经济理性,利润最大化的经营目标和影响因素的复杂性。

理性是指行为主体面临选择时,他会选择一个能够使他效用最大化的方案。种种迹象表明当前我国农民的经济行为是理性的。农产品供给也不例外,向市场提供安全农产品还是提供低成本的不安全农产品是农户根据经济环境和外在制度环境做出的理性选择;专门生产农产品的农户,无论其采取何种生产形式,其生产经营的最终目标是追求利润最大化;农户农产品供给行为是一种经济行为,因此会受到诸如价格、成本和风险等因素的影响。又由于农户的农产品供给在食品质量安全框架内进行,因此也会受到一些社会因素诸如法律法规、经济组织和社会舆论影响。

二、农户安全农产品供给的影响因素分析

1. 影响农户行为的经济因素

家庭联产承包责任制的实行,农户成为独立的生产决策者,可以根据市场状况决定自己的行为目标和行为方式。因此,影响农户安全农产品供给的首要因素是经济因素,它主要包括安全农产品的价格、供给成本和供给风险。

首先,在信息完善的市场上,商品的供给数量是其价格的函数,价格越高,商品的供给数量越多,并且较高的价格还会吸引一些新的厂商加入到该商品的生产中来;反之,价格越低,商品的供给数量越少,有部分厂商会因为较低的商品价格而退出市场。其次,安全农产品的生产成本能否

得到补偿直接决定着安全农产品的供给。最后,理性农户在进行生产决策时必定要权衡供给安全和不安全农产品所承担风险的大小。供给安全农产品面临最大的风险是价格风险,即安全农产品的价格在市场上能否得到充分体现。供给不安全农产品面临的风险是能否被发现以及被发现后所导致的经济损失。

2. 影响农户行为的社会因素

影响农户行为的因素除了经济因素以外还包括社会因素如政策法规、组织约束和社会舆论等,他们在一定程度上对农户行为具有规制和约束作用。

首先,法律法规作为正式的制度安排对人类经济活动有强制性的规制作用。有关农产品质量安全的法律法规与农户行为存在着复杂的关系。一方面农户的不安全供给行为的存在是有关安全法律法规制定的基础,另一方面政策法规一旦颁布,在一定程度上会影响农户的决策目标,进一步作用于农户行为。其次,在组织约束方面,农业中介组织包括农业经济合作社、龙头企业、农产品加工企业等组织。它们除具备社会中介组织的一般功能外,在降低农户交易成本的同时还以或松散或紧密的契约形式对农户的生产行为进行约束,这种组织约束必定要作为内生变量进入农户的决策模型,使得农户在一定范围内调整其决策目标,改变决策行为。最后,社会舆论一方面向农产品的生产者宣传有关食品安全的法律法规,间接引导农户行为步入法制轨道;另一方面揭示食品质量安全信息,减少各种食品质量安全信息的不对称,对农户行为形成软约束。

三、对农户安全供给行为的引导与监管

当前,农户是安全农产品最主要的供给主体,其行为决策直接决定农产品是否安全供给。从农户安全供给行为产生的机理来看,农户行为目标是收入最大化和风险最小化,农户的行为目标决定着农户的行为方式,而

农户的具体行为则取决于经济因素和社会因素的共同作用。因此要保证安全农产品供给，政府应从多个层面，多个角度，利用多种手段，激励、引导和约束农户行为。

1. 经济诱导

首先，在技术层面上应努力提高检测技术、完善检验体系，解决农产品市场的信息不对称问题，使安全农产品的价格优势得以体现，从而补偿农户供给安全农产品的成本，扩大农户供给安全农产品的利润空间，从经济上激励农户供给安全农产品。其次，在管理层面上应由目前偏重于法律法规对事后行为结果的惩罚转向对农户的行为引导和服务方面。"在复杂的经济冲突中找到有效率的折衷不是通过政府无谓的干预，关键是让人们有选择不同制度和合约的自由"杨小凯（2000）。法律可以规制不法行为，但却不能激励人们更守法，只有经济激励才能激发农户的经济动机，并内化于行为，从而进行安全农产品的生产。

2. 通过监管上下游企业来间接约束农户行为

对于政府来说，农产品的生产企业是便于监控的，但要去监控千千万万的农户进行安全农产品生产或检验其生产的农产品是否为安全农产品，则需要高昂的检验、检测、监督和执行成本，所以政府不可能去直接监督农户。但可以通过对生产资料供应环节、购销环节进行监管，通过对绿色农业产业化中的工商企业和农业合作组织进行监督来诱导、促进农民采用绿色农业技术进行安全农产品生产。政府只需加强对流通中农产品的检测，加大惩罚力度，就会迫使流通企业对产品的质量做出甄别，从而有效约束农户的生产行为。这样既可以提高政府的监管效率，降低管理成本，又可以有效地解决农产品质量安全问题。

3. 优化外部制度环境

"人类行为所以表现不同，不是他的'理性'有所不同，而是制度环境和自然条件不同，造成可供他们选择的方案不同所致"（林毅夫，1994），因此，理性主体的微观经济行为往往受制于政府所创造的外部制度环境的约束。政府应当为安全农产品的生产和销售创造良好的外部制度环境，一方面可以激励农户供给安全农产品，并且使这种激励内化于农户行为使其认为供给安全农产品是最优决策；另一方面良好的制度环境还可以有效约束农户的不安全生产行为。优化外部制度环境应同时从两方面着手：在政策层面上，完善《农产品质量安全法》的配套法规，细化有关安全农产品生产方面的内容，提高法律的针对性；在操作层面上，加强执法监督，遏制安全农产品生产中的机会主义。如果农户的违法生产行为能够以足够大的概率被发现，将会对不安全生产者产生约束效应，改变其风险预期从而改变其决策目标，同时对安全农产品生产者的行为也会产生激励。

4. 加强舆论监督

社会舆论可以在一定程度上弥补政府监督成本过高的不足，对农户行为有监督和引导作用。它可以通过揭示农产品质量安全信息，从外部营造改善农产品质量安全的压力，对生产者形成一种无形的约束力。同时由于舆论监督辐射面宽，影响力大的特点，还会督促农产品安全的主管部门加强当地安全农产品生产的管理，防止因不作为造成的农产品质量安全问题。

第四节 发展绿色农业，提供绿色农产品，规避柠檬效应[1]

发展绿色农业目前已成为我国农业可持续发展的主要方向。绿色农业是指合理运用先进技术、先进经验，以促进农业生态安全、农业资源安全、农业产品安全为目标，实现农业综合经济效益提高和农业可持续发展的新型农业发展模式。所谓绿色农产品，是指遵循可持续发展原则，按照特定

---

[1] 张晓凤，金起文等. 绿色农产品的"柠檬效应"及其营销对策 [J]. 安徽农业科学，2010 年第 28 期.

第七章 创新型社会主义新农村是创新型国家建设的有机组成部分

生产方式生产并经专门机构认定，许可使用绿色农产品标志的无污染农产品。与普通农产品相比，绿色农产品的安全性强、营养成分含量高，对提高消费者身心健康水平效用大。但在绿色农产品销售过程中，却存在着"柠檬效应"，严重挫伤了消费者对绿色农产品的购买信心，影响到绿色农产品生产经营的可持续发展。

"柠檬效应"是一个经济学术语，源于市场信息的不对称。信息不对称影响市场的正常运行。完全信息情况下，具有较高环境意识的消费者根据自己的偏好选购绿色农产品，支付较高的价格；环境意识较低的消费者则选择环境影响较大的传统商品，支付的价格也较低。但在信息不对称条件下，由于缺乏有效的手段对市场中真、假绿色农产品的环境质量进行鉴别，使得消费者对市场中所宣称的绿色农产品产生怀疑态度。在中国人民大学刘凤军教授的《绿色贸易壁垒下我国企业绿色营销问题研究》中提到，有47%的消费者不相信产品所宣称的环境安全说明。这种情况下，真正的绿色农产品难以在市场中以预期的较高的价格进行销售，这将影响绿色农产品市场的有效运行。

为了规避柠檬效应，树立消费者对绿色农产品的购买信心，保证绿色农产品的生产经营得到可持续发展，必须加强对绿色农产品的营销管理。

一、提高绿色农产品质量水平，培育绿色农产品品牌

提高绿色农产品质量水平，培育绿色农产品品牌是规避柠檬效应的根本。绿色农产品质量是绿色农产品品牌建设的基石，而绿色农产品品牌则是消费者识别绿色农产品、对绿色农产品形成品牌信心和品牌偏好的重要途径。所以，规避柠檬效应应首先从提高绿色农产品质量水平、培育绿色农产品品牌入手。

首先，品牌培育必须质量先行。为了提高绿色农产品质量，在农产品生产的产前、产中和产后的各个环节，都要以有关的国家和国际标准为指导，使用高效、低毒、低残留、易分解的农药，提高防治效果，降低施药

量,减少农药残留;大力推广采用农业防治、物理防治、生物防治、人工防治、营养防治和生态防治技术,减少农药对蔬菜、粮食的危害,保护人体健康。科学配方施肥,掌握好施肥的时间、次数和数量,提高肥料利用率,方可不断拉近与名牌的距离。

其次,政府应培育品牌建设的主体,引导品牌主体加强品牌建设与管理意识。品牌的直接受益者是品牌主体,只有品牌主体发挥其积极性、主动性和创造性,品牌建设才会具有内生的动力。品牌主体需要具备一定的条件,因为品牌主体的完善成熟与否,直接影响到品牌建设的效果。衡量品牌建设主体是否完善成熟的标志是其规模化、组织化、企业化和一体化程度,因为这决定了品牌主体在品牌投资和运作过程中的强势地位。而我国农产品生产经营者的显著特点又是规模小,组织化程度低,非企业化经营,对市场的依赖程度低承受风险的能力弱。事实上一个品牌的建设是需要巨额投资作为支撑的,不论是品牌的创建,还是品牌的维护,以及运营,没有一定经济实力的企业化机构很难担当此任。目前一些农业产业化组织随着农产品商品化进程的发展和深入逐渐成长起来,他们是按照企业运作方式进行经营管理的组织,形式虽多种多样,但只要具备了品牌建设主体规模化、组织化、企业化和一体化要求的法人资格就能够成为品牌主体。政府应制定相关政策扶持具有一定规模化、组织化、企业化和一体化程度的农产品生产加工企业的发展,并注意引导这些企业增强品牌注册和培育、发展品牌意识。

二、构建绿色农产品渠道体系

一般来说,绿色农产品的生产成本较一般农产品高出约30%,有的甚至达到1倍以上。若其流通环节成本再增加,则其最终价格很可能会高出普通产品3倍以上。传统农产品市场即批发市场和农贸市场基本上属于完全竞争市场,虽然在一定程度上满足了消费者"求廉"心理,但由于其经营条件简陋,产品鱼龙混杂,无法保证产品的质量并提升其价值,不利于农产品

第七章　创新型社会主义新农村是创新型国家建设的有机组成部分

品牌的建立。该市场要求产品同质，即对于同质产品的交易，该市场是有效率的；而对于差别化产品如绿色农产品与普通农产品共存的交易，该市场因无法为消费者提供完备的质量信息，最终将导致市场失效，无法保证绿色农产品按正常价位出售，产生市场的"柠檬效应"。因此，为了规避"柠檬效应"，应构建与传统农产品销售渠道相隔离的绿色农产品销售渠道。

1. 利用现代化绿色农产品交易物流中心销售产品

现代化绿色农产品交易物流中心应发挥在农产品交易、仓储、配送、检测等方面的基本功能，采用现代化的电子结算、质量追溯、信息发布、展销拍卖、产销对接的功能，从而实现绿色农产品交易。现代化绿色农产品交易物流中心应具备一整套绿色农产品的检验、检测机制。针对蔬菜、水果农药残留，畜禽肉类的感观、常见寄生虫等常规理化指标进行检测，保证消费者食用安全、绿色的农产品。现代化绿色农产品交易物流中心通过采用现代化的交易方式，为客商提供整洁、便利的农产品交易平台。并通过封闭式供应链，实现由中心到终端的直接配送，省去中间流通环节，将农产品直接运往大型商超、酒店、校园等终端市场销售，提高农产品流通效率。

2. 与绿色农产品加工企业、大型超市和宾馆饭店建立长期合作伙伴关系

绿色农产品的"安全性"和"质量"需要被最终消费者所认可，必须采取不同于传统市场销售的方式，因为普通农产品和绿色农产品很难从外观上进行识别，而大型超市因为采用有组织的系统管理，拥有较完善的运输条件以及对农产品供应链有强大的控制力，有能力帮助消费者进行识别。农产品进入超市，可以提高其产品的附加值，使质量效益得到体现，品牌优势得到发挥，从而提高农产品的经济效益。

3. 建立直销专卖店

在城镇居民比较集中的社区，开设直销专卖店，以安全、优质和便利扩大销售。专卖店的农产品，不仅要从质量上无可挑剔，更要在包装、商

标、数量的设计上有独到之处，有排他性，要与其他同类产品相比有明显的优势。品牌店可以摆放权威质量检测机构的认证和相关证件，可以供消费者考证。

4. 农产品网站——互联网。

网上经营是农业品牌国际化的最现实最为可能的途径和方法，企业可以通过设立企业网站，或定期在相关农业网站上发布农产品信息，开展网上参展、网上支付、网上防伪信息查询等活动，提高交易的效率和品牌的知名度。

三、做好绿色农产品的促销工作

酒香也怕巷子深，再好的产品也要吆喝。绿色农产品也不例外。绿色农产品促销工作的核心是企业和消费者沟通绿色农产品信息，目的是让消费者对所提供的绿色农产品知晓、了解、进而形成偏好最终对企业所提供的绿色农产品产生购买行为。只有做好绿色农产品的促销工作，才能有效的将企业所提供的绿色农产品与假冒伪劣的绿色农产品区别开来，增强消费者购买绿色农产品的信心，达到规避"柠檬效应"的目的。绿色农产品的促销策略主要包括广告、人员推销、销售促进和公共关系四种。因为绿色农产品属于生活消费品，市场范围较广；而且绿色农产品处于市场导入期，促销的目标主要是让消费者知晓，所以可采用以广告促销为主兼用销售促进的拉式策略。该策略即企业运用非人员推销方式把顾客拉过来，使其对本企业的产品产生需求，以扩大销售。

广告应主要选择电视广告、户外广告（如路牌广告、公交车广告等）来介绍绿色农产品的性质、属性等，这种广告策略有利于促进市场信息的传播，并能够有利于引导、刺激消费、创造需求，使消费者提升消费意识与层次，对绿色农产品的促销工作起着重要作用。

销售促进的形式很多，例如有奖销售、赠送样品、发放优惠券等。目前，消费者对绿色农产品的了解还比较少，因而企业在进行销售促进时要注重策略创新，要注意运用举办培训班、体验促销等方式来进行销售促进。通过销售促进，直接向消费者宣传、推广农产品绿色信息，讲解农产品的绿色功能，激发消费者的购买欲望，鼓励消费者转向绿色农产品的购买，建立他们对绿色农产品品牌的偏好。

人员推销能够让消费者和企业更近距离的接触，从促销人员的方方面面感受企业，从而对企业，形象和企业的产品带来一定的影响，所以在促销的过程中企业要对推销人员实行绿色培训，对产品的优势和能够带给购买者的利益点讲述清楚，强调绿色环保特征，把产品、企业与环保有机联系起来。

公共关系是绿色农产品企业树立绿色形象的重要传播途径，在培育绿色消费意识，促进绿色农产品的销售方面起着传统促销活动不可替代的作用。它能帮助企业更广泛地将绿色信息传递到广告无法到达的细分市场，给企业带来竞争优势。开展公共关系可以采取多种方式，比如可以积极参与赞助、扶贫、救灾等公益性质的社会活动。要通过企业的公关活动，广泛与社会公众进行接触，把企业所做的绿色贡献及为社会创造的绿色价值告诉广大消费者，树立良好的绿色企业形象，赢得社会公众的好感，为绿色农产品营销建立广泛的社会基础，促进绿色农产品营销事业的发展。

第八章 培育创新文化是建设创新型国家的根本

第一节 创新文化及与建设创新型国家之间的关系

一、文化的概念与内涵

文化有广义和狭义之分。广义的文化多指人类创造的一切物质的和精神的全部成果的总和。狭义的文化是指人们的思想、观念、法律、制度、文学、艺术等意识形态领域内的精神产品。目前普遍认同的是著名人类学者泰勒（Edward Bumett Tylor）给文化下的定义："文化或文明就是由作为社会成员的人所获得的，包括知识、信念、艺术、道德法则、法律、风俗以及其他能力和习惯的复杂整体。就对其可以作一般原理的研究意义上说，在不同社会中的文化条件是一个适于对人类思想和活动法则进行研究的主题。"从这个意义上讲，文化是以人为中心的特定生活方式的整体，包括观念的文化、制度的文化和物质的文化。

研究国家创新文化的名著《文化 VS 技术创新：德美日创新经济的文化比较与策略建议》的作者认为："文化是一个体系，其中包括群体共同拥有的规范、行为、表达方式和价值观，以及这个群体共同创造的、能显示其文化特色的建筑物、城市、艺术品、制度和法律等。"创新文化是鼓励创新的文化，是一种有利于创新活动的文化观念和行为道德规范，是一种给人归属感的"精神家园"，一种良性循环的"生态环境"。它包括三个内涵：精神层面——制度层面——物化的和外在的形式与载体。

二、创新文化的概念与内涵

目前，学者们对创新文化的概念还没有统一的定论，学者们都是从不同的视角对创新文化进行的解释。

Alan Frohman 认为，创新文化是一种能够激发能量、热情、主动性和责任感，以帮助组织达到高目标的有利于创新的文化。[1]

Thornberry 认为，创新文化是组织内的一种奖励创新和鼓励冒险的文化。这种文化能够激励和奖赏杰出的工作者，对于快速变化的环境、突然出现的危机和突发情况作出迅速反应。这种文化要求我们重新检查一切事情，它不像一个工程一样有一个具体的结尾，它要不停地继续再继续。作为一种文化，它必须渗透到组织的骨髓中去。[2]

高浏琛（2004），认为创新文化是一个包括创新的人才、创新的技术、创新的组织、创新的机制，以及创新的政策在内的一系列因子的系统。创新的人才是创新文化的灵魂；创新的技术是创新文化的引擎；创新的组织是创新文化的源泉；创新的机制是创新文化的活力之源；创新的政策是创新文化的动力之源。[3]

王缉慈认为，创新文化或者高科技文化的出现，侧重点不是物质文化环境建设，而在于软环境，即制度环境、机制环境和人才层面的建设。

万劲波认为，"创新文化是与创新活动相关的文化形态，是社会共有的

---

[1] Frohman, Alan L. Building a Culture for Innovation [J]. Researeh Technology Management, 1998, 41(4): 9-12.
[2] Thornberry, Congressman Mae. Fostering a Culture of Innovation [J]. Proceedings of the United States Naval Institute, 2003, 129(4): 44.
[3] 高浏琛.美国硅谷的创新文化(上)[J].中外企业文化, 2004(10).

关于创新的观念和制度的设置。"❶

陈依元在《创新文化——自主创新的文化驱动力》一文中指出："创新文化包括主体创新文化、制度创新文化、环境创新文化三个层次的内涵。主体创新文化属于内在的创新文化，制度创新文化与环境创新文化则属于外在的创新文化，三个层次的文化子系统又各包括若干门类、要素，构成一个内涵体。"❷

罗孝高认为，"创新文化主要是指对创新活动具有牵引、导向作用的文化。"❸ 并且创新活动的主体是人，创新的关键是靠人的积极性、主动性、创造性的发挥。人所处的社会是个文化的社会，文化对人的影响是全方位和深层次的，它通过作用于人的思想，从而影响人的活动，进而对创新活动产生影响。从这个意义上说，创新文化就是对创新具有导向和牵引作用的文化，是各种创新活动所赖以进行的文化环境。同时，创新不仅是一种创造性的思维活动，更是一种方法的变革，并且涉及价值问题。所以，创新本身也是一种文化——创新文化。

罗孝高同时认为，创新文化有其自身的特征：空间性、创造性和开放性。罗孝高参照对现有世界各国创新文化的初步分析，认为可以把创新文化大致分为三种基本模式：个体模式、群体模式、主从模式。具体讲，以讲求个性、追求独立研究的美国个体模式创新文化，适宜基础性创新和原发性创新；以重视集体合作，讲求引进吸收再创新的日本群体模式创新文化；以尊重领导、强调服从的中国主从模式创新文化，适宜于大规模赶超。

杨叔子认为，创新文化是人文文化和科学文化融合基础上的提炼和升华❹。人文文化与科学文化的交融是时代发展的必然趋势，创新文化是人类社会经济发展到创新时代的产物。人文文化主要强调尊重人的价值，强调

---

❶ 万劲波.创新文化与创新社会建设——文化、教育和科技联动[J].世界科学,2006,(5).
❷ 陈依元.创新文化:自主创新的文化驱动力[J].福建论坛,2007,(3).
❸ 罗孝高.创新文化的基本模式与创新文化的建设[J].福建论坛,2004,(5).
❹ 杨叔子.人文文化与科学文化的交融是时代发展的必然趋势[J].苏州教育学院学报,2007,(3).

依靠调动人的积极性和创造性推动经济社会发展，它注重人们的精神需要和精神生活，强调社会的精神支柱和精神信仰。科学文化主要强调尊重科学技术的价值和作用，强调依靠科学技术推动经济社会发展，强调科学方法和科学理性，追求客观真理。

金吾伦将创新文化划分为包含信仰、理性、价值等方面的内在观念文化和涵盖政策、法规、物流、人流、资金流、信息流、知识流、渠道、市场等社会环境的外在制度文化两个层面。❶

王瑛认为，创新文化是在遵循人类自身协调发展和人与自然和谐相处规则的前提下，提倡和促进一切以新的理论、技术和方法改变现有秩序、规范和程式的思想行为，使得人类朝着更加文明健康的方向发展的文化体系。它是集中体现时代精神的文化，包括人性化的科技观、立体化的人才观、多元化的价值观、科学化的自然观、开放化的全球观，同时创新文化又是一种宽松的文化、法治的文化和自励的文化。❷

徐冠华认为，创新文化是一种行为文化，是社会整体文化的一个侧面。它既作为环境因素，影响或制约创新过程，又作为一种渗透到创新主体的潜在因素，影响创新者的行为和表达。❸

中外学者对创新文化概念的界定具有共同之处，即都突出了创新文化对创新活动所具有的导向和牵引作用。大多数学者也认同这样的观点：根本的创新文化建设要在社会的各个方面同时进行。我们认为，创新文化是一种能够激发人的创造性，敢于冒险，允许失败，勇于竞争与合作，鼓励产生新知识、新技术、新发明、新创造、新专利等的文化氛围，既是一种文化价值理念，又是一种行为道德规范。

---

❶ 金吾伦.创新文化的内涵及作用[J].现代企业教育,2005(02).
❷ 王瑛.论创新文化的特征[J].东南大学学报,2004(05).
❸ 徐冠华.科技创新与创新文化[I].中国科学与人文论坛.

三、创新文化的特征

创新文化的特征,可以从创新文化的内涵中进行拓展。具体而言,创新文化具有探索性、创造性和宽容性等特征。

1. 探索性

人类的发展历史是一个不断探索和创造的历史,创新文化就是人类在对自然、社会和人本身的认识和改造过程中不断探索与积累中形成的。人类的探索是无止境的。在无尽的探索过程中,人类形成了各种各样的知识,如人文社会科学知识和自然科学知识等。不管这些知识本身有多大的差异,其共同的特性都是人类探索的结果。波普尔从科学哲学的角度对人类为何要不断探索做出了概括,他说:"人之所以成为科学家,并不是由于他占有知识、驳不倒的真理,而是由于他对真理的持续的、不顾一切的批判和探索。"探索与实践既是对人类好奇心的满足,又是创新的起点。历史已经证明,各种各样的创新成果往往是探索与实践的结果。如果没有探索,就没有今天的人类社会,就没有各种各样的发明创造,更谈不上人类生产生活的根本性改变。因此,探索性是创新文化形成与发展的重要因素。

2. 创造性

创造性是创新文化的根本特性。创造是产生出之前没有的事物。创造活动与人类的实践直接相关,人类实践是无止境的,因此创造性活动也是无止境的。实践是认识的来源,人类在实践活动中总会创造出新的观念、新的事物,而这些新观念、新事物既是推动社会不断发展的动因,也是推动文化不断更新与发展的动因。因此,创造性是文化形成与发展中的关键因素,对创新文化的产生和发展具有导向和牵引作用。

创新与创造紧密关联,创新包括在创造之中,创造虽然包括创造出的新事物,但没有对"新"做出特别强调,而创新偏重创造成果中的新事物,即创造出的新事物、新观点和新方法等才是创新。可以说,创新是创造,但指向了创造中的前进性力量。创新文化的创造性特性反映了创造新事物、新观点和新方法对人类社会特别是当前社会发展的重要性。

3. 宽容性

宽容性是创新文化探索性和创造性特征的必然要求。宽容的文化环境是促进创新活动的温床，是推动创新文化不断发展的必要氛围，是外在因素对内在因素的一种支持态度，是促进内在因素走向成功的助推器。宽容的文化环境是创新文化作为一种文化的必然要求，是创新主体能够不断坚持探索、不断创造的必然要求。

四、构建国家创新文化，助推国家创新战略的实施

创新是民族进步的灵魂，没有创新文化的民族是没有希望的民族。当今世界，自主创新能力、国家文化软实力已经成为国家竞争力的核心。知识产权成为财富的最大源泉，创新型人才成为一个国家经济社会发展的战略资源。我国要在2020年进入创新型国家行列，自主创新文化是国家最核心的文化软实力，也是综合国力的重要构成。建构自主创新文化系统，既是建设创新型国家奋斗目标的题中应有之举，也是顺应时代潮流和创新发展规律、应对挑战、实现创新发展的必然选择；既是一个以自主创新文化应对创新全球化挑战，自主创新呼唤创新文化的过程，也是走中国特色自主创新道路、建构中国特色自主创新文化价值观念体系的过程。

文化是民族生存和发展的强大力量。如今越来越多的学者致力于研究文化价值对于促进社会进步所起的作用。德鲁克认为："今天，真正占主导地位的资源，以及绝对具有决定意义的生产要素，既不是资本，也不是土地和劳动，而是文化。"佩鲁也指出："各种文化价值在经济增长中起根本性的作用，经济增长不过是手段而已。各种文化价值是抑制和加速增长的动机的基础，并且决定增长作为一种目标的合理性。"我国建设创新型国家的战略必然以自主创新战略为核心。自主创新战略的基本内涵就是要以提

升我国的自主创新能力作为提升国家竞争力的核心,并将此作为我国应对未来挑战的重大选择,作为统领我国未来科技发展的主线和我们建设创新型国家的根本途径。而把自主创新战略与创新文化战略有机融合,即实现科学精神与人文精神的结合,提升科技文化整合软实力,形成自主创新文化,为创新型国家建魄铸魂,同样也将经历一个交织融合、与时俱进的动态发展的过程。

自主创新文化是文化创新体系中的重要组成部分,也是文化形态中最具活力的部分,让文化引领创新,让创新成为文化,为我国到2020年实现创新型国家战略目标提供思想保证、精神动力、智力支持、制度保障等文化条件,这是自主创新文化建设的根本任务。建设创新型国家所需要的思想、理念、精神、信仰、组织、制度、价值观、道德观、行为习惯等,统称为创新型国家文化力。走中国特色自主创新之路,就是要运用创新型国家文化力铸魂、固本、立道、塑型、聚力,采取推(文化推动)、拉(文化引领)、内(文化凝聚)、外(文化辐射)等立体集合的方式,助推创新型国家战略的实施。

建构和完善适应创新型国家建设的自主创新制度文化体系,应从以下三个方面入手。

首先,以整体创新视野,优化和完善国家创新体系中的制度结构文化体系。一是建构和完善宏观改革的顶层设计,提升国家整体制度文化能力和整体效能;二是统筹和协调宏观改革顶层设计,使其与中观、微观层面"抱团创新",形成制度结构体系之间的合理分工;三是营造协同创新的制度文化力,使各创新主体、创新要素联动,发挥创新叠加效应。

其次,以有容乃大的制度文化自信,释放制度改革的持续正能量。一是提升产学研联动机制文化力;二是形成开放、流动、竞争、协作凝聚力;三是强化制度改革与科研经费管理体制改革,整合文化力;四是改革和完善科技评价和监督机制;五是建构科技文化平台共享机制,提升科技基础条件保障力。

最后，以创新制度文化自觉、建设学习型社会、提升全民族的科技文化创新力来营造创新文化生态环境。创新能力不仅越来越成为国家竞争力的决定性因素，而且也是人的全面发展的主导因素。因此，自主创新文化建设要在传统与现代的创造性转换中弘扬中华优秀文化，在批判与扬弃中吸收西方文明成果，在全社会中宣传创新思想，大力倡导敢为人先、敢于攻坚的精神，倡导求真务实、科学民主的风气，鼓励创新、宽容失败，营造激励创新的社会文化生态环境。坚持走中国特色自主创新道路，建设学习型社会，用自主创新文化铸就创新型国家发展之魂，实现中华民族伟大复兴的中国梦。

第二节 企业创新文化建设

一、企业文化的概念

企业文化体现企业的本质，很大程度上影响管理者的决策，直接决定了企业竞争力的强弱。过去，许多学者或从经济学角度或从管理学角度研究过企业文化概念。

Schein（1985）提出，组织的领导力、成员行为、气候等本身都是组织的子文化。Hofstede（1991）认为，组织文化本身可以测度，且具备将成员行为准则、共同目标黏合在一起的功能。美国学者迪尔认为，企业文化应该分为价值观、习俗、英雄、文化网和环境五大因素。Kreps 的"焦点"假说模型则把企业文化看作一种特殊环境。这种环境使企业成员不用直接交流即可形成微妙的默契。

郭松梅（2005）认为，企业文化区别于政治文化及民族文化，它逐渐形成于各种经济活动中。许冰（2009）在概括了过去一些学者的研究结论之后，认为企业文化既是价值观念，又是行为模式。它包括精神成果和物质成果两个方面，带有文化形态和管理方式双重属性，兼具无形资产和战略资源双重功能。

苏卫民（2010）研究发现组织环境及目标是不稳定的，组织文化相对来说不常发生变化。组织文化无形地存在于企业的每一个角落，影响企业成员的行为，充满活力的组织文化有助于组织制度的良性运作。

彭继红（2007）提出组织文化是组成企业核心竞争力的关键能力之一。独特性、发展性及凝聚力可作为评价企业文化能力的三大指标。不同环境条件下产生的企业文化不同，因此很难被模仿，更无法交易。为时刻保持与外部环境一致，企业文化也会随组织的变革而变化。企业文化的凝聚力通常表现为成员与企业相互信任、相互依存，成员个体思想行为与组织整体的有机结合。

本书作者在综合了以上众多观点认为之后在长期合作过程中，同一企业的员工往往逐渐形成共同的价值观，进而演化为一种无形中的体系。企业文化常被视为这种稳定的价值观体系思想外化后的具体表现，分为理念、制度、行为和物质四层，并广泛应用于各种管理过程之中。企业文化实质上是企业整体战略和商业模式的高度浓缩，它是一种精神力量，是从意识形态领域对企业正在走和将来要走的道路的一种高度提炼。

二、企业创新文化的概念

对企业创新文化的定义，学术界目前主要有以下两种看法。

一种以"创新"为切入词，关注外显物的变化。如企业经过思想价值观改革后，自身制度有所调整，组织中出现新的行为规范来指导成员（刘焕荣）；又如重新定位企业的愿景和战略使命，进而形成企业价值观并最终将企业愿景、战略使命与员工的职业人生发展统一协调起来（晏双生等）。这类观点强调对现有组织文化的实实在在的创新，涉及面很广。

另一种则以"文化"为重点，偏重于组织中有利于思想转变的气候，它强调激发创新热情的环境的塑造。李华（2008）认为，创新文化是各种创新活动所赖以进行的环境，具有明显的层面性。创新文化层面可划分为三个方面，即创新制度层面、创新精神层面和创新实践层面。创新人才计划、创新资金支持、薪酬激励机制等一系列创新制度的建立，为培育创新文化提供了有力保障。在创新文化形成过程中，企业的作用层面除了体现在员工的创新倾向和领导者变革精神之外，还主要体现在其实践性上。创新文化本质上是一种行为文化。

我们认为，企业创新文化是一种以创新为价值导向的文化，是一种激励员工的创新精神、激发员工的创新潜能和创新动力的文化，是一种引导和保护员工持续创新激情与活力的文化，是一种尊重员工的创新热情、允许和包容失败的文化。创新文化是所有创新过程中所必需的风气、氛围和舆论。本研究重在挖掘企业中有助于文化改革的因素，认为企业一切创新从根本上受企业内部条件与外在环境的多重影响。

三、创新型文化对企业的重要性

King（1995）强调，组织创新一般是有目的性、有计划、有思路的企业行为。创新帮助企业发展前进，创新型文化可以为创新行为提供氛围及理论指导。企业发展创新不是简单的线性过程，而是一个复杂的、包含若干因素的系统工程。其中，企业创新文化是整个企业创新能力提高的关键，是企业在激烈的市场压力中生存发展的动力和核心。[1]

王玉芹（2007）研究发现，提高企业核心竞争能力需要从建设创新型文化入手。创新型文化对内提倡的创新理念在得到员工的广泛认同后，被应用到实践中，有利于企业技术、产品及制度的创新。同时强势的创新型文化能有效提高企业对外部环境的敏感度和适应力。[2]

杜艳艳（2009）认为，企业创新文化有助于企业创新能力的提高。企

---

[1] 李怀祖.管理研究方法论(第2版)[M].西安:西安交通大学出版社,2005.
[2] 王玉芹,张德.创新型企业文化与企业绩效关系的实证研究[J].科学学研究,2007(27).

业的创新既需要有形的物质经济手段，也离不开企业文化的无形推动。企业创新文化就是企业创新的"软件"。❶

尹波、刘明理、鲁若愚（2010）在 Schein 的"层次文化论"和 Hatch 的"动态文化论"的基础上，从集成视角构建了文化影响组织创新的路径框架，揭示了组织创新活动与其文化的互动关系。从深层次上讲，潜在的组织创新型文化可以通过管理者的领导风格、外部环境变化和组织内部状况等因素外在体现出来。❷

胡春阳、胡月英等（2011）认为，企业创新文化通过"企业创新文化→创新价值观→自主/模仿创新→核心能力""企业创新文化→创新制度与环境→自主/模仿创新→核心能力"等路径对企业核心能力产生间接影响。❸

尹波、许茂增、敖治平（2011）从动态视角出发以数理模型方法研究组织创新文化。研究结果表明，制度可以维系组织成员间的关系，创新文化推动制度创新，制度创新保障创新文化的传播。❹

四、企业创新文化的构建

企业创新文化是企业文化的核心。企业创新文化的构建是一项系统工程。对企业创新文化的构建，我们主要从以下三个方面进行。

1. 树立"以人为本"的创新管理理念

塑造良好的创新文化理念最能持久地影响整个企业。北京航空公司的创始人啥伯曾说，创新产品无所不在，竞争对手明天就可以模仿，但他们不能模仿我们公司的创新文化。而创新文化的载体就是高素质的创新员工，以及内化为员工的核心价值观。在激烈的国内和国际竞争中，谁拥有了大

---

❶ 杜艳艳,党因.企业文化创新对企业管理创新的影响力[J].改革与开放,2009(14).
❷ 尹波,刘明理,鲁若愚.组织文化创新理论框架研究[J].管理现代化,2010(8).
❸ 胡春阳,胡月英,刘朝臣,鲍步云.企业创新文化与核心能力:结构和路径关系[J].长春理工大学学报,2011(2).
❹ 尹波,许茂增,敖治平,林锋.组织文化创新动力模型研究[J].科技进步与对策,2011(11).

量高素质、高质量的创新人才,谁就能在激烈的市场竞争中拥有绝对的创新竞争优势。因此,创新人才是知识经济时代的核心,企业必须真正重视创新人才的作用,发挥集体智慧的整体效应。而这就需要企业对员工进行良好的创新激励,不仅仅是物质激励,也不仅仅是给予赞赏和荣誉的传统式激励。良好的创新激励是赋予员工更大权利和责任,充分发挥员工的自觉性、能动性和创造性;同时要加大对员工教育、培训的投入力度。对员工实行终身教育,使员工不断获取知识和自学成才,以充分挖掘其潜能,培养企业的持续创新能力,使企业成为一个创新型组织,并使这些创新人才保持高昂的斗志,奋发创新,以此来使企业永远领先于同行业。

2. 树立自主创新观念,确立基于自主研发的自主创新战略和持续创新的核心价值观

自主创新是指企业依靠自己的力量独立完成创新工作,创新的核心技术和主导技术依靠企业自身力量独立研究开发而获得。建设创新型国家、创新型企业,对企业的自主创新能力建设提出了更高要求,企业必须增加科技投入,加强研发机构和人才队伍建设。

企业要确立基于自主研发的自主创新战略。企业要想获得长期利润,取得持久竞争优势,就必须确立自主创新战略,走自主创新之路,逐渐提高企业自主研发和自主创新的能力。这样既能给企业的创新活动带来动力,又增加了其创新的压力,从而使创新成为企业的自觉行为。要提高我国高新技术产业赶超世界先进发达国家的水平,关键就是要在全社会倡导自主创新,在企业建立以自主创新为目标的科技创新体系。

创新型企业只有确立了以持续创新为中心的核心价值观,才能使全体员工理解持续创新的价值所在,才能在制度文化上鼓励持续创新,开创企业人人想创新、人人争创新的良好局面,企业才能获得持续发展。

3. 建立有利于创新的制度体系

创新文化得以运行,必须以一定的制度体系为基础。要从建立激励、

培养、保护等机制入手，推进创新培养体系，建立健全评价制度、奖励制度、知识产权保护制度和人才管理制度，全面系统、持续不断地营造鼓励探索、包容失败、敢为人先的创新氛围，努力破除体制性障碍，大力提升自主创新主体的社会地位和经济地位。制度创新是企业不断创新的基础，是企业创新文化的保障。一般来说，创新企业制度首先是实现公司治理结构的创新，建立健全"共同治理"制度体系；其次是要建立企业技术创新机制，从而增强企业创新的自我管理的能力。

第三节 区域创新文化建设

区域创新文化是指根植于区域文化的个体价值观和创新氛围，构建区域创新系统的制度安排以及区域产业集群文化总和。区域创新系统是在特定的区域内由知识和技术的生产、流动、扩散、应用等若干环节与体系组成的创新支撑体系。创新文化本身即是创新时代的产物，并且随着新时代的发展、区域的转变和国家政府政策的不同而不断地展现出新的特性。因此可以说，创新文化也是与时俱进的。区域创新文化的发展结果，就是引起一大批企业家思想的变革和经济技术的改革与创新。区域创新文化通过其精神层面的影响来加深区域内成员的创新观念，通过制度层面的影响来规范创新的方向，通过外在的形式与载体将创新的过程和结果显示出来。因此，区域创新文化是维持区域蓬勃发展的内在驱动力。

大量研究表明，地理环境、交通条件、资源禀赋等状况都差不多的区域，经济发展的水平并不一样，区域创新能力也不一样，有的甚至差距悬殊。其原因很难仅用经济因素来解释，区域文化对区域创新能力起着非常重要的作用。按照新制度经济学，初始制度选择会强化现存制度的惯性。因为沿着原有制度变迁的路径和既定方向前进，总比另辟蹊径要来得方便一些。价值信念、伦理道德、习惯和意识形态等统称为文化的东西，即非正式制度安排，是路径依赖形成的深层次原因，也是影响制度创新和经济社会变迁路径的重要因素。哈佛大学的著名战略管理学家迈克尔·波特甚至断言：基于文化的竞争优势是最根本的、最难以替代和模仿的、最持久和最核心的竞争优势。区域文化环境对区域创新能力的影响，越来越受到人们的重视。

一、区域文化对区域创新体系构建的作用机理

区域文化就其实质来说，可以分为两种：一是创业精神，包括价值观、态度等内容，可以通过创新精神、成就欲望、判断力、信用和纪律等来衡量，多体现在创业者身上；二是文化素质，包括审美能力、鉴赏能力、操作能力等，会体现在一个地区人们的日常生产生活之中。不同区域往往具有不同的区域文化，影响区域的创新能力。

1. 区域文化影响区域人力资本的质量

20世纪初，著名社会学家马克斯·韦伯指出：每个时代的"精神"，都与其特定社会的文化传统存在某种内在的渊源关系。他解释资本主义兴起时，认为它基本上是一种植根于宗教信仰的文化现象。因为西方通过宗教改革而形成的新教文化，孕育了一种资本主义精神，而这种精神对于近代资本主义的产生和发展起了巨大的推动作用。也就是说，特定的文化对经济的发展起基础性的作用，即特定文化（特别是新教教义）是促进资本主义产生与现代经济发展的最重要的因素。

由此可见，创业者和普通劳动者的素质在很大程度上都会受到区域文化的影响。创业者和普通劳动者的文化背景、价值观念都会深刻地影响到他们对待劳动的态度，从而影响工作的质量。

2. 促进区域社会资本积累，增强区域创新系统的整体能力

区域创新系统中的社会资本是指在一个特定区域内，企业与相关企业之间，以及企业与企业外相关实体、群体之间的社会联系等社会关系的总和，也包括企业获取利用这些关系来摄取外部信息和其他资源的能力的总

和。良好的区域文化的不断沉积有助于区域社会资本的积累，这种社会关系的发展使创新系统内的组织可以通过多种渠道进行合作，并且能够降低交易成本，增强人们的竞争意识，从而激发创新思维和新技术的产生，降低创新的不确定性，进而增强区域的整体创新能力。

3. 促进区域资源整合，提高区域创新系统的运作效率

每个创新主体都潜移默化地受到区域文化的影响，并且区域文化以这些创新主体为中介和载体渗透到创新系统的各个环节，确保主体之间能够融合互补、交流合作，进而能够使整个系统的创新功能大于各个主体的功能之和。这种使"1+1>2"的协同作用，对于一个系统的有效运作是至关重要的。区域文化通过对资源的整合，主体间的协调，促进知识的传播和创新的扩散，从而提高区域创新系统的运作效率，增强区域创新能力。

总之，区域文化就像是一条无形的纽带紧紧地发挥作用并连接每个创新主体，进而影响区域创新能力。

二、区域创新文化对区域创新能力的影响

1. 创新文化促进区域技术水平的提高

区域技术水平的整体提高，归根结底是区域企业的核心竞争力。核心竞争力是一个企业能够长期获得竞争优势的能力，是企业所特有的、能够经得起时间考验的、具有延展性，并且是竞争对手难以模仿的技术或能力。要想达到其他企业难以模仿的目标，就需要不断地增强人才自身的技术水平，并以创新为目标，开发新的技术和产品，为企业创造更多的利润空间。而良好创新文化的形成，能够为企业创造良好的文化氛围，这种舒适的氛围不仅可以缓解员工的工作压力，更能使其发挥创新性，更有利于创新项目的产生。单个企业如此，区域技术水平就会整体呈向上的发展趋势。因此，良好的创新文化能够提高企业的核心竞争力，进而促进区域技术水平的发展。

2. 创新文化是提高创新绩效的"温床"

创新绩效的增长涉及创新企业的数量、专利申请和授权数量以及创新销售比重等，这些指标的增长一方面是区域经济的需要，另一方面也是人文的推动；要想在创新绩效有巨大的进展，就需要构造一种积极向上、积极进取、对区域创新绩效的共同追求的统一理念。只有建立在这样的文化基础上，涉及创新绩效指标的各个方面的人才能够共同努力，形成很好的良性循环：产生更多的进行创新企业发展的企业家，并带领企业的核心技术人员进行专利的研究并申请，引导政府审核人员对专利申请的重视和授权，继而生产出新的产品，并通过销售人员的销售，达到创新产品销售额增长的目的。因此，持续增长的创新绩效需要在良好的创新文化氛围，才能健康成长。

3. 创新文化推进创新投入的增加

创新投入不仅指企业的投入，而且还指政府的投入，其中政府在其中起到了"引航"的作用。只有付出才有回报，区域创新能力要想有所提高，必须在各层面都进行大量的投入，并且只有恰当的投入，才能获取高额的产出。创新投入不仅在R&D经费投入上，而且还要有培训的支出等，这些指标都是在政府政策的引导下来进行的。这不仅需要企业的文化支撑，引导企业内部对创新投入，重视人才培训，更需要社会文化的积极作用，只有两种文化同时进行，才能够使得创新投入达到最佳效果。

4. 创新文化有利于创新环境的优化

所谓创新环境就是天时、地利、人和的集中体现，要有创新文化形成的共同创新理念和追求，区域对创新的需要，以及创新人才的丰富，只有这样才能构造良好的创新环境。在区域创新能力提高的过程中，创新环境起巩固和支持的作用。而这些都需要创新文化作为发酵因子，在其他因素的作用下，将创新文化进行发酵，酿造出企业创新的终极理念，区域文化对创新的诉求，以及企业和社会对创新人才的共同重视，充分地促进企业创新人力资源的开发和管理，为企业创新和区域创新能力的提高提供中坚力量，这就是创新文化的辐射作用，加快了创新环境的进步和优化。

三、国内外区域创新文化典型案例分析及经验总结

1. 美国硅谷

美国社会普遍崇尚和追求创新文化，"硅谷"已成为创新的代名词。硅谷位于美国加利福尼亚州北部、旧金山南部，是一个长约 32 千米的高新技术产业区。自 20 世纪 60 年代起，在短短几十年的时间里，硅谷创造了巨大的社会财富，成为高新技术产业的"圣地"。美国《商业周刊》曾总结硅谷获得巨大成功的原因之一是具有"恰当的硅谷文化"。

从宏观上来说，硅谷创新文化是一种指导创新的理念文化，是全新的价值体系；在微观上，硅谷创新文化是一种很具体的文化形态，表现为一种对创新活动的独特价值观，如勇于创业、包容失败、崇尚竞争、乐于合作等。硅谷的创新文化可以概括为以下五个方面。

一是甘冒风险的创业价值观。许多"硅谷人"认为，只要抓住机遇，敢于冒险，机会就永远存在。二是灵活的机制。硅谷的形成和发展是市场化高度运作的产物，政府很少直接介入，只通过政策和服务间接管理。企业与同行竞争者、商业机构、大学的边界模糊，往往在展开激烈竞争的同时，又相互学习技术、交流信息、合作创新。这种文化氛围，不仅造就了一批企业家，孕育了独特的创业精神，同样也赋予了硅谷无穷的繁衍生息的能力。三是生产结构的开放性。硅谷是一个高度发达的、开放型的技术社会。在公司构架方面，不搞大而全，而是十分注重社会化的分工与协作，这种开放性的生产方式为科学技术的快速革新创造了有利的条件。四是资源共享。硅谷创新文化强调知识的共享，着力营造学习型社会的氛围。知识交流与共享成为硅谷社会的一大风气。咖啡馆、餐厅、俱乐部、健身房、展示会等场所成为他们交换想法与创意、相互学习、激发灵感的互动平台。

五是独特的财富观。硅谷公司为员工提供一切便于工作和生活的设施和条件。如从分配期权到为员工提供健康检查、免费午餐和晚餐，为科技人员及家属办幼儿园，为退休职工提供优厚的退休金等。一定程度的物质享受以及由此带来的优越性和满足感，极大地激发了员工创新和贡献的激情。

2. 中关村国家自主创新示范区

中关村国家自主创新示范区起源于20世纪80年代初的"中关村电子一条街"。经过20多年的发展，已经聚集以联想、百度为代表的高新技术企业近两万家，形成了下一代互联网、移动互联网和新一代移动通信、卫星应用、生物和健康、节能环保、轨道交通等六大优势产业集群，集成电路、新材料、高端装备与通用航空、新能源和新能源汽车等四大潜力产业集群和高端发展的现代服务业，构建了"一区多园"各具特色的发展格局，成为首都跨行政区的高端产业功能区。任何事物的成功都不是偶然的，都有其必然性。中关村的崛起离不开良好的创新文化氛围的构建，这其中包括政府决策、企业管理、人才计划等多方面因素。

一是政府政策支持，发挥政策引导作用。一方面，制定科学的、合理的发展规划。党中央、国务院高度重视中关村的发展建设，国务院先后六次做出重要决定。1988年5月，国务院批准成立北京新技术产业开发试验区（中关村科技园区的前身），由此中关村成为中国第一个高科技园区；1999年6月，国务院要求加快建设中关村科技园区；2005年8月，国务院做出关于支持做强中关村科技园区的决策；2009年3月13日，国务院批复建设中关村国家自主创新示范区，要求把中关村建设成为具有全球影响力的科技创新中心，这也是我国第一个国家自主创新示范区；2011年1月26日，国务院批复同意《中关村国家自主创新示范区发展规划纲要（2011—2020年）》；2012年10月13日，国务院批复同意调整中关村国家自主创新示范区空间规模和布局，成为中关村发展的新的重大里程碑。另一方面，实施鼓励创新创业的举措。2010年年底，国务院同意支持中关村实施"1+6"系列新政策（"1"是搭建中关村创新平台，"6"是在科技成果处置权和收益权、股权激励个人所得税、中央单位股权激励审批方案、科研项目经费管理体制、统一监管下的全国场外交易市场和完善高新技术企业认定等方面实施6项新政策),进一步加大了中关村体制机制创新的力度,有效地激发了科研单位、企业和科技人员研发创新的积极性,极大地发挥了政策的引导带动效应。

二是大学和科研机构聚集,提供人力和智力支持。中关村是我国第一个国家级人才特区,拥有以北大、清华等为代表的40多所高等院校,以中科院、中国工程院所属院所为代表的206家科研院所,拥有国家工程研究中心27个,国家级重点实验室67个,拥有大学科技园26家,留学人员创业园34家。"千人计划""海聚工程"等项目吸引了一批批有志人士参与其中,柳传志、李彦宏、李开复等一大批国内外有影响力的企业家都是在这里成长起来的。大学和科研院所为中关村源源不断地输送高素质科技人才,推动中关村产学研协同创新,犹如注入新鲜血液一般,使中关村永葆青春活力。

三是企业创新管理机制,发挥激励保障作用。中关村初步形成了一套较为系统的投融资模式,以企业信用体系建设为基础,以信用促融资,以融资促发展。信用激励机制、风险补偿机制、银政企多方合作机制、分阶段支持机制等一项项制度为中关村企业的做大做强提供了强有力的支持,尤其在资金运作方面,为企业免除了后顾之忧。

面向未来,中关村示范区将坚持"深化改革先行区、开放创新引领区、高端要素聚合区、创新创业集聚地、战略产业策源地"的战略定位,服务于首都世界城市的建设,力争到2020年建成具有全球影响力的科技创新中心。

3. 硅谷和中关村国家自主创新示范区在区域创新文化构建方面的经验总结

(1) 崇尚冒险精神、创新意识、宽容失败的文化观念。无论是美国硅谷,还是中国中关村的创新型区域的建设,都体现了崇尚冒险精神、创新意识、宽容失败的文化观念。这些观念不仅体现在个人身上,也融入了企业的管理理念中。在勇于冒险、不怕失败的氛围下，创业者和技术人员就会不断地进行创新，勇于参与激烈的市场竞争。

（2）重视与高校和科研院所的合作。鼓励科研机构和高等院校面向企业开放共享科技资源，建设一批面向企业的技术创新服务支持中心，帮助企业开发新产品、调整产品结构、创新管理和开拓市场，提升核心竞争力，构建一批产业技术创新战略联盟，促进产学研紧密结合，充分利用人才优势和科研优势，加速科技成果的转化。

（3）政府注重政策引导与扶持。政府出台的一系列鼓励创新、创业的相关政策，在国内外创新区域的建设和迅速崛起的过程中，也同样发挥了重要作用。美国硅谷虽然最初依靠市场化、高度化运作而形成，可以说创新文化是在企业的主导下不断发展的，但是也得益于政府通过政策和服务的间接管理。中关村的发展壮大更是离不开政府的战略规划和政策扶持。

四、区域创新文化的构建

熊彼特的"创新理论"，明确提出了创新是经济发展的本质。文化创新不仅是区域创新的重要方面，而且是区域创新的源泉，尤其是区域技术创新、制度创新和管理创新的前提和先导。文化创新要培育创新精神、创新意识与创新思维，为区域创新提供精神动力和智力支持，并突破阻碍区域创新的文化因素，创新文化环境，从而影响区域创新的主体，提高区域创新的能力，并使二者实现良性循环，以促使区域经济可持续发展。政府在区域文化的重塑过程中的作用有以下四个方面。

1. 重视要素流动特别是人的流动对文化的作用

大量经济发展的实践表明，移民文化有利于创新创业和经济发展。区域政府应该为要素的合理流动和优化配置提供良好的制度环境和支持平台，通过鼓励要素自由流动与支持创业创新的政策制度导向，对地区经济文化形成潜移默化的正面影响。发挥地区的资源优势大力招商引资，整合区域资源，形成比较优势，进而推动区域经济文化创新。

2. 运用制度创新激励创新创业，鼓励冒险、宽容失败

区域政府要努力进行制度创新，以制度创新促进区域创新文化的形成。风险投资作为一种新型金融制度安排，会产生鼓励冒险、允许失败的制度效应。对打造优秀区域的创新文化，形成合作冒险的创业精神具有重要的支持作用。发展风险投资，推动银企合作，规范信用担保，完善金融服务体系，同时完善产权特别是知识产权保护的法律体系，促进区域和企业自主创新，可以有效地促进区域创新文化的形成。

3. 培育集群经济，营造健全的企业生态

政府营造一种让大、中、小企业共存共荣的生态环境，加快企业在产业链和价值链支配下形成的产业集群发展，这也是重塑区域创新创业文化的关键。这个生态环境包括：中小企业衍生的良好空间、高效的服务体系和健全的生产要素市场体系，这些都是"大企业长大"和"小企业快生"的保障。

4. 发挥大学和科研院所作用，培养创新、创业人才

地区要充分发挥大学和科研院所作为文化传播源的作用，通过大学和科研院所的改制以促进区域创新创业文化的形成，要坚持"人才提升"的战略。这里的人才不仅包括实验室人才，更应该包括具有企业家精神的创新创业人才，并且只有把实验室人才和创业型人才相结合，才能形成科教资源优势向经济优势的现实转变，也才能推动创新创业文化的形成。

第四节　城市创新文化建设

一般而言，创新型城市必须具备四个基本要素：一是创新主体，即创新活动的行为主体。二是创新资源，即创新活动的基础。包括基础设施、信息网络、技术、知识、资金等。三是创新制度，即保障创新体系有效运转。包括激励、竞争、评价和监督等创新机制，以及政策、法律法规等创新政策。四是创新文化，即维系和促进创新的基本环境。包括城市文化观念、创新氛围等软环境，以及参与国际竞争与合作的开放的外部环境。

上述四个基本要素的基本关系是：首先，创新主体是创新型城市中最重要的能动要素，其他要素均为环境要素，服务于创新能动要素；其次，创新文化、创新制度以及创新资源共同构成了创新型城市的发展的基本环境，它们是创新型城市建立的基础。这些环境条件又可以分为两类，一类是硬条件，主要指各种创新资源，它们可以保证创新活动得以开展，是创新的物质来源；另一类是软条件，由创新文化和创新制度构成，是创新活动能够持续进行的软环境支撑要素。

可见，在创新型城市的构成要素中，创新文化是重要一极，它与创新制度共同构成创新活动能够持续进行的软环境。其中，创新文化为创新活动提供文化上的支撑，创新制度则为创新活动提供制度上的保障，两者协调互动，有机配合，形成创新型城市的自我平衡发展的机制，推动城市形成持续创新能力。

培育创新文化是创新型城市建设的重要内容，是促进城市经济社会发展的根本保证，是引领创新型城市建设的指南。紧密结合城市经济社会发展的实际和城市文化建设的特色，把进一步构建创新文化作为引领创新型城市建设的基础性工程抓好、抓出成效。构建创新文化是城市建设的重要组成部分，是凝聚和激励全体市民的重要力量，是城市综合竞争力的重要标志，也是提高一个城市文明程度、推进经济发展和现代化建设的重要条件。

目前，我国各城市在构建创新文化时普遍受到一些因素的制约。主要包括：第一，传统观念制约创新文化建设。传统的中庸思想对人们的影响深远，在生活和工作中强调保守、打击压制标新立异。第二，照搬其他城市文化创建模式同样制约创新文化建设。一个城市的文化是结合自身的特色和发展而成就的一种文化。照抄或照搬其他城市的创建模式，必将会脱离自身地域的实际，会造成照搬模式所带来的不适。第三，目前中小学教育非常重视应试教育，无视学生素质的教育和培养。这种教育体制阻碍创新文化的发展。

培育有利于创新型国家建设的创新文化的具体措施主要包括以下四个方面。

（1）营造创新的社会氛围。各城市在大力弘扬民族历史文化传统的同时，要大力宣传和倡导尊重个性、敢于创新、敢于挑战常规和经典的创新精神，激发创新灵感、潜能、活力，形成全社会尊重创新、尊重人才的良好的社会风气。

（2）搭建创新教育平台，培养创新型人才。要进行文化创新，就需要创新型的人才，因此要加大素质教育的实施力度，要努力改变传统的教学方法和教学理念，要培养学生使其成为具有自强、自立、开拓、创新精神的创新型的人才。这还要求努力改变当前的教育体制和观念，努力营造有利于创新型人才培养的教育机制和社会氛围。

（3）完善创新制度和机制建设，为创新提供有力的制度和机制保障。创新制度和机制建设包括以下两个方面：一方面软环境建设，就是要从政策、法律、社会文化等方面加强建设；另一个方面就是硬环境建设，它包括工作环境、科研设施等。首先，从体制上和制度上删除或修改一切制约创新活动开展的因素；改革、创新相关机制，以支持创新活动的开展，调动创新主体的积极性和主动性；机制的创新和完善要有利于吸引更多的资源持续性地投入创新活动中去，要努力提高创新活动的效益和收益。

（4）积极汲取成功的经验，借他山之石为我服务。无论在国内还是国外，都有很多创新文化建设的典型案例，有正面的，也有负面的，这些范例都积累了丰富的经验和教训。这些对于城市创新文化建设是宝贵的财富。因此，在具体的创新文化和创新型城市建设过程中，要结合自身特点和特色，从中积极汲取经验和教训，加快建设步伐。

第五节　大学创新文化建设

大学是一种物质存在，更是一种精神和文化的存在。大学的物质存在很简单，体现在大学的仪器、设备、大楼等物质方面。大学之所以称为大学，关键是它的精神存在和文化存在。大学是汇聚人才、培养人才的高地，是知识创新、科技创新的摇篮。高校要完成它的使命，构建创新文化是其中一个重要环节。此外，大学创新文化也是国家创新体系的重要组成部分，在创新型国家建设中发挥重要作用。要提高自主创新能力，建设创新型国家，必须关注大学创新文化的建设。

一、构建高校创新文化的必要性

构建高校创新文化的必要性体现在三个方面：一是高校是民族之担当。在中华民族伟大复兴梦的新时代背景下，在创新型国家建设的新要求下，我国的高等教育需要重新定位。大学要对国家、民族和人类文明做出特殊贡献，更要有崇高的大学精神、浓郁的学术氛围和深厚的文化底蕴。创新文化是决定大学兴衰的文化之魂，培养大学生的创新创业精神和能力，是新时代高校的重要使命。二是大学之本真属性。大学的天然使命就是知识创新，大学以探索、追求、捍卫、传播真理和知识为目的，以知识创新为立身之本的大学，其生存发展的关键在于创新文化。三是大学之基本职能。德国古典哲学家康德曾经说过："人只有教育才能成为完人。"建设创新文化，弘扬创新精神，是培养创新人才的根本要求。善于接受已有知识的人类历史文化成果的继承者和现实社会的适应者都不能囊括大学人才培养的全部目标。大学培养的人才更应该是善于发现和运用新规律来改造自然界、社会和人类自身的未来社会的创造者。

二、培育高校创新文化的途径

（一）以营造创新氛围为基本载体

要想培养和造就创新型人才，就必须营造良好的创新氛围，创造适合创新人才脱颖而出的创新"土壤"。这里所指的"营造创新氛围"既包括校园的物质文化环境和精神文化环境的改善与创新，也包括教学模式、校园活动方式、大学运行机制和评价机制的完善与创新。它既要求教育者和管理者本身具有创新思想观念、思维方式和行为方式，同时也意味着对与创新人才培养不相适应的校园制度体系和价值理念进行综合配套改革，强调通过校园文化的整体性、综合性、系统性特点来实现其"精神灯塔"和培养创新人才的功能。

1. 大学校园的物质文化环境和精神文化环境的改善与创新

每一所学校都要爱护和培养学生的好奇心、求知欲，帮助学生自主学习独立思考，保护学生的探索精神、创新思维，营造崇尚真知、追求真理的氛围，为学生的禀赋和潜能的充分开发创造一种宽松的环境❶。这里所说的校园物质文化环境，既包括校园的基础设施，如校园的建筑物、雕塑等，

---

❶ 江泽民．江泽民文选(第2卷)[M].北京:人民出版社,2006:588.

也包括为学生开展创新活动所能提供的物质条件;校园的精神环境包括学术环境、人文气息、校园文化活动。物质文化环境和精神文化环境的改善与创新是高校创新文化建设的重要内容。健康文明的人文气息往往让人心旷神怡,蓬勃创新的学术氛围能催人奋进,和谐别致的自然环境和幽静恬淡的人文景观建设,既能凸显大学的文化品位与个性特色,也能使校园建筑达到使用功能、审美功能和育人功能的和谐统一。正如马克思所说:"环境的改变和人的活动的一致",优美和谐的校园环境不仅能贯彻大学创新文化的基本理念,而且有利于激发广大师生的创新精神和求知欲望。

2. 大学创新文化建设,要致力于教学模式与活动方式的改革和创新

传统教学模式多以书本知识为本、课堂与教师为中心,以及传授灌输为主要特征,缺乏对学生精神需求和发展需要的关注,所培养的人才具有较强的复制性、传承性,缺乏创新性。所以,大学应转变传统的教学模式,加强实践教学环节的设计,增加实践教学活动在总学时中的比例,注重理论教学与实践教学相结合的教学模式的应用与完善。

3. 大学创新文化建设,要致力于大学运行机制和评价机制的完善与创新

第一,改革基层学术组织结构,创新学科组织结构和科研组织模式。大学创新文化建设要求学校建立有利于学科交叉、融合和汇聚的教学、科研体制,增强具有自主创新能力的基层学术组织结构,促进创新团队建设,积极鼓励学生参与科技创新。第二,建立和完善教育评价机制。学校应当将提升学生的综合素质及创新能力作为衡量教学效果的重要指标,把尊重与呵护学生的个性发展作为教育评价机制所遵循的基本原则。第三,进一步强化竞争激励机制,深化人事制度改革。积极完善岗位聘任制与教师评价机制,加大对优秀人才和创新团队的扶持力度,培养和造就一大批富有创新思维和创新能力的名师、名家,建立一支创新型的教师队伍。

（二）以孕育创新精神为基本理念

首先，大学创新文化要致力于激发学生的积极情感。大学生由于所处年龄段和自身阅历等原因，情感丰富热烈，易于产生感性化的生活理念，如何有效地激发大学生的积极情感，不断地提升他们的创新精神和创新能力，是大学创新文化建设面临的一个重要问题。大学的创新文化建设具有审美育人和感性育人的导向，是以文化形态参与的非强制性的教育手段，其特点是通过创设教育情境来影响教育效果，以潜移默化的情感陶冶、思想感化和行为养成方式实现教育的目的。

其次，大学创新文化建设，要致力于弘扬学生的主体性。大学创新文化建设要努力使每个学生都意识到自身的主体地位，努力强化他们的主体意识和能力，使他们的创造潜能和生命活动纳入创新活动之中。学生是大学创新文化建设的主体，要根据时代和社会发展的趋势，提升他们自主、自觉、能动、创造性地参与大学创新文化建设的能力。大学创新文化建设在某种意义上是使学生自觉提升创新精神和促使理性高尚、能动创造的生活方式在生活世界生成的活动，这一活动过程是学生的价值选择过程，也是其价值性存在向规范性存在的转化过程。在这一过程中，学生的主体性不断得以增强，创新精神也在学生自觉自愿的行为中得以孕育。

再次，大学创新文化建设，要鼓励学生求异和质疑。创新离不开求异和质疑，创新精神的培养往往从问题开始，在对权威的质疑中得以发展。传统大学教育模式培养的学生善于学习、善于模仿，不善于提问和质疑，对问题不敏感，缺乏科学的怀疑态度和精神。大学创新文化建设则鼓励学生的求异思维和提出不同见解，引导学生逐渐不再迷信权威。

（三）以培养创新人才为根本目标

以提高国民素质为根本宗旨，以培养学生的创新精神和实践能力为重

第八章 培育创新文化是建设创新型国家的根本

点是我国大学教育的一项基本方针。在落实科学发展观、建设创新型国家的过程中，大学创新文化建设必须遵循这一教育方针，着力解决大学生的创新思维、创新能力和创新人格的培养问题。

创新思维培养是指发明或发现一种新方式用以处理某种事物的思维过程，它要求重新组织观念以便产生某种新的行为。创新思维是大学生形成创新精神的关键，也是他们成长为创新人才的基础。没有创新思维，就很难培养出高素质的创新人才。因此，大学创新文化建设要着力培养学生的创新思维。创新思维的培养过程实际上是通过大学创新文化建设来改善心智模式的过程，学生的积极求异性、敏锐的观察力、创造性的想象、独特的知识结构以及活跃的灵感，在这一过程中不断得以产生和释放，使他们较为熟练和深刻地掌握和运用所学知识和理论，能够通过非常规路径来寻求新问题的解决，校园的学习与生活过程逐渐成为他们自觉追寻真理、探寻奥秘和积极实践的过程。

在大学创新文化的建设过程中，要注重大学生创新能力的开发。创新能力绝不仅仅是一种智力特征，它更是一种人格特征和精神状态和综合素质的体现。大学创新文化建设不仅仅是为学生的创新能力培养营造一种环境和氛围，更应当将学生的理论知识、思维方式和创新精神逐步转化为现实创新能力，将创新能力不断转化为创新成果，并在新的层面上引导他们进行新的探索。大学是我国推动知识创新和技术创新的主要力量，根据学校特色强化学生的创新能力培养是现代大学的神圣使命。当然，大学生创新能力的培养是以深厚的知识底蕴为基础的。

在大学创新文化建设过程中，也要致力于大学的创新人格的塑造。创新人格是主体在创新活动中表现出的个性特征和品质，包括创新动机、个性意识、自信心、意志品质等要素。如果说具备创新精神是开展创新活动的基本前提，那么，创新人格则是个体能否开展创新活动，充分发挥创新能力的个性因素。

第六节 发展创新文化助推创新型国家建设

胡锦涛同志在2006年全国科学技术大会上讲道：一个国家的文化，同科技创新有相互促进、相互激荡的密切关系。创新文化孕育创新事业，创新事业激励创新文化。建设创新型国家，必须大力发扬中华文化的优良传统，大力增强全民族的自强自尊精神，大力增强全社会的创造活力。要坚持解放思想、实事求是、与时俱进，通过理论创新不断推进制度创新和文化创新，为科技创新提供科学的理论指导、有力的制度保障和良好的文化氛围。

一、发展创新文化要以社会主义先进文化为指导

发展创新文化要以社会主义先进文化为指导，社会主义先进文化是马克思主义政党思想精神上的旗帜。所谓社会主义先进文化，就是以马克思主义为指导，继承和弘扬中华优秀传统文化和"五四运动"以来形成的革命传统文化，吸收借鉴世界优秀文化成果，集中体现全国各族人民在新的历史条件下的精神追求，始终代表当代中国发展前进方向的文化。其本质是坚持社会主义制度，精髓是社会主义核心价值体系，标志是与其他社会制度、阶级的文化相比更具有先进性。我们所要发展的创新文化，应该是社会主义先进文化的基本内容，是社会主义先进文化的重要组成部分，先进性应该是创新文化的基本特征。发展创新文化，必须要以社会主义先进文化为指导，要坚持马列主义、毛泽东思想、邓小平理论和"三个代表"重要思想的指导地位，用科学发展观来统领创新文化的发展。

二、发展创新文化要坚持"以人为本"

发展创新文化的目的是鼓励创新、促进创新。无论是就发展创新文化

而言，还是就创新而言，人是最根本的。人是创新的主体，也是创新文化的载体。"生命有限，智慧无穷"，每个人都蕴藏着巨大的潜能有待开发，关键是要有创新意识和创新冲动。所以，培育创新文化，实质上是变革人的观念和人的思维模式。特别是要着力培育有独到见解、不断开发新技术、新产品、新知识、新管理模式的创新型人才，因为他们是企业创新文化和创新活动的积极推进者。坚持"以人为本"，创造一种良好的文化氛围，尊重人的自由探索，尊重人的首创精神，鼓励和激励人通过创新努力实现个人价值，让其以个人成就展现自己；提倡团队合作，建立学习型组织，创造条件，充分发挥人们的聪明才智和想象力，发挥他们的集体智慧和团队精神，真正让创新文化的力量深深熔铸在民族的生命力、创造力和凝聚力之中。这就是发展创新文化的本意。

三、发展创新文化要继承和发扬中国优秀文化

中国优秀文化传统是中国各民族在漫长的历史长河中共同创造和发展的，是中华民族赖以生存和发展的根基和血脉。在中华民族的优秀文化传统中，包括几千年来古代优秀文化传统，中国优秀传统文化是中华儿女极其宝贵的精神财富，是发展创新文化的坚实基础。发展创新文化，离不开与世界文化的交流与对话。对于世界优秀文明成果，我们都应该以宽广的眼界和博大的胸怀，积极地吸收和借鉴。

此外，发展创新文化还要立足于社会发展的现实。这个现实就是，我国的社会发展还处在并将长期处在社会主义初级阶段，社会成员在思想道德素质和科学文化素质上具有层次性。发展创新文化，不能脱离这个现实，不能超越社会发展阶段和人民群众的思想道德水平和科学文化水平。要把握好建设的层次性，区分不同对象和层次，既要有先进性要求，又要有广泛性要求，要把先进性要求同广泛性要求结合起来，逐步推进创新文化的发展。这样，才能使创新文化的发展符合时代和现实的要求。

四、发展创新文化要充分发挥舆论导向作用

发展创新文化，要大力宣传先进。宣传国内外发展创新文化的成功的、有益的经验和方法，让人们认识到发展创新文化的重要性、创新的重要性，使创新深入人心，让人们的发展思路越来越开阔，在创新文化之路上越走越宽。

五、发展创新文化必须要创造良好的管理体制和运行机制

中华民族有悠久灿烂的历史文化，但是必须深刻认识到，长期封建文化残余和计划经济时代的落后观念，在人才使用和管理工作中还根深蒂固，影响并阻碍创新，甚至扼杀创新。发展创新文化，要牢牢抓住科学发展这个主题，必须创造良好的管理体制和运行机制，为创新创造宽松、和谐的环境。因此，要建立充满生机和活力的人才工作体制和机制，坚决破除那些不合时宜、束缚人才成长和发挥作用的观念、做法和体制，推动人才工作体制和机制的全面创新。要建立健全人才培养机制，建立健全科学的、社会化的人才评价机制，必须建立以公开、竞争、择优为导向，有利于优秀人才脱颖而出、充分施展才能的选拔任用机制，建立完善人才市场服务体系，形成促进人才合理流动的机制，建立健全与社会主义市场经济体制相适应、与工作业绩紧密联系、鼓励人才创新创造的分配制度和激励机制，建立健全人才保障机制。发展创新文化，就要革除不良文化对创新人才的羁绊，营造创新文化，创造良好的人文和社会环境，是确保创新人才辈出的重要保证。

六、发展创新文化要大力倡导爱国主义精神

奉献精神和团队精神、崇高的理想和目标、敬业精神和创新热情是创

新成功的重要条件。很多科研人员，特别是一些国防战线的科研人员在艰苦的条件下创造了科技奇迹，靠的就是这种精神。这也是具有中国特色创新文化的优势所在。科技创新只有踏实苦干、甘心苦寂、努力钻研、持之以恒，才能换来创新成果。淡泊名利、乐于奉献、力戒浮躁、严守科学道德，这才是创新成功之根本。创新需要个性，更需要合作，当今的重大创新更是如此。发展创新文化就是要呼吁社会宽容个性，更呼吁创新人才具备团队精神这一基本素质。创新更要面向实际，既要有理论突破，也要注重解决实际问题。创新人才要把报效祖国、造福人民作为崇高使命和神圣职责，这是创新文化的更高层次。

文化是人类知识的结晶、文明的象征，又是确定国家竞争优势的关键因素。文化具有民族性，是民族长期历史积淀的产物。中华民族是崇尚创新的民族，只要我们继续秉承创新精神，发展创新文化，就一定能够实现建设创新型国家的目标。

七、发展创新文化要不断增强文化创新能力，积极推进和发展文化产业[1]

文化创新，一般指文化内容、形式、体制、机制以及传播手段的创新。文化创新同理论创新、制度创新、科技创新以及其他各方面的创新相辅相成，紧密联系，是一个有机的整体，共同构成了建设创新型国家的基本内容。文化创新有利于促进创新文化的生成，并不断丰富创新文化的内涵。可以说，文化创新的根本目标就是在全社会形成创新文化。

通过文化内容和形式的创新，可以形成一批形式多样，体现民族文化特点的优秀文化作品；通过文化体制与机制的改革，可以形成文化创新管理体制和文化创新产业格局，培育文化创新市场体系，塑造文化创新市场

---

[1] 张晓凤,金起文.文化"走出去"的模式及转型[J].青年记者,2012[33].

主体；通过文化传播手段创新，还可以实现文化传播技术的创新、传播渠道的创新和传播体系的创新。这必将不断满足人民群众日益增长的精神文化需求，也必将不断增强国家的文化软实力。

在促进文化产业发展的过程中，要积极推进文化"走出去"的战略，提升中国国家文化影响力和竞争力。关于文化"走出去"的模式，我们可以采取"注资"模式、"借船出海"模式、"联姻"模式、"入驻"模式和"技术导向"模式。

"注资"模式就是针对中国文化企业不熟悉海外市场、不了解海外市场的需求的情况，通过购买国际知名文化企业的部分股权，进入国际知名文化企业的董事会。这样既可直接了解和掌握国外文化企业的运作情况和技巧，学习和借鉴它们的经营管理经验，又可以以此为依托了解和熟悉国际市场的需要，为文化企业"走出去"创造条件。

"借船出海"模式就是文化"走出去"要善于"借力"。一方面要借国家的"船"，即借助国家重大文化项目工程"走出去"，如借助中华文化推广战略计划、经典中国国际出版工程、中国出版物国际营销渠道拓展工程、重点新闻出版企业海外发展扶持工程，以及中国国际图书展销中心建设项目等多个文化"走出去"工程，使文化企业快速走出国门。另一方面就是借国外的"船"，即投入一定资金收购国外有影响力的文化企业品牌，获得其成熟的团队和文化产品销售渠道，借此扩大自身文化产品和服务在国际市场的份额。

"联姻"模式是指文化企业将自己在国际上不知名的文化品牌与国际上知名的文化品牌相结合，以带动本企业文化产品"走出去"，提升自身文化品牌的影响力和竞争力。这种模式的优点是能实现品牌的共享。

"入驻"模式是避免遭遇关税壁垒最直接、最有效的方式。该模式是指文化企业直接到国外建立自己的文化产品生产基地。通过这种本地化生产，推广自己的文化品牌，树立当地文化企业形象，更多地销售自己在当地和国内所生产的文化产品。

"技术导向"模式是指文化"走出去"参与国际市场竞争,要靠先进技术作支撑。"如果没有核心技术,品牌会空壳化,就没有生命力。"因此,文化企业应有明确的国际市场目标。通过技术创新,建立和开发自己的技术体系,推动信息技术、网络技术、数字技术的运用,提高技术装备水平,改造传统文化生产、经营和传播模式,使更多富有时代气息、民族特色以及反映中国现代文化的原创性的文化产品逐步占领国家市场。

八、发展创新文化要维护国家文化安全

国家文化安全,是指一个国家的文化生存系统安全运行和持续发展状态及文化利益处于不受威胁的状态,包括国家文化政治安全、文化信息安全、公共文化安全等。首要的是文化政治安全,其中又以意识形态安全为主。意识形态作为观念形态上层建筑,反映一定经济和社会关系的阶级或阶层的根本利益,是国家利益的重要构成。当前,国际范围内的文化竞争日趋激烈,给我国的文化安全带来很大挑战。建设和谐文化,我们应高度重视文化安全问题,维护国家文化安全。此外,我们还应该增强民族自信心,大力发扬中华民族优秀的文化传统,坚持民族文化的独立品格,并通过实施文化"走出去"的战略,加强国内外的文化交流与合作,积极创新,发展壮大自己,不断增强中国文化产品的吸引力和竞争力。

第九章　创新型大学和科研机构为创新型国家建设提供不竭动力

第一节　建立创新型大学

创新型大学是创新型国家体系的有机组成部分。国外经验表明，一批优秀的创新型大学是建设创新型国家的有效依托和支撑。例如，近二百年来，英国、德国、美国之所以能够相继成为创新型国家，其中一个重要原因就是他们拥有一批世界一流的创新型高水平大学，包括牛津大学、剑桥大学、柏林大学、哈佛大学、麻省理工学院等。《创新美国》一书中写道，在最近的 25 年间，创新对美国经济增长的贡献率超过 50％。另有资料表明，在克林顿总统执政期间，美国经历了历史上和平时期持续时间最长的一次经济发展。美国之所以能够保持连续十年的经济繁荣，大学起到了举足轻重的作用。美国波士顿银行在 1997 年发表了题为《美国麻省理工学院：冲击创新》的报告。该报告显示，如果把美国麻省理工学院的毕业生和教师组成一个独立的国家，那么这个国家的经济实力将排在全球所有经济体的第 24 位。

一、创新型大学的概念与特征

(一) 创新型大学的概念

创新型大学是高等教育发展进程中的一个新概念,目前在国内外尚未形成统一的概念。美国学者伯顿·克拉克发表了一篇题为《自主创新型大学:共治、自治和成功的新基础》的论文。在这篇论文中,他提到了自主创新型大学。他认为 21 世纪,自主创新型大学由于不断寻求抓住尚不具备条件的机遇,从而产生新型的知识、新型的学生、与劳动世界的新型联系,为政府和经济部门提供新的解决问题的技能,所以越来越适应新时代的需要。从一定意义上说,伯顿·克拉克提出的自主创新型大学,与我们所认为的创新型大学是比较接近的。

在国内,教育家、学者等从不同的角度对创新型大学进行了阐述。主要包括以下几种观点。

北京大学前任校长许智宏在 2006 年的"中俄大学校长论坛"上提出,创新型大学是高等教育发展进程中出现的一个新概念,为高等教育的发展提供了一个更加广阔的空间。在复杂多变和多元化的社会环境里,无论将创新型大学作为一种办学理念还是一种发展战略,这一概念的引入及运用都将成为高校建设的软实力之一。

许智宏校长进一步指出,一所大学要想在国家发展建设中发挥更大的作用,首先应该提高自己的创新意识和创造能力,努力成为一所创新型大学。创新型大学是一个新概念,创新型大学并非是指大学的一种新模式,或者一种新类型。创新型大学代表的是一种新理念或新品质。其根本目的在于将现代大学的使命与创新型人才培养、科技发明创造,以及创造性地服务国家和地方经济社会联系在一起。其最终实现的目标是:着力使之成为培养具有创新精神和创造能力高素质人才的机构和训练场所;着力使大学成为知识发现、科技创新以及科技成果转化的中心;着力使大学成为促进经济社会发展,增强国家综合实力的服务站和引擎机。不论是哪一种类型的大学——研究型的还是教学型的,衡量其是不是"创新型"机构的标准只有一个:那就是"创新"。❶

中南大学在2005年举办的该校第一次党代会上,就将其定位为建设创新型大学,并将其写入党代会报告,这在全国还是首家。中南大学党委书记李健对此作出的解释是,第一,建设创新型国家必须有一批创新型大学作为依托和支撑,创新型国家呼唤创新型大学。第二,新组建五年来学校的发展实践证明,填补六年空白的国家科学技术发明一等奖与创新是息息相关的。第三,作为位于内陆中部地区的中南大学,与国内一流大学和沿海高校相比,实力和地方财政支持的差距都十分明显,只有通过创新才能赶超它们。中南大学党委书记李健在题为《落实科学发展观,建设创新型大学》的报告中指出,"创新型大学"是一种建立在创新基础上的新的大学组织形式,是研究型大学的延伸和新发展。"创新型大学"和传统的研究型大学最大的区别就在于是否把"创新"作为学校的核心理念和核心竞争力。因此,创新型大学是在传统大学发展的基础上,根据时代发展和社会变迁的客观要求,在系统继承已有科学理论与技术方法的前提下,给现存的理论系统注入新的要素,以改变它们的运作方式和提高它们的运作绩效,并进一步进行科学加工和创新,而产生新思想、新方法、新理念和新成果的大学。❷

原华南理工大学校长李元元提出,创新型大学是以满足建设创新型国家(或区域)的重大需求为目标,站在国际高等教育和科技发展的前沿,以新思想、新知识、新技术的获取、创造、集成、传播和应用为途径,以培养、汇聚高素质、创新型、国际化高级专门人才和创造高水平的创新成果为特色,以营造浓郁的创新文化为动力,具有很强的自主创新能力,对国家的现实发展和未来能起支撑和引领作用的高水平大学。❸俄国有学者认

---

❶ 罗军飞.创新型大学与创新型国家——关于建设创新型大学若干问题的研究[D].中南大学,2009.
❷ 李磊,黄林冲.创新型大学教育体系构建的研究[J].长沙铁道学院学报,2007(2).
❸ 中华人民共和国高等教育法[M].北京:法律出版社,2002.

为，创新型大学是办学基础条件好，有创新思想和潜能，能构建起全新的、面向现代科学研究和现代经济的开放性的教育体系的大学。[1] 综合有关专家学者的观点，本书作者认为，创新型大学产生于知识经济时代，是高等教育发展到一定阶段的产物。创新型大学是在传统大学的基础上发展起来的，但与传统大学最本质的区别在于将创新提到了前所未有的战略高度。创新型大学以创新为核心办学理念，以增强自主创新能力为核心竞争力的大学组织形式。创新型大学注重知识创新和科技创新，营造创新氛围，实施创新教育，培养各种创新人才，在学校的功能、学术、管理、财政上全方位地进行创新。

（二）创新型大学的特征

国外学者对创新型大学问题的研究虽然也刚开始不久，但已经形成了很大的影响。1996年，欧洲成立了创新型大学联合会。伯顿·克拉克（Burton R·Clark）通过调查欧洲的典型大学，出版了题为《创造自主创新型大学》（《Creating Entrepreneurial Universities：Organizational Pathways of Transformation》，1998）的著作。在这本书中，伯顿·克拉克认为，创新型大学应具备五个组织特征：第一，有一个强有力的领导；第二，拓展学校与社会的联系，为社会提供广泛多样的服务；第三，拓宽的服务多样化使学校经费来源多样化，从而减少了对单一经费来源如政府资金的过度依赖；第四，通过组织与管理创新，激发全校各学术单位参与新发展的战略；第五，最终在全校范围内形成一种独立自主、敢于创新、勇于承担风险的新的组织文化。对创新型大学组织文化的基本特征，克拉克特别使用了"自主创新精神"（entrepreneurialism）一词来形容。它被用来描述高等教育机构在需求拉动下所采取的策略，如调整课程设置、更新教师队伍、加快设施现代化等，包括寻找新的、有效的方式，教更多的学生，如远程教育；与产业界建立新的组织形式，如合作研究中心；通过咨询、应用研究等方

---

[1] 钟启泉，高文，赵中建.多维视角下的教育理论与思潮[M].北京：教育科学出版社，2004.

式，增加私营部门对大学的投入。

我们认为创新型大学主要具备以下三个特征。

一是整体高效性。整体高效性源于创新型大学本身所具有的整体高效的环境。在这样的环境下，大学内部各要素、各部门之间是和谐共进的，共同构成了创新型大学的和谐场。在和谐场的作用下，大学内部各要素的配置逐渐趋于合理，各要素之间的匹配程度不断提高，逐步发挥各要素之间的协同作用，实现协同效应。

二是良好互动性。良好的互动性是指创新型大学与社会具有良好的互动性。主要体现在以下三个方面：一是体现在专业设置上。创新型大学在进行专业设置时，会充分考虑国家、地区经济结构的调整和经济发展的主导产业，以社会需求为导向、以为经济调整和经济发展服务为指导思想来设置专业。二是积极参与产学研合作。创新型大学对产学研合作充分重视，重视组建各种研究中心，并以此为平台积极投身于产学研结合。通过产学研合作，大学以企业为平台，实现了科研和教学工作与市场的沟通，加强与社会的联系，获得科技创新的持续推动力，能够使学科发展与社会需求密切联系起来，同时也加快了大学科技服务中介机构的建设。

三是资源整合性。创新型大学资源的整合性既包括学校内部有形资源，同时也包括无形资源的重组。创新型大学的资源整合性是创新型大学所具备的一项创新品质。创新型大学依据学校的资源状况和实际情况，对学校现有教育资源和科研资源进行重新整合，能够创造出新的教育生产力和科研生产力，能够使教育资源和科研资源发挥更大效能，充分挖掘和利用学校的各种资源。

二、大学在创新型国家建设中的作用

教育部原副部长赵沁平指出，建设创新型国家，高等学校应该发挥，也必将发挥其重要的作用。主要涉及以下三个方面。

第一，为建设创新型国家、国家创新体系和全面建设小康社会，提供全面的人才支持。基础教育阶段，以及其他所有教育阶段，全面推进素质教育，要大力发展职业教育，为各行各业培养技能型人才，可持续地培养一大批拔尖创新人才，提供人才支持。

第二，发挥高等学校的特色和优势。在建设创新体系当中发挥独特的作用。具体来说，要发挥高等学校人才培养和科技创新相结合的优势，推进基础研究和国家目标的战略高技术研究，鼓励自由探索研究和"学术带头人+团队"的研究，成为知识创新体系的主力军之一。发挥高校智力密集和智力源头作用，积极探索产学研相结合的新机制，在建设以企业为主体、产学研相结合的技术创新中发挥基础和支撑作用。此外，高校还要办出特色和优势，在建设区域创新体系、建设社会主义新农村等方面作出贡献。

第三，在创新文化的建设方面，建设有利于创新和创新人才培养的文化环境，推动有利于创新文化的大学文化和社会文化建设。国家中长期科技发展规划对高校在建设国家创新体系中的重要作用给予高度重视，也寄予厚望。高等学校要坚决贯彻落实国家中长期科技发展规划的要求，为国家中长期科技发展规划目标的实现作出贡献。

创新型大学与创新型国家建设是相辅相成、相互促进的。

第一，创新型大学为创新型国家的发展提供动力。创新型大学是国家创新体系中的一个重要成员，在创新型国家的建设工作中发挥越来越重要的作用。首先，大学是知识创新的基地。据统计，2013年全国用于基础研究的经费为555亿元，其中用于大学的基础研究经费占30%以上；大学的国家重点实验室占国家重点实验室总数的70%以上；2014年度国家自然科学奖的45个获奖项目中，有26个项目第一完成人所在单位是大学，占全国获奖总数的58%。2014年度国家技术发明奖的获奖项目共有53项，其中第一完成人所在单位为高校的项目38项，占获奖项目总数的72%。在美国SCI收录的我国论文中，大学所占的比例也在不断上升，1989年占59.1%，1996年占68.6%，2006年占70.3%。2012年SCI收录我国高等学校论文13.7万篇，比2011年增加2.4万篇。近年来，我国高等学校SCI论文总数占全国的比重一直保持在80%以上，2012年该比重为83.1%。

其次，大学是创新人才的摇篮。《中华人民共和国高等教育法》第五条规定："高等教育的任务是培养具有创新精神和实践能力的高级专门人才，发展科学技术文化，促进社会主义现代化建设。"2013年，全国共有普通高校2 491所，普通高校研究生培养机构548所，科研机构研究生培养机构282所。2013年招收博士研究生70 462万人，招收硕士研究生540 919万人，招收普通本科生、专科生6 998 330万人。据有关资料显示，目前当代发明家中有些是尚未毕业的在校大学生。现在，很多学校均提高了对大学生创新创业项目、大学生参与的各类竞赛和各种科技发明比赛等工作的重视。这些工作均是努力为大学生营造良好的创新氛围、提供良好的创新条件，旨在培养大学生的科学素养、创新意识和创新精神，提高大学生的创新能力。

最后，大学是高新技术的辐射源。大学在承担教学与科研工作的同时，还参与科技成果转化与应用、科技服务、技术转让、国际科技交流与合作等活动，起到高新技术辐射源的作用。近年来，我国大学在技术研究与开发方面的作用逐渐加强。

第二，创新型国家为创新型大学建设提供基础和保障。创新型大学建设是以创新型国家为基础的，没有创新型国家，创新型大学的建设就无从谈起。我们可以从政策、经济、社会文化和科学技术四个方面对二者的关系进行分析。首先，良好的政策环境是建设创新型大学的基础。良好的政策环境是创建创新型大学的根基。其次，从经济角度来看，创新型大学的建设必须以一定的经济实力为基础。创新型大学需要大量的先进的教学设备、实验设备，需要具有吸引力的、能够留住大师级人物的福利薪酬待遇，需要给学生提供良好的学习硬件设施等，因此创新型大学的建设需要政府投入大量的物质资源。再次，创新型大学建设需要社会为其提供良好的创新环境。创新型国家的文化背景是培育创新型大学的肥沃土壤。最后，从科学技术的角度来看，创新型国家中拥有一大批创新型企业，这些企业坚持以创新为主导。只有在创新型国家中,科技的重要性才被提到了前所未有的高度,对科技创新的重视无疑会推动创新型大学的建设。

二、创新型高校教师队伍建设研究

(一) 高校师资队伍现状与问题分析

《国家中长期教育改革和发展规划纲要(2010—2020年)》明确提出,高等学校要着力培养高素质的专门人才和拔尖创新人才,要推动高校创新组织模式,促进科研与创新人才培养相结合。而要实现这一目标,就必须拥有一支结构科学合理、富有开拓创新精神的高水平、高素质的师资队伍。教师是办学的主体,是传播科技知识的载体。一所学校的教学水平、科研水平以及学校在国内外的影响力主要取决于教师水平的高低,同时广大教师也是推动学校改革发展的主要力量。因此,拥有一支高素质创新型的师资队伍是培养创新型人才,提升自主创新能力的重要保障。但目前我国高校教师无论是从数量上还是从素质和能力上,均与建设创新型大学的师资队伍要求存在一定的差距。

1. 数量方面

对高校教师数量的衡量,我们可以用生师比这一指标来表示,如图8-1所示。自1997年以来,随着高校扩招政策的实施,我国高等教育由精英化教育进入大众化教育阶段。在1997年,即高校扩招之前,普通高校生师比为10.87。在1995年及以前年份,生师比均在10以下。在20世纪80年代,生师比一直保持在5.0左右。但是随着高校扩招政策的实施,生师比急剧上升,甚至在2002年达到了近些年来的最高值19,基本相当于20世纪80年代的4倍。近些年来,普通高校生师比一直保持在17~18。如此高的生师比意味着本科生四年一贯制的导师制度、学生社会实践活动等均会受到影响,难以保证教学活动的高质量。

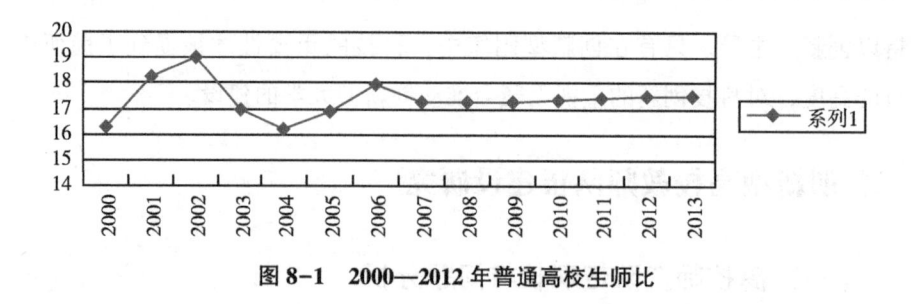

图 8-1　2000—2012 年普通高校生师比

2. 质量方面

在质量方面，我们主要从高校教师的职称结构、综合能力、师德等方面进行探讨。

（1）应进一步优化教师职称结构

高校教师职称结构，我们可以用图 8-2 来表示。从图 8-2 可见，具有中级职称的教师比例是最高的，其次是副高职称。除无职称的教师外，比例最低的是正高职称的教师。这一职称结构说明，高校教师师资队伍总体上年龄结构偏低，后劲十足，但拥有正高职称的教师比例很低这一事实也说明在教学经验和科研水平上还较低，还有很大的提升空间。

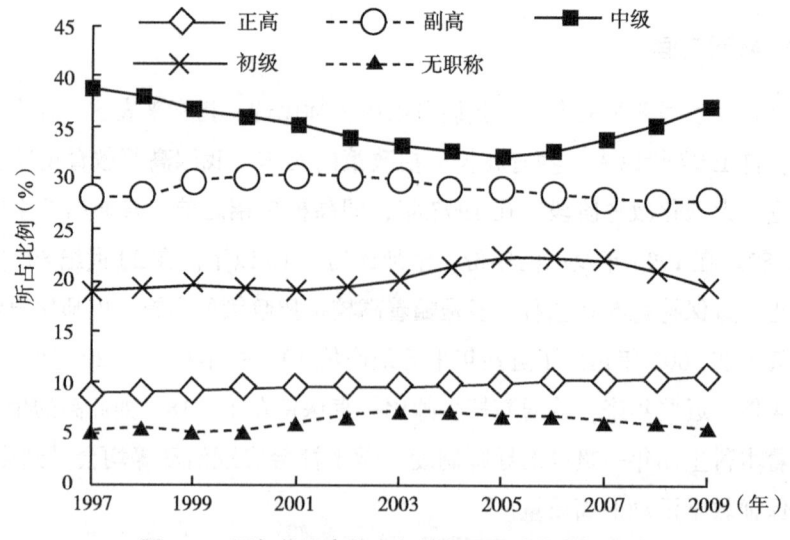

图 8-2　历年普通高校专任教师职称结构变化曲线

(2) 大师级人物较为匮乏

在大学教师队伍中，有原始创新、有国际影响的大师和名师太少，大部分高校教师因职称压力和仕途压力，并不能潜心励志、心无旁骛地从事学术研究工作。其学术研究往往带有功利色彩，这严重地制约了学术质量的提升。截至2012年，我国共有723名中科院院士和774名中国工程院院士。两院院士在地区分布上是极其不均衡的，主要分布在北京、上海等一线城市。我国西部地区的大学中，大师级人才更为匮乏，西部300多所大学只有11所大学有院士，13万名教师中仅有30名院士。

(3) 教师的综合能力亟待提高

当今世界，科学技术迅速发展、学科专业不断调整变化、现代教育技术得以广泛应用、国际一体化趋势不断增强，在这一复杂多变的背景下，对教师的知识结构、教育思想和教学方法等综合素质能力都提出了更高的要求。要求教师具有教学与科研的创新能力、理论联系实际和将知识服务于社会的能力、社会交往能力、应用现代信息技术和现代教育手段的能力。但目前大部分高校教师的能力结构与这一要求还存在较大差距。许多教师知识面偏窄、知识陈旧、观念落后、知识结构单一，掌握并运用现代教育技术的能力较弱，不能适应教育信息化和教育现代化的要求。

(4) 需进一步加强师德建设

目前，广大教师对待工作兢兢业业、满腔热情、一丝不苟，为我国高等教育事业的改革与发展做出了贡献。同时，也存在部分教师思想境界不高，职业道德和职业情感淡薄，对事业缺乏足够的热情，对个人的事情过分热心；有的教师缺乏责任感，合作精神较差；教师学风浮躁，急功近利；部分大学教师不能处理好教学与科研、教书与育人的关系，重科研轻教学、重教书轻育人。这些严重缺乏师德的教师，很难去影响学生、服务社会。

(5) 高校教师的国际化水平有待提高

随着经济全球化和大学自身的不断发展，教育国际化越来越成为一种发展趋势。联合国教科文组织所属的国际大学联合会对高等教育国际化所下的定义是：高等教育国际化是跨国界和跨文化的观点和氛围与大学的教学、科研和社会服务等主要功能相结合的过程。这是一个包罗万象的变化过程，既有学校内部的变化，又有学校外部的变化；既有自上而下的变化，也有学校自身的政策导向的变化。教师作为大学的办学主体，其国际化水平是影响大学办学水平的重要因素。衡量教师队伍国际化的维度较多，包括教师队伍的人员结构的国际化，如外籍教师的比例，获得国外博士学位的教师比例，以及具有海外进修经历的教师的比例。此外，也应包括教师参与国际学术活动的情况，如参与国际合作项目的教师比例、在国际学术界具有影响的教师的比例等。此外，就教师个体来说，也包括是否具有国际战略视野，是否具有国际交流能力。实际上，教师的国际理解力、国际合作能力和国际竞争能力等方面均反映了高校教师的国际化水平。现实中，我国大学教师队伍的国际化水平普遍较低，有待进一步提高。大部分教师在教育观念上囿于传统，缺乏国际化教育的理念和专门的知识。教师的外语水平相对较低，不能适应外语教学和国际交流的要求。教师的教学科研水平不高，加之缺乏相应的鼓励、激励制度，教师参与国际项目的研究、参与国际交流与合作较少。另外，教师队伍中具有海外留学、访学等经历的教师及外籍专家、教师所占比例较低，师资队伍的多元化、开放性不够，也是教师队伍国际化水平不高的表现之一。

（二）采取措施，加强高校师资队伍建设

1. 采取各种措施弥补我国高校教师职称结构普遍偏低的缺陷

首先，高校对青年教师要进行定期培训，努力提高青年教师的教学能力和教学水平。相关政府部门可在科研项目申请方面对青年教师进行政策倾斜，给青年教师更多的主持和参与科研项目的机会，促进青年教师教学与科研的紧密结合。其次，高校应采取内部培养与外部引进相结合的原则来提升教师的整体职称结构，在引进人才方面要注重对有实践经验的高层

次人员的引进，以此来促进教学与生产实践的紧密结合，有效解决教学与实践在一定程度上脱节的问题。再次，聘请政府与企业高层管理人员及技术骨干作为高校的客座教授，定期与高校师生进行交流沟通，以此提升高校师资队伍的层次结构。

2. 培养一流的学科带头人

拿破仑曾说过："一群由狮子带领的绵羊有可能打败一群由绵羊带领的狮子。"这句话同样可以用来形容一流的学科带头人对学科队伍的学术水平和素质的重要影响和决定性作用。

创新型大学要把培养和引进学科带头人的工作视为学科建设的首要任务，把培养年轻学术带头人和学术骨干作为学科队伍建设的一项重要工作。一方面，要立足校内，重点培养。具体可采取"走出去"和"请进来"的办法。"走出去"的办法，即学校对选拔出来的那些学历高、素质好、潜力大、科研能力强的中青年教师进行重点培养，将他们送到国内外研究条件较好的科研机构、高等学校脱产进修；"请进来"的办法，即高校应加强与国内外一流院校和相关企业的合作，聘请国内外知名学者和有丰富实践经验的资深高级技术人员来校担任兼职教授。通过短期讲学的方式来提高这些重点培养对象的学术水平，扩展他们在学术界的知名度。另一方面，要面向校外，重点引进。在人才引进方面，高校要善于打破常规，不惜代价引进国内外确有真才实学的优秀人才、知名教授以及大师级学者。

3. 加强培训，提高高校教师的业务能力及综合素质

采用校内培训与校外培训相结合的方法，既能激发教师增强教学能力、科研能力以及人际交往能力，还要提高教师对先进信息技术应用的主动性、积极性。同时，还要为高校教师提供相应的解决途径，既拓宽高校教师胜任该职位所应具备的能力的种类，又要有效提高其能力的深度，做到"质"和"量"的兼备。

4. 加强高校教师的师德建设

首先，高校应加强对教师的思想教育工作，激发教师的工作激情和敬业精神。其次，应着力改革职称评审制度，在评价体系中增加教学工作成果的比重。再次，加强学校的各项管理制度建设，对严重违背师德的教师要予以严厉处罚，同时在教师中评选"师德模范"，做到奖罚分明。

5. 提高教师队伍的国际化水平

正如耶鲁大学校长理查德·C·列文（Richard C·Levin）在21世纪即将来临之际对全校发表演讲时所说："我们必须认识到，21世纪的领导者，无论其来自何行业和专业，都将活动于全球化的环境中。"[1] 在创新型大学中，优秀的教师应具备敏锐的洞察力和国际视野。在这方面，我国的大学做得还非常不够。主要原因可能是，我国的普通高校还不能为其教师提供走向国际化舞台的条件，同时我们的教师还缺乏走上国家舞台的能力。美国大学的做法对我们具有很强的借鉴意义。美国大学十分重视国际化，教师的国际化程度是评价办学水平的一个重要方面，他们认为大学的一项重要任务就是要加强教师在教学、科研等方面的国际合作与交流。美国大学一方面从全世界聘任高水平教师任教，另一方面鼓励本校教师积极参与到国际合作与交流的活动中，获取一些国际经验，使自己成为"国际教授"。

我国高校应提高教师的国际化水平，主要应从以下几个方面进行努力。首先，高校教师应突破语言关，将语言作为交流的工具而非考试的手段，这是进行国际化交流的前提。其次，学校要支持教师做访问学者、出国考察和学习等，并加强国际领域的项目合作，给教师创造更多的出国学习机会，并提供国际交流合作的平台。再次，聘请国际知名教授作为学校的客座教授，定期到学校讲学和交流，提高教师的业务素质和对国际前沿问题的认识。最后，鼓励教师参加学科领域的高端学术研讨会，这些会议往往

---

[1] 曲波.创新型大学建设问题研究[D].中国海洋大学,2009.

要聘请国外知名专家教授介绍本国相关情况和问题。以这种方式可以让更多的教师以较低的成本了解国际学术动态和前沿研究领域。

三、创新型大学人才培养模式探讨

培养创新人才和开展科技创新是创新型大学的两项重要职能。关于创新人才，目前在学术界还没有形成共识。有学者认为，创新人才是指具有创新意识、创新精神、创新思维和创新能力，运用已知求未知，去创新、开拓并能够取得创新成果的人才。❶ 也有学者把具有创新精神、创新思维、创新能力的人称为创新人才。❷ 有学者把勇于探索、善于创造的人才统称为创新人才。❸ 我们认为，创新人才应是具备良好的知识基础、具有创新人格、创新思维和创新技能，并勇于进行创新实践的人才。

对创新人才的培养方式，我们认为最有效的方式就是要提升实践教学的质量，培养创新人才。

（一）实践教学的概念和层次结构

（1）概念

顾明远编著的《教育大辞典》中，对实践教学有一个明确的解释："实践教学是相对于理论教学的各种教学活动的总称。包括实验、实习、设计、工程测绘、社会调查等。旨在使学生获得感性知识，掌握技能、技巧，养成理论联系实际的作风和独立工作的能力。"

（2）实践教学活动的层次结构

实践教学活动可以分为基础实践、专业实践和综合实践三个阶段。

基础实践是专业能力初步锻炼的阶段，有助于加深理论知识的理解、弥补课堂教学的不足，是专业实践阶段的前提。基础实践包括课程实验、

---

❶ 蒋伟.高校教师队伍素质建设现状及改革对策分析[J].高等教育研究,2004(3).
❷ 鞠翠玲.高校创新型人才培养模式构建探讨[J].华北电力大学学报,2004(4).
❸ 俊玲.国际化一流大学的趋势[N].光明日报,2004-04-01.

社会调查和参观见习三部分内容。

专业实践是在经过专业知识的系统学习后，把所学知识运用到科研探索中。专业实践阶段有助于培养学生的科研能力。专业实践阶段主要包括课程设计、项目实践和专业实训三个部分。课程设计是一个实践教学环节，是学生学完课程后，综合利用所学的知识进行设计实践，一般由教师出题、指导，学生进行设计。项目实践一般是学生根据自己的特长，选择感兴趣的某一专业项目，在教师的指导下，以项目小组的形式组合在一起学习和研究。通过互帮互学，培养团队精神和融汇多学科知识的能力，培养学生的设计实验的能力。专业实训主要是采取校企结合的形式，由学校老师和企业老师带队，到实际工作环境中去，让学生亲身体会到未来的工作状态，帮助学生尽早地适应工作环境，满足行业需求。专业实训是连接校内学习和企业需求的桥梁，是毕业实习的一个提前模拟。

综合实践阶段主要包括科研竞赛、毕业实习和毕业设计三个部分。重点是培养学生综合实践能力和创新能力。

在科研竞赛中，学生在教师的辅导下，参与老师的课题研究、科研立项、大学生创新性实验项目，也可以参加本专业的各项竞赛活动。

毕业实习是学生到相关企业部门中去，没有教师指导，学生真正地投入到实际工作中，发挥自己的综合能力，解决问题，给企业创造经济效益。学生在毕业实习中，可以积累工作经验，为就业做准备。写作毕业论文和进行毕业实习是相辅相成的，毕业论文的主题来源于学生对毕业实习过程中对专业知识的总结和升华，体现出学生的科研能力和创新能力。

（二）目前国内高校在实践教学活动中普遍存在的问题

（1）对实践教学在教学活动中的重要性认识不够

目前，高校教师普遍受传统教育思想的影响，认为教学的主要任务就是向学生传授理论知识，以理论教学为主，以实践教学为辅。他们没有充分认识到实践教学的功能，因此对实践教学活动重视不够。如实践教学能促进学生对知识的理解,实践教学通过各种丰富的教学手段、教学方法和教学场所能够突破课堂教学的限制,弥补教学语言的不足,为获取知识创造条件。实践教学还有利于促进学生能力的培养。通过灵活多样的实践教学方式,不仅能促进学生对所学理论知识的理解,更能通过在实践过程中对理论的运用,培养学生解决问题的能力、实践能力并完善创新能力。此外,实践教学还可以提高师生的学术研究能力,具有服务地方经济的功能。

(2) 实践教学学时占总学时的比重偏低

表8-1 中美部分大学实践环节比较

大学名称	实践学分	总学分	比例(%)
伊利诺伊大学	45	132	34
斯坦福大学	68	189	36
南加州大学	40	128	31
西安交通大学	40	208	19
鲁东大学	24	174	14
山东建筑大学	45	158	28

从表8-1中可以看出,美国各大学实践教学学分占总学分的比重都在30%以上,而我国的三所重点大学实践教学所占总学分的比重基本上都在10%~20%。另外,从实践教学的内部结构来看,我国大学的培养方案中毕业设计(论文)占实践环节的40%~50%,而美国大学的毕业设计仅占实践环节的10%左右。

(3) 实践教学的师资力量普遍较薄弱

因从事实践教学的在职教师长期以来接受的是传统教育,在上学期间可能就没有机会参与到较多的实践教学活动中去,再加上大部分教师毕业之后就走上了教学岗位,是从高校到高校,也就是在其实现从学生到教师身份的转换时,中间缺乏运用所学知识解决实际问题的平台,他们还没有积累任何的实践经验。而在任职期间，学校提供的专业对口的可供教师锻炼的平台也很少。在这种背景下，我们不难看出我们的专职教师在完成实践教学任务时，其能力确实较低。

（4）在校外实践教学基地建设方面缺乏法制保障和政策扶持以及欠缺与合作单位建立长期合作的长效机制

实践教学要以必要的硬件作为支撑，其中校外实践教学基地的建设是必要前提，也是实践教学的保证。《国家中长期教育改革和发展规划纲要（2010—2020年）》明确提出：高等教育要深化教学改革，强化实践教学环节，加大教学投入，加强实验室、校内外实习基地等基本建设，着力培养信念执着、品德优良、知识丰富、本领过硬的高素质创新型、实用型专门人才。该文件表明，建立高校实践教学基地是保证实践教学质量的有效措施，也是提高人才培养质量的重要举措，同时也是实现高校课程设置、教学内容能够与市场需求相对接，提升学生就业竞争力的必然要求。

在校外实践教学基地建设方面，大学普遍面临的问题主要有以下两个。

①缺乏法制保障和政策扶持

首先，专项法律法规制定不完善。目前，我国有关校企合作、教学基地建设、工学结合等针对性的专项法律条文制定不完备，在基本的主体关系界定、责任、义务区分中存在大片法律空白。而现有法律法规，包括《中华人民共和国高等教育法》《企业法》《合同法》等都不具备全方位的普适性，没有可直接使用的现行法。其次，已颁布的校企共建校外实践教学基地的政策法规中，关于合作准则、管理机构认定、责任归属、监督考核、奖励机制等具体的实施细则缺位模糊，操作和可借鉴性不足。缺乏法制保障，严重制约了实践教学基地规范机制的构建。

因为缺乏法制保障和政策扶持，目前校外实践教学基地的建设处于自发状态，校企合作形式松散、水平较低。学校与校外实践教学基地主要以挂牌、签约、接受专业见习、毕业实习等方式进行合作。往往表现为被动接受、单项受益的关系，而互惠互利、双赢的目的很难实现。这种自发的、松散的、被动接受的、单项收益的关系很难保证实习质量。

②缺乏与合作单位建立长期合作的长效机制

很多专业在校外实践基地的建设上，缺乏与合作单位建立长期合作的长效机制。这就迫使我们教学单位的负责人和基层教师要不断开辟新的实践教学基地，这增加了实践教学的难度。之所以存在这种情况，可能有以下原因：某些单位之所以愿意和我们建立合作关系，是因为他们认为保持这种关系对他们来说是有利的。比如，通过实践教学活动，把学生安排到实践基地的相关部门去实习，接受实践基地所配备的实践教师的指导；一方面可以培养学生发现、分析、解决问题的能力，培养学生的创新能力，另一方面实践基地的负责人也可以从中物色合适的人选作为日后吸纳人才的对象。但要达到这个目的，作者认为，首先学生在实践单位从事的实践实习活动时间应较长，并且在不同的实践环节、实践层次上均应安排相应的较充足的实践学时；另外，学生在实践活动中的一些必要开支，如往返路费、食宿费用、实践基地带教老师的补助等，学校应根据现实的物价水平给予合理的补贴。而现实情况却是我们的实践教学安排刚性有余、弹性不足。我们在和校外企业建立实践基地关系时，也应统筹考虑校外企业的利益。另外，教学单位的负责人和教师既要高质量地完成相应的教学实践任务，又苦于没有经费支持。其次，要想和校外实践基地建立长期的合作伙伴关系，其关系一定是互惠互利的，实践基地在为我们提供实践机会的同时，也希望我们的师生能为他们提供一些科研服务。如一些基本市场情况的调查分析，拟建项目的可行性分析等，这就要求我们的师资队伍一定要具备从象牙塔中走向社会的意识，具备较强的科研能力和服务社会的能力。

（三）提高实践教学质量的对策与建议

（1）转变实践教学理念

要想提高实践教学质量，必须转变大学教育工作者以前所持的实践教学无足轻重的偏见。

首先，我们要认识到实践教学的理论价值和重要意义。实践教学是真正开展素质教育和培养创新人才的重要手段，实践教学不仅可以提高学生解决问题的实践能力，而且还能培养和锻炼学生的创新思维能力和自主性。所以，实践教学是真正素质教育和创新人才培养的重要手段。

其次，实践教学是培养学生创新能力和实践能力的重要途径。

这就要求我们只有重视和开展实践教学，才能实现创新型和实践型人才培养的目标，实现社会需求与人才培养的完美对接。

所以，我们要更新实践教学理念，转变人才培养观念，改革人才培养模式，加强实践教学环节，全面提升学生的基本素质，提升学生的创新能力、实践能力和就业竞争力。

（2）提高实践教学学时占总学时的比重，优化实践教学内部结构设计

我们可以通过增加课程的专题调研、专题讨论和课程论文的撰写等方法来提高实践教学的学时比例。随着以上实践教学内容的增加，最后一个实践环节，即专业实习与毕业设计在实践教学总学时中所占的比例必然会随之下降，也会实现优化实践教学内部结构设计的目标。

（3）推进"双向挂职、双向培训"，加强实践教学师资队伍建设，提高实践教学质量

实践教学教师队伍素质的高低，直接关系到学生的实践能力和创新能力的培养。我们要通过各种途径加强实践教学师资队伍的建设。所谓"双向挂职、双向培训"，就是在职教师到校外实践基地进行挂职锻炼和参加培训，同时聘请企业的管理人员和业务骨干作为实践教学的兼职教师，并让他们到学校接受继续教育。采用专兼职相结合的师资来提高实践教学质量。

学校派遣在职教师利用寒暑假时间和课余时间到企业挂职锻炼和培训，使教师在企业实际工作中熟悉并掌握专业技术工作、技术科研工作的流程与环节，使现有教师既具备扎实的基础理论知识，具有较高的教学水平，

又有较强的专业实践能力

通过"双向挂职、双向培训"可以有效地提高专兼职实践指导教师的实践教学水平，提高实践教学质量。

（4）政府应制定相关的法律法规，推进并规范高校实践教学基地建设

高校校外实践教学基地的建设是一项复杂的社会工程，既需要实践教学基地建设的主体学校、学生、校外实践教学基地的共同参与，同时也需要政府加强相关法律法规的建设和对校企合作的扶持。

政府应该通过立法规定企业有义务接受学生、教师进行实践教学活动，参与高校人才培养。通过制订各种保障、激励、约束等措施，对校企合作进行引导、扶持和规范。如制定经费补贴政策、减免税政策等详细政策，对提供实践教学基地的企业进行必要的成本核算和合理的利益补偿；制定相应的保障制度，对校企合作中学校和企业的职责、学生参加实习时的工资和劳动保护等问题以法律、法规的形式予以明确；实行促进校企合作财政支出政策，在每年的财政预算中按照财政收入的一定比例安排专项资金用于支持校企合作事业的发展；搭建校企合作网络信息平台，为高校与企业的合作交流提供服务。

（5）注重与实践基地合作单位建立双赢的长效合作机制

①教师要切实提高自身的理论教学水平和实践教学水平，保证我们培养出的人才是高质量的。

一般来说，只有我们的毕业生在用人单位是能够胜任的、得心应手的，用人单位才会愿意以后与学校有更多的签约，也才会愿意和我们保持合作伙伴关系，从中达到选拔人才的目的。所以，我们要加强教学管理工作，对每一个环节的教学质量都要严格把关。

②提高教师服务社会的能力。

当教师具有较强的服务社会的能力时，其科研成果能够给用人单位创造较高的经济效益、增强其行业竞争力时，实践基地合作单位才会愿意与我们保持长期的合作关系。

③以企业发展需求为导向，更新并改革课程设置。

高校要以企业对应用型人才的需求为导向，采纳企业对培养目标、课程设置的合理化建议，结合自身发展的实际情况，调整优化专业设置、课程结构和课程内容，培养企业迫切需要的知识结构和技能的人才。

（6）实现实践教学活动的常规化开展和管理，将实践基地建设纳入到日常管理工作中来

我们要实现学生的各个实践教学环节的实践内容、实践单位和实践考核的常规化开展和管理。就像我们的理论教学活动一样，每节课什么时间上、在哪里上、讲课内容都是有保障的，能够按部就班地开展。实践教学活动也一样，我们的每一个环节的实践教学活动中的实践教学内容是什么、在哪里实践、要达到什么目的，都应该是计划好的，并且是确保能够实现的。我们要想切实地开展好实践教学活动，除了要制定缜密的教学计划外，还要有实践基地的接收、支持和对学生的负责任的实践指导。

要实现实践教学活动的常规化和流程化的开展和管理，就要求学校、学院和系三个层面都要把实践基地建设纳入日常的管理工作中来。要求学校要给予充足的经费支持，学院和系两个层面都要重视实践基地的建设工作。只有这样，才能保证我们在教学实践环节，能够游刃有余地针对教学目以及专业实习环节的学生可以根据自己的发展方向选择合适的实习单位，达到理想的实践教学效果和教学目的。

四、注重大学生心理健康问题是培养创新型人才和创建创新型国家的基础

我国高校自 20 世纪 90 年代末开始扩招，并且招生规模逐年上升，高等教育由精英教育成功转向大众教育。高校扩招对提高我国公民的受教育水平起到了显著作用，但与此同时也带来了一系列的问题，比如如何把好高等教育教学质量关、提高学生的就业竞争力等问题。高校扩招也给在校大

学生带来了前所未有的学习压力、就业压力、考研压力和经济压力等一系列的问题。此外，目前在校大学生中独生子女的比例上升。在大学生成长过程中，家庭和学校对其责任心和担当精神的培养普遍缺乏重视，导致目前大学生的整体心理健康问题不容乐观，存在各种心理疾病的大学生的比例逐年上升。大学生的心理健康问题已经成为我们培养创新型人才和创建创新型国家所必须面对和解决的一个刻不容缓的问题。

心理健康是一种持续的、积极的心理状态。个体在心理健康的状态下能够很好地适应环境，也能充分发挥其身心潜能，即能够积极有效地调节自己的心理状态来适应环境，而且能够不断地发展和完善个人生活。❶ 我们对唐山市某独立学院的医学院学生的心理状况进行了调查。❷ 调查内容包括三部分：（1）一般情况；（2）心理健康问卷；（3）父母养教方式评定量表。通过调查得出如下结论。

1. 唐山某独立医学院学生的心理健康状况整体落后于全国成人水平

将医学院新生各因子的得分与全国常模比较可以得到：9种不良症状中有8个症状与全国常模比较存在显著的差异，只有"敌对"这一不良症状和全国常模相差不大。在这8种不良症状中，只有"躯体化"之一症状的得分低于全国常模，其余7种症状的得分都显著地大于全国常模值。很明显，唐山某独立医学院学生的心理健康状况整体落后于全国成人水平。

2. 影响医学院新生心理健康的因素主要有性别、生源地以及是否是独生子女

将不同性别医学院新生的各因子得分之间进行比较可以得知：不同性别的学生（即男生、女生）在"躯体化"和"敌对因子"这两种不良症状的表现上差异很大，而且男生得分显著高于女生得分。将不同生源地的医学院学生各因子进行方差分析可以得知：不同生源地的学生在"人际敏感"

---

❶ 石详.大学生心理健康管理体系构建初探[J].江苏高教,2013(1).
❷ 魏勃,唐丽晖.关爱天之骄子[J].中国统计,2011(1).

"抑郁""恐怖"这三种不良症状中存在显著的差异；进一步做两两比较，得知：在"人际敏感"和"恐怖"这两种不良症状上，农村学生与城镇学生之间没有显著性差异，但是城镇学生与农村学生都显著地高于城市学生。将是否独生子女的医学院新生的各因子得分进行比较可以得知：独生子女在"躯体化"这一不良症状上明显高于非独生子女。即独生子女更容易冲动，表现为躯体化。而独生子女在"人际敏感"和"抑郁"这两种不良症状上明显低于非独生子女，即独生子女较之非独生子女对人际关系更敏感，更容易产生抑郁的情绪。

3. 父母教养方式与子女心理健康之间存在密切关系，不良的教养方式可增加子女心理问题发生的可能性

针对上述三种情况，高校与学生家庭必须加强重视和引导，帮助大学生远离郁闷，重新拥有阳光般明媚的健康心态。这是培养创新型大学生和建设创新型国家的基础。

五、高校毕业生就业问题的法律保障创新[①]

纵观当今世界各国，立法是促进就业最为普遍，也是最为重要的手段，许多国家都为促进就业进行了专门的立法工作。在我国，对于就业问题的研究起步比较晚，而对于高校毕业生就业问题的研究则更晚。从现有的文献资料来看，也只有十年左右的时间。其研究内容又多集中在就业现状、就业观念、就业技巧、就业难的原因分析、就业具体权益的侵害及其保护等方面。《中华人民共和国就业促进法》已于2008年1月1日起施行。该法对如何促进高校毕业生的就业工作作出了具体规定，但该法也有一定的局限性。为了更好地配合该法的实施，应从以下几方面完善法律保障体系，逐步形成政府、用人单位、高校、毕业生"四位一体"的高校毕业生的就

[①] 谢辉.高校毕业生就业问题的法律保障[J].理论月刊,2012(11).

业促进机制。

1. 充分发挥政府的宏观调控职能

政府应积极采取措施，来充分发挥政府在促进大学生就业方面的宏观调控职能。政府应大力发展经济，培育更多的就业岗位，完善高校毕业生就业的法律法规，落实高校毕业生就业政策，以及建立高校毕业生就业的社会保障制度等。

2. 确立用人单位的法律主体地位，积极为毕业生搭建就业平台

如果将高校毕业生比喻为"人才产品"的话，那么这些"人才产品"最终是要输往用人单位的，所以培养高校学生既是用人单位的权利也是用人单位的义务，应该确立用人单位的法律主体地位。用人单位在促进大学生就业以及发挥法律主体地位方面，主要应做好以下工作，即用人单位要实行"定单式培养"高校学生，要科学合理地使用人才，以及为高校学生提供实习的机会。

3. 明确高校在培养学生中的法律责任

如果将高校毕业生比作"人才产品"的话，那么打造"人才产品"的高校对人才的质量负有不可推卸的责任与义务。高校应在培养学生中承担起应尽的法律责任，主要措施包括将毕业生的就业情况作为高校重要的评估指标，调整学科专业结构，重视培养实践技能，重视职业规划教育与创业教育，加强与用人单位的合作，以达到双赢的目的。

第二节 建立创新型科研机构

一、我国国家科研机构研发活动纵向比较分析[1]

1. 研发活动的经费与人员持续增长，人均研发经费不断提高

2012 年，政府研究机构用于 R&D 活动的经费达 1 548.9 亿元，比 2011 年增加 242.2 亿元，增长 18.5%（按现价，以下同）。研究机构中从事 R&D 活动的人员为 38.8 万人，比上一年增加 2.6 万人，增长 7.2%。按实际工作时间计算的 R&D 人员全时当量为 34.4 万/（人×年），比上年增加 2.8 万/（人×年），增长 8.9%。2012 年，按 R&D 人员平均的 R&D 经费达到 45.1 万元/（人×年），比上一年增加 3.7 万元/（人×年），增长 8.9%。2005 年以来，按 R&D 人员平均的 R&D 经费不断增长，2012 年比 2005 年增长 89.5%，年均增长 9.6%。

2. 科技经费中用于研发活动的比重超过 70%

政府研究机构主要从事研发、科技成果推广应用和科技服务活动，为国民经济和社会发展提供科研公共产品和服务。在科技资源的配置上，政府研究机构大部分科技资源已用于具有创新性的研发活动，并呈现出稳步加强的发展趋势。研究机构科技经费（用于 R&D 活动、成果推广与应用和科技服务）总支出中用于 R&D 活动的经费比重已达到 71.1%，比 2005 年上升了 9.3 个百分点。科技人员中从事 R&D 活动的人员（按人头计算）比重已达 71.0%，比 2005 年上升了 18.1 个百分点。从不同隶属关系看，中央部门研究机构基本上全部投入研发活动，其研发活动经费与人员占其科技经费及科技人员（按人头计算）的比重分别为 79.1% 和 81.4%。地方部门

---

[1] 中国科技统计年鉴,2014.

的研究机构以成果推广与应用和科技服务为主,其研发活动经费与人员占其科技经费及科技人员的比重分别为37.5%和49.1%。

3. 研发人员素质稳步提高

2012年,研究机构R&D人员中具有博士学位的人员有5.65万人,比2011年增长14.1%,占R&D人员的比重达到14.6%,比2011年提高了0.87个百分点;具有硕士学位的人员有11.44万人,比上年增长14.28%,占R&D人员的比重达到29.5%,比2011年提高了1.8个百分点。2005年,研究机构R&D人员中具有博士、硕士学位的比重分别为6.5%和18.1%。比2012年,这两个比重分别提高了8个百分点和11.4个百分点。R&D人员中高学历人员的比重不断提高,表明研究机构整体创新能力在逐步提升,有利于产出高水平的科研成果。

二、我国科研机构科研能力国际比较分析

我们可以借助《世界一流大学与科研机构竞争力评价研究报告2013—2014》的评价结果来认识我国科研机构的国际竞争力状况。《世界一流大学与科研机构竞争力评价研究报告2013—2014》主要采用基本科学指标,以及全球范围的大学和科研机构的竞争力进行评价。基本科学指标简称ESI(Essential Science Indicators),是汤姆森科技信息集团在汇集和分析ISI Web of Science(SCI)所收录的学术文献及其所引用的参考文献的基础上建立起来的分析型数据库,是衡量科学研究绩效、跟踪科学发展趋势的权威分析评价工具。

表 8-2 进入 ESI 研究机构的国家和地区❶

排名	国家/地区	研究机构数量	所占比例（%）
1	美国	307	27.24
2	英国	85	7.54
3	法国	75	6.65
4	日本	68	6.03
5	德国	61	5.41
6	意大利	50	4.44
7	印度	44	3.90
8	加拿大	43	3.82
9	澳大利亚	38	3.37
10	荷兰	34	3.02
13	中国	20	1.77
31	中国台湾地区	5	0.44

从表8-2可见，2013—2014年进入ESI研究机构数量最多的前10名国家分别是美国（307所）、英国（85所）、法国（75所）、日本（68所）、德国（61所）、意大利（50所）、印度（44所）、加拿大（43所）、澳大利亚（38所）、荷兰（34所）。这10个国家进入ESI排名的研究机构的数量占该年度所有进入ESI排名的研究机构总数的71.43%。2013—2014年，中国进入ESI排名的研究机构共20所，占全球所有进入ESI排名的研究机构总数的1.77%，这说明我国科研机构的科研能力与美国等发达国家相比还存在很大的差距。此外，还就进入ESI热门论文的科研机构数量、进入ESI高被引论文的科研机构数量、进入ESI高被引论文占有率、进入ESI学科数等情况进行了排名。中国科学院在各项排名中的结果如表8-3所示。

---

❶ 邱均平等.世界一流大学与科研机构竞争力评价研究报告(2013—2014)[M].北京:科学出版社,2014.1.

表 8-3 中国科学院与同档次科研机构的比较❶

机构名称	发文量排名	总被引次数排名	热门论文排名	高被引论文排名	高被引论文占有率排名	进入 ESI 学科数排名
中国科学院	1	2	1	2	176	3
美国国家癌症研究所	13	5	13	4	372	15
日本科学技术振兴机构	9	8	110	85	1 007	9
法国国家科学研究院	4	3	3	3	683	1
俄罗斯科学院	2	7	29	23	1 026	5
理化学研究所	15	15	47	17	639	21
马克思·普朗克协会	3	1	2	1	394	1

由表 8-3 可见，除高被引论文占有率排名很靠后之外，中国科学院在其他几项排名中均处于世界领先水平。这表明中国科学院在全球科研机构中的领先地位已经确立，竞争优势已充分彰显出来。当然，要保持这种竞争优势，还需要不断提高科学研究的质量，对外加强学术交流。除中国科学院外，其余 19 家进入 ESI 的研究机构在各项指标上的排名均比较靠后。2013 年，我国共有科学研究与开发机构 3 651 个，进入 ESI 排名的研究机构仅占 0.55%，我国还有大量未能进入 ESI 排名的研究机构。这说明我国在科技创新、建设创新型国家方面依然任重道远。

三、大力推进高校与科研机构合作，提升我国科技创新能力

对科研机构的改革应从多角度、全方位来进行，如政府应精简科研机构数量、对科研机构的组织形态和治理模式进行改革、优化科研机构的组织结构、改革政府资助机制、推行绩效评估和薪酬制度改革等。在此，我们仅探讨从高校与科研机构的协同创新角度来共同提高二者的科技创新能力的问题。

---

❶ 邱均平等.世界一流大学与科研机构竞争力评价研究报告(2013—2014)[M].北京:科学出版社，2014.1.

高校与国家科研机构合作已是必然的发展趋势，原因是高校正在成为国家科技创新的主力军。这一事实可用本章第一节的数字来说明（2013年全国用于基础研究的经费为555亿元，其中用于大学的基础研究经费占30%以上；大学的国家重点实验室占国家重点实验室总数的70%以上；2014年度国家自然科学奖45个获奖项目中，有26个项目第一完成人所在单位是大学，占全国获奖总数的58%。2014年度国家技术发明奖获奖项目共53项，其中第一完成人所在单位为高校的项目38项，占获奖项目总数的72%。在美国SCI收录的我国论文中，大学所占的比例也在不断上升，1989年占59.1%，1996年68.6%，2006年70.3%。2012年SCI收录我国高等学校论文13.7万篇，比上一年增加2.4万篇。近年来，我国高等学校SCI论文总数占全国的比重一直保持在80%以上，2012年该比重为83.1%。）。这说明我国高校正在承担重要的科研任务。但是，目前我国高校也普遍存在经费不足、实验设备老化等问题。高校和国家科研机构合作，可以充分发挥各自的优势，弥补不足。在国家研发经费投入没有大幅度提高的情况下，是有效提高国家科技创新能力的有效手段。高校与科研机构合作已是典型创新型国家普遍采用的提高国家科技创新能力的有效措施。例如法国，早在20世纪八十年代后期，就开始推行科研中心与高校协办实验室的做法。当时，科研中心内的1350个实验室，其中就有940个是与高校协办的。到1995年，法国又出台了一项重大举措，即由高等教育部、大学和科研中心签订为期四年的合作协议，签约三方需共同制定科研计划，并匹配所需经费。这使得签约各方必须将各自有限的经费集中起来，来攻关具有国际水平的、需要巨额投入的研究课题。

在我国，目前高等学校与科研机构的合作也已达到了密不可分的地步。例如，高校与国家科研中心签订了200项左右的合作协议，其中研究人员和工程技术人员中的60%都在它与高校合办的URA工作。同时，参加国家科研中心直属实验室工作的有将近三千名高校的教学研究人员。

参考文献

[1] 辜胜阻. 企业创新是国家强盛的基石[N]. 人民日报, 2007-03-10.

[2] 谭智勇. 我国建设创新型国家面临的机遇挑战及对策[D]. 西南大学, 2007.

[3] 李玉梅. 创新型国家建设的体制机制研究[J]. 科学管理研究, 2013(8).

[4] 胡志坚, 苏靖. 区域创新系统理论的提出与发展[J]. 中国科技论坛, 1999, 15(6): 21-23.

[5] 黄鲁成. 关于区域创新系统研究内容的探讨[J]. 科研管理, 2000, 21(2): 43-48.

[6] 王缉慈等. 创新的空间, 企业集群与区域发展[M]. 北京: 北京大学出版社, 2001.

[7] 盖文启. 论区域经济发展与区域创新环境[J]. 学术研究, 2002, 45(1): 60-63.

[8] 沈庆义, 李东. 增长理论对区域发展的适用性分析[J]. 统计与决策, 2006, 22(4): 49-52.

[9] 毛艳华. 区域创新系统的内涵及其政策含义[J]. 经济学家, 2007(2): 84-90.

[10] 隋映辉. 城市创新系统与"城市创新圈"[J]. 学术界, 2004(3): 105-113.

[11] 赵黎明, 李振华. 城市创新系统的动力学机制研究[J]. 科学学研究, 2003(2): 97-100.

[12] 李庆东. 企业创新系统各要素的相关性分析[J]. 工业技术经济, 2006(9): 81-83.

[13] 经济合作组织. 创新集群: 国家创新系统的推动力[M]. 北京: 科学技术文献出版社, 2004: 1-2.

[14] 钟书华. 创新集群: 概念、特征及理论意义[J]. 科学学研究, 2008(2).

[15] 郑小勇. 创新集群的形成模式及其政策意义探讨[J]. 外国经济与管理, 2010(2).

[16] 骆静, 聂鸣. 创新集群及其分类研究[J]. 科学学与科学技术管理, 2003(3).

[17] 郑小勇. 创新集群的形成模式及其政策意义探讨[J]. 外国经济与管理, 2010(2).

[18] 陈海华, 谢富纪. 日本技术创新模式的演进及其发展战略[J]. 科技进步与对策,

2008,(1):15.

[19] 李颖. 湖南省自主创新能力评价及政策支持体系研究[D]. 湖南农业大学,2008.

[20] 玄兆辉,吕永波. 中国企业研发投入现状与问题研究[J]. 中国科技论坛,2013(6).

[21] 徐光耀,宋卫国. 2011—2012 全球竞争力指数与中国的创新型国家建设[J]. 中国科技论坛,2012(7).

[22] 谢富纪. 创新型国家的演化模式与我国创新型国家建设[J]. 上海管理科学,2009,31(5):85-89.

[23] 王刚波. 国家层面的创新能力和竞争力测度述评[J]. 科技进步与对策,2014(3).

[24] 崔维军,陈亚兰. 中国创新型国家建设进程检测与分析——基于全球创新指数的研究[J]. 科技进步与对策,2013(20).

[25] 桂黄宝. 基于 GII 的全球主要经济体创新能力国际比较及启示[J]. 科学学与科学技术管理,2014(2).

[26] 关晓静,赵利婧. 从《欧洲创新记分牌》看我国创新型国家建设面临的挑战[J]. 2007(3).

[27] 张晓峰,朱九龙. 基于创新记分牌的区域创新能力提升策略研究[J]. 河南科技,2012(5).

[28] 马云俊. 创新型国家建设过程中的政府角色探析——以美国、日本、韩国、芬兰为例[J]. 现代商贸工业,2014(6).

[29] 谢子远. 创新型国家建设中的政府干预方式及政策取向[J]. 科技进步与对策,2008(4).

[30] 威廉克林顿、小阿伯特戈尔著,曾国屏等译. 科学与国家利益[M]. 科学技术文献出版社,1999,1-4.

[31] 沈建磊,马林英. 美国建设创新型国家的主要优势和特征[J]. 全球科技经济瞭望,2007,10:4-12.

[32] 鲁安. 创新型国家建设中的政府的作用[J]. 法治与社会,2007(01).

[33] 张义芳,翟立新. 创新型国家目标下政府科技研发组织体系的变革与发展[J]. 中国软科学,2011(4).

[34] 王德华,刘戒骄. 国家创新系统中政府作用分析[J]. 经济与管理研究,2015(4).

[35] 贾利军,杨静. 基础创新研究中政府与市场的作用[J]. 学术交流,2015(2).

[36] 刘助仁. 美国在建设创新型国家中的政府行为[J]. 中国科技成果,2008(17).

[37] 谢辉. 绿色港口与创新型城市互动发展研究——以河北省唐山市为例[J]. 理论月刊,2013(12).

[38] 张晓凤,赵燕等. 石家庄市创新型城市建设评价与对策研究[J]. 中国经贸导刊,2012(12).

[39] 周纳. 创新型城市建设评价体系与评价方法探讨[J]. 统计与决策,2010(9).

[40] 蔡嵘. 创新型城市评价方法探讨[J]. 统计与决策,2009(18).

[41] 潘艳平,潘雄锋. 我国创新型城市的评价与分析[J]. 经济问题探索,2010(7).

[42] 张晓凤. 唐山市创新型城市建设评价与对策研究[J]. 商业文化,2010(9).

[43] 李文荣. 曹妃甸港口经济发展对策探讨[J]. 沿海企业与科技,2006(2).

[44] 陈再齐,曹小曙,阎小培广州港经济发展及其与城市经济的互动关系研究[J]. 经济地理,2005(3).

[45] 陈劲,张学文. 创新型国家建设 理论读本与实践发展[M]. 北京:科学出版社,2010.

[46] 吴晓松. 国家创新体系与企业创新研究[M]. 北京:社会科学文献出版社,2013.

[47] 孟华兴,季小江. 企业家的精神发展与企业的创新及其方法[M]. 北京:中国经济出版社,2012.

[48] 顾琴轩. 促进企业创新 理论与实践[M]. 上海:上海交通大学出版社,2012.

[49] 张晓凤,赵建欣,朱璐华,韩彩欣. 农户安全农产品供给的影响因素分析[J]. 安徽农业科学,2010年第14期.

[50] 张晓凤,金起文等. 绿色农产品的"柠檬效应"及其营销对策[J]. 安徽农业科学,2010年第28期.

[51] 谢存海. 积极促进农业经营模式创新[J]. 现代农业装备,2015年第1期.

[52] 高浏琛. 美国硅谷的创新文化(上)[J]. 中外企业文化,2004(10).

[53] 万劲波. 创新文化与创新社会建设——文化、教育和科技联动[J]. 世界科学,2006(5).

[54] 陈依元. 创新文化:自主创新的文化驱动力[J]. 福建论坛,2007(3).

[55] 罗孝高. 创新文化的基本模式与创新文化的建设[J]. 福建论坛,2004(5).

[56] 杨叔子. 人文文化与科学文化的交融是时代发展的必然趋势[J]. 苏州教育学院学报,2007(3).

[57] 金吾伦. 创新文化的内涵及作用[J]. 现代企业教育,2005(2).

[58] 王瑛. 论创新文化的特征[J]. 东南大学学报,2004(5).

[59] 徐冠华. 科技创新与创新文化. 中国科学与人文论坛.

[60] 李怀祖. 管理研究方法论(第2版)[M]. 西安:西安交通大学出版社,2005.

[61] 王玉芹,张德. 创新型企业文化与企业绩效关系的实证研究[J]. 科学学研究,2007(27).

[62] 杜艳艳,党囡. 企业文化创新对企业管理创新的影响力[J]. 改革与开放,2009(14).

[63] 尹波,刘明理,鲁若愚. 组织文化创新理论框架研究[J]. 管理现代化,20109(8).

[64] 胡春阳,胡月英,刘朝臣,鲍步云. 企业创新文化与核心能力:结构和路径关系[J]. 长春理工大学学报,2011(2).

[65] 尹波,许茂增,敖治平,林锋. 组织文化创新动力模型研究[J]. 科技进步与对策,2011(11).

[66] 徐德荣,向冬梅. 创新型国家建设视域下大学创新文化建设的路径[J]. 黑龙江高教研究,2012(1).

[67] 张晓凤,金起文. 文化"走出去"的模式及转型[J]. 青年记者,2012(33).

[68] 曲波. 创新型大学建设问题研究[D]. 中国海洋大学,2009.

[69] 蒋伟. 高校教师队伍素质建设现状及改革对策分析[J]. 高等教育研究,2004(3).

[70] 鞠翠玲. 高校创新型人才培养模式构建探讨[J]. 华北电力大学学报,2004(4).

[71] 俊玲. 国际化 一流大学的趋势[N]. 光明日报,2004-04-01.

[72] 罗军飞. 创新型大学与创新型国家——关于建设创新型大学若干问题的研究[D]. 中南大学,2009.

[73] 李磊,黄林冲. 创新型大学教育体系构建的研究[J]. 长沙铁道学院学报,2007(2).

[74] 中华人民共和国高等教育法. 北京:法律出版社,2002.

[75] 钟启泉,高文,赵中建. 多维视角下的教育理论与思潮. 北京:教育科学出版社,2004.

[76] 罗军飞. 创新型大学与创新型国家——关于建设创新型大学若干问题的研究[D]. 中南大学,2009.

[77] 申彩芬,王滨,陈娜. 高校创新型师资队伍结构特征与构建策略研究[J]. 石家庄经济学院学报,2011(10).

[78] 石详. 大学生心理健康管理体系构建初探[J]. 江苏高教,2013(1).

[79] 魏勃,唐丽晖. 关爱天之骄子[J]. 中国统计,2011(1).

[80] 曲波. 创新型大学建设问题研究[D]. 中国海洋大学,2009.

[81] 邱均平等. 世界一流大学与科研机构竞争力评价研究报告(2013—2014)[M]. 北京:科学出版社,2014.

[82] 谢辉. 高校毕业生就业问题的法律保障[J]. 理论月刊,2012(11).

[83] Lundvall. National Innovation Systems:Towards a Theory of Innovation and Interactive Learning[M]. London:Pinter Publishers,1992.

[84] Cooke P, Hans-joachim B,Heidenreich. Regional Innovation System:the Role of Governances in theGlobalized World[M]. London:UCL Press,1996.

[85] Cook P. Regional Innovation Systems[M]. London:UCL Press,1998.

[86] Cook P. Regional Innovation System:General Finding and some new Evidence from Biotechnology clusters[J]. Journal of Technology Transfer. 2002(27):133-145.

[87] Autio E. Evaluation of RTD in regional systems of innovation [J]. European Planning Studies, 1998,6(2):131-140.

[88] Asheim, Isaksen. Localisation, Agglomeration and Innovation:Towards Regional Innovation Systems in Norway? [J]. European Planning Studies. 1997,5(3):299-330.

[89] Lambooyjg. The Transmission of Knowledge, Emerging Networks, and the Role of Universities: An Evolutionary Approach[J]. European Planning Studies, 2004, 12(5):643-657.

[90] Frohman, AlanL. BuildingaCultureforInnovation [J]. Researeh TechnologyManagement, 1998,41(4):9-12.

[81] Thornberry,Congressman Mae. Fosteringa Culture of Innovation[J]. Proceedings of the United-States NavalInstitute,2003,129(4):44.

索 引

中国	3
创新型国家	3
建设	3
创新型城市	88
理论	88
路径	156
文化	186